S0-BUC-082

The Production Figure Book For U.S. Cars

JERRY HEASLEY

Motorbooks International
Publishers & Wholesalers Inc
Osceola, Wisconsin 54020, USA

© 1977 by Jerry Heasley
ISBN: 0-87938-042-X
Library of Congress Number: 77-4149

All rights reserved. With the exception of quoting isolated excerpts for the purposes of reviews no part of this publication may be reproduced without prior written permission from the publisher: Motorbooks International Publishers & Wholesalers, Inc., Osceola, Wisconsin 54020, U.S.A.

Printed and bound in the United States of America.

Library of Congress Cataloging in Publication Data

Heasley, Jerry, 1949-
    The production figure book for U. S. cars.

    1. Automobile industry and trade--United States--
Statistics. I. Title.
HD9710.U52H38   338.4'7'6292220973   77-4149
ISBN 0-87938-042-X

4 5 6 7 8 9 10

PREFACE

This book comprehensively lists the production of cars by make, model and body style for America's major makes, in particular Chrysler, General Motors, Ford and American Motors. Production figures for such lines as Packard, Studebaker, Kaiser-Frazer and others of popular interest to car collectors are also included. Expansion of or addition to these figures from readers of this book (broken down into body styles if possible, i.e. roadster, sedan, coupe, convertible, etc.) would be appreciated. Such information can be sent to me through the publisher.

The production data is tallied in a way to allow one to look up the production of a particular car; for example, a 1953 Chevrolet Corvette roadster or a 1957 Ford retractable hardtop. However, due to variations in the methods of keeping production records, the information, as in the examples above, is not consistently presented. Figures are tallied in the following ways:

(1) Calendar year production: Cars produced from January 1 to December 31.

(2) Model year production: Cars produced during a period ending when a newer model is introduced.

(3) Calendar year and model year production: Cars of a like model produced for one or more calendar years, i.e. September 1931 to March 1933.

(4) Registration: A function of production—new cars registered in the United States based on a calendar year.

Cars were not produced in 1943 and 1944 due to World War II. Figures represent domestic production unless otherwise stated. The word "Total" indicates comprehensiveness—the preceeding figures make up that total. Omitting "Total" means the list is possibly incomplete. One exception to this rule is Lincoln production during the 1930's. A total was known, but the large number of body styles making up that list was not available.

It is interesting and important to point out that serial numbers do not necessarily reveal production figures, as some people automatically think. They must be aided with other facts.

Two years of patience and investigation have gone into the production of this book. Much of the material is published here for the first time—such as Pontiac, Oakland, Oldsmobile, DeSoto, Plymouth, Dodge, parts of Chevrolet, postwar Ford, postwar Lincoln and Continental, and postwar Mercury. Perhaps in a later edition of this book, post-1955 Dodge, DeSoto and Plymouth body-style figures can be obtained. Also desirable would be a better representation of American Motors and its predecessor companies with respect to body styles.

However, the valuable information to be found herein will answer most questions and solve multiple arguments about production. The figures tell a fascinating history of American car production and bring surprising and obscure facts to public view, which were previously hidden in the records of the various automakers.

Jerry Heasley
Pampa Texas
February, 1977

ACKNOWLEDGEMENTS

Thank you to the people of the public relations departments of the various Detroit automakers; most of the information in this book was obtained from them: Ed Gorman and Jim Olsen, Ford Motor Company (Lincoln-Mercury Division); G. H. Rideout, Buick Motor Division; William J. Knight, Cadillac Motor Car Division; John F. Mueller, Chevrolet Motor Division; Jerry T. Robbins, Oldsmobile Motor Division; Judith A. Bailey, Pontiac Motor Division; Lee Sechler, Chrysler Corporation; and John Conde, American Motors Corporation.

Thanks too to the following automobile clubs and members: Kenneth L. Stromquest, American Thunderbird Association; Bob Robinson, Auburn, Cord, Duesenberg Club; Terry B. Dunham, Buick Club of America; Ronald E. VanGelderen, Cadillac-LaSalle Club, Inc.; Arthur Perrow, Classic Car Club of America; Mak Ellis (*Corsa Communiques*), Corvair Society of America; Jim Bollman, Crosley Automobile Club; George T. Waterman, Edsel Owners Club, Inc.; Thomas H. Hubbard, H.H. Franklin Club, Inc.; Gert U. Gehlhaar, Hupmobile Club, Inc.; Dick Maizo, Metropolitan Owners Club; Stephen P. Cram, The Packard Club; Jim Benjaminson, Plymouth 4 & 6 Cylinders Owners Club, Inc.; G. Marshall Naul, Society of Automotive Historians; Richard E. Jones, Tucker Auto Club of America; Ken Caldwell, The Wills Club; and Jay Sherwin, Willys-Overland Jeepster Club, Inc.

And to the many others who have contributed significantly to this book: Terry Boyce, *Old Cars* newspaper; Don Butler, DB Ventures (Dodge, Plymouth, DeSoto body style data to 1955); David R. Crippen, Greenfield Village and Henry Ford Museum (Ford prewar production figures); George Dammann, Crestline Publishing Company; Nathaniel T. Dawes (production figures from his book, *The Packard 1942-1962*); William F. Kosfeld and Elizabeth Berry, Motorbooks International; Richard Quinn, Studebaker Production Data; Loren Sorensen, Silverado Publishing Company; Patricia Tesolin, R. L. Polk & Company (new car registrations); Norman Dow, Jr.; Vicki Heasley Gilbert; Linda Heasley; Chuck Smith and Randall Smith.

TABLE OF CONTENTS

Abbreviations

aut—automatic
aux—auxiliary
1 aux—1 person in rumble seat
bk—back
blt—built
brl—barrel carburetor
bus.—business
cabr—cabriolet
cal—calendar
c.c.—close coupled
ckd—crated for export
coll—collapsible
com—commercial
conv—convertible
cpe—coupe
cyl—cylinder
d—door
d.c.d.w.—dual cowl dual windshield
del—delivery
dem't—demountable
dlx—deluxe
drs—doors
d.w.—dual windshield
equip.—equipment
est—estate
fl—full
f.r.s.—full rear seat
frt—front
gls.—glass
hdtp—hdtp
HMT] —hydramatic transmission
Hyd

incl—includes
lan—landaulet
L.H.—left-hand
L.H.D.—left-hand drive
lim—limousine
lux.—luxury
man.—manual transmission
p—passenger
part—partition
perm—permanent
pl—plain
prod—production
P/U—pick-up
qtr—quarter
R.H.—right-hand
R.H.D.—right-hand drive
r.s.—rumble seat
sed—sedan
SMT—stick manual transmission
sp—special
spt—sport
sta. wgn.—station wagon
std—standard
sts—seats
tonn.—tonneau
tr—trunk
trav—traveler
w—window
w/—with
w.b.—wheelbase
wd body—wood body
wgn—wagon
ws—windshield

Chrysler Calendar Year Production

*1924	79,144	1948	119,137
*1925	132,343	1949	141,122
1926	162,242	1950	167,316
1927	182,195	1951	162,916
1928	160,670	1952	120,678
1929	92,034	1953	160,410
1930	60,199	1954	101,745
1931	52,819	1955	176,039
1932	25,291	1956	95,356
1933	30,220	1957	118,733
1934	36,929	1958	49,513
1935	50,010	1959	69,411
1936	71,295	1960	87,420
1937	107,872	1961	107,747
1938	41,496	1962	119,221
1939	67,749	1963	111,958
1940	115,824	1964	145,338
1941	141,522	1965	224,061
1942	5,292	1966	255,487
1945	322	1967	240,712
1946	76,753	1968	263,266
1947	109,195	1969	226,590
*Chrysler-Maxwell total.		1970	158,614

Chrysler New Passenger Car Registrations
Imperial thru 1953

1924	19,960	1951	149,435
1925	68,793	1952	113,392
1926	129,565	1953	153,756
1927	154,234	1954	100,775
1928	142,024	1955	144,618
1929	84,520	1956	106,853
1930	60,908	1957	106,436
1931	52,650	1958	58,533
1932	26,016	1959	64,424
1933	28,677	1960	79,752
1934	28,052	1961	94,387
1935	40,536	1962	114,131
1936	58,698	1963	114,062
1937	91,622	1964	137,029
1938	46,184	1965	202,559
1939	63,956	1966	230,182
1940	100,117	1967	206,399
1941	143,025	1968	220,786
1946	65,532	1969	211,727
1947	93,871	1970	153,168
1948	105,315	1971	154,757
1949	130,516	1972	166,237
1950	151,300		

Chrysler Model Year Production by Body Style
Year/Model Number/Body Style/Name

1930
Chrysler Six, Series CJ

4d sedan	20,748
r.s. coupe	3,593
business coupe	2,267
roadster	1,616
convertible coupe	705
phaeton	279
chassis	31
TOTAL	29,239

First Series Eight—CD

4d sedan	9,000
r.s. coupe	3,000
roadster	1,462
convertible coupe	700
phaeton	85
chassis	108
TOTAL	14,355

1931
New Series Six—CM

4d sedan	28,620
r.s. coupe	5,327
roadster	2,281
convertible coupe	1,492
business coupe	802
phaeton	196
chassis	99
TOTAL	38,817

Second Series Eight—CD

4d sedan	5,843
r.s. coupe	1,506
roadster	511
convertible coupe	501
5p sedan	500
phaeton	113
chassis	126
TOTAL	9,100

Imperial Eight, Series CG

close coupled sedan	1,195
5p sedan	909
8p sedan	403
limousine	271
coupe	135
roadster	100

1931 (cont'd)

dual cowl phaeton	85
convertible sedan	25
convertible coupe	10
chassis	95
TOTAL	3,228

1932

Second Series Six—CI

4d sedan	13,772
r.s. coupe	2,913
convertible coupe	1,000
roadster	474
business coupe	354
convertible sedan	322
phaeton	59
chassis	70
TOTAL	18,964

Chrysler Eight, Series CP

4d sedan	3,198
r.s. coupe	718
5p sedan	502
convertible coupe	396
convertible sedan	251
chassis	48
TOTAL	5,113

Imperial, Series CH

5p sedan	1,002
r.s. coupe	239
convertible sedan	152
chassis	9
TOTAL	1,402

* Imperial Custom, Series CL

close coupled sedan	57
convertible sedan	49
8p sedan	35
limousine	32
convertible coupe	28
phaeton	14
chassis	5
TOTAL	220

1933

Chrysler Six, Series CO

4d sedan	13,264
(fitted w/sp 7p interior)	(51)
r.s. coupe	1,454
2d sedan (brougham)	1,207
convertible coupe	677
business coupe	587

*1932 & 1933 model years.

2d convertible sedan	207
7p sedan	151
chassis	267
TOTAL	17,814

Royal Eight, Series CT

5p sedan	7,993
r.s. coupe	1,033
convertible coupe	539
5p convertible sedan	257
7p sedan	246
business coupe	226
chassis	95
TOTAL	10,389

Imperial Eight, Series CQ

4d sedan	2,584
r.s. coupe	364
convertible sedan	364
5p sedan	267
convertible coupe	243
chassis	16
TOTAL	3,838

* Imperial Custom, Series CL#

close coupled sedan	43
5p phaeton	36
limousine	22
8p sedan	21
convertible sedan	11
roadster	9
station coupe	3
chassis	6
TOTAL	151

1934

Chrysler Six, Series CA

4d sedan	17,617
r.s. coupe	1,875
business coupe	1,650
2d sedan	1,575
convertible coupe	700
chassis	385
TOTAL	23,802

Chrysler Custom Six, Series CB

close coupled sedan	980
convertible sedan	450
chassis	20
TOTAL	1,450

Chrysler Eight Airflow, Series CU

4d sedan	7,226
r.s. coupe	732
2d sedan	306
town sedan	125
TOTAL	8,389

1934 (cont'd)

Imperial Eight Airflow, Series CV
4d sedan	1,997
5p sedan	212
town sedan	67
chassis	1
TOTAL	2,277

Imperial Eight Airflow, Series CX
limousine	78
5p sedan	25
town limousine	2
town sedan (prototype)	1
TOTAL	106

Custom Imperial Airflow, Series CX#
limousine	20
town limousine	2
TOTAL	22

Imperial Eight Airflow, Series CY
4d sedan	399
r.s. coupe	37
2d sedan	9
TOTAL	445

1935

Airstream 6, Series C-6
4d touring sedan w/trunk	12,790
4d sedan	6,055
business coupe	1,975
2d touring brougham w/trunk	1,901
r.s. coupe	861
2d sedan, fastback	400
chassis	476
TOTAL	24,458

Imperial Airstream 8, Series CZ
4d touring sedan	4,394
4d sedan	2,958
r.s. coupe	550
2d touring sedan	500
traveler sedan	245
7p sedan	212
convertible coupe	101
business coupe	100
chassis	237
TOTAL	9,297

Imperial 8 Airflow, Series C-1
4d sedan	4,617
5p coupe	307
business coupe	72
TOTAL	4,996

Chrysler 8 Airflow, Series C-2
4d sedan	2,398
5p sedan	200
TOTAL	2,598

Custom Imperial Airflow, Series C-3
5p sedan	69
limousine	53
Town Limousine	2
close coupled sedan	1
TOTAL	125

Custom Imperial Airflow, Series CW #
5p sedan	15
limousine	15
Town limousine	2
TOTAL	32

Imperial Eight Airflow, Series CW
limousine	28
5p sedan	17
close coupled sedan	2
TOTAL	47

1936

Airstream 6, Series C-7
4d touring sedan w/trunk	34,099
business coupe	3,703
2d touring brougham w/trunk	3,177
r.s. coupe	759
convertible coupe	650
convertible sedan	497
chassis	586
TOTAL	43,471

Imperial Airstream Deluxe 8, Series C-8
4d touring sedan	6,547
7p sedan	619
business coupe	520
convertible sedan	362
traveler sedan	350
r.s. coupe	325
2d touring sedan	268
convertible coupe	240

1936 (cont'd)

limousine	67
Town car	8
chassis	196
TOTAL	9,502

Airflow Imperial 8 Series C-9
4d sedan	1,590
5p coupe	110
TOTAL	1,700

Chrysler Airflow 8, Series C-10
4d sedan	4,259
5p sedan	240
chassis	1
TOTAL	4,500

Airflow Custom Imperial, Series C-11
5p sedan	38
limousine	37
TOTAL	75

1937

Chrysler Royal Six, Series C-16
4d touring sedan (trunk)	62,408
business coupe	9,830
2d touring brougham (trunk)	7,835
4d sedan	1,200
r.s. coupe	1,050
7p sedan	856
convertible coupe	767
2d sedan	750
convertible sedan	642
limousine	138
chassis	524
TOTAL	86,000

Chrysler Airflow Eight, Series C-17
4d sedan	4,370
5p sedan	230
TOTAL	4,600

Imperial Eight, Series C-14
4d touring sedan (trunk)	11,976
business coupe	1,075
2d touring sedan (trunk)	430
convertible coupe	351
convertible sedan	325
r.s. coupe	225
chassis	118
TOTAL	14,500

Imperial Custom Eight, Series C-15
8p sedan	721
limousine	276
5p sedan	187

chassis	16
TOTAL	1,200

1938

Chrysler Royal Six, Series C-18
4d touring sedan (trunk)	31,991
business coupe	4,840
2d touring brougham (trunk)	3,802
7p sedan	722
convertible coupe	480
r.s. coupe	363
4d convertible sedan	177
limousine	161
4d sedan, fastback	112
2d sedan, fastback	88
chassis	564
TOTAL	43,300

Imperial Eight, Series C-19
*4d touring sedan (trunk)	8,554
business coupe	766
2d touring sedan	245
convertible coupe	189
convertible sedan	113
r.s. coupe	80
chassis	55
TOTAL	10,002

*Includes Chrysler New Yorker Special 5p sedan.

Custom Imperial, Series C-20
5p sedan	252
limousine	145
7p sedan	122
chassis	11
TOTAL	530

1939

Chrysler Six, Series C-22 (Royal & Windsor)
4d sedan	45,955
2d sedan	4,838
business coupe	4,780
r.s. coupe	2,983
7p sedan	621
conv coupe	239
limousine	191
chassis	394
TOTAL	60,001

Chrysler Imperial & New Yorker Eight, Series C-23
*4d sedan	10,536

*Of these, 239 produced with optional sun roof in New Yorker and Saratoga sub series.

1939 (cont'd)

business coupe & club coupe (New Yorker)

		606
business coupe (Imperial)		492
2d sedan		185
Victoria coupe		134
chassis		48
	TOTAL	12,001

Custom Imperial, Series C-24

limousine		117
8p sedan		95
5p sedan		88
chassis		7
	TOTAL	307

1940

Chrysler Six, Series C-25 (Royal and Windsor)

4d sedan, Royal	23,274
4d sedan, Windsor	28,477
2d sedan, Royal & Windsor	9,851
business coupe, Royal & Windsor	5,117
r.s. coupe, Royal & Windsor	4,315
convertible coupe, Windsor	2,275
7p sedan, Royal & Windsor	439
limousine, Royal & Windsor	98
chassis	152
TOTAL	73,998

Chrysler Eight, Series C-26 (Traveler, New Yorker, & Saratoga)

4d sedan (New Yorker, Traveler, Saratoga)	
	14,603
r.s. coupe (New Yorker & Traveler)	1,117
convertible coupe (New Yorker)	845
business coupe (New Yorker & Traveler)	731
2d Victoria sedan (Traveler & New Yorker)	
	275
chassis	29
TOTAL	17,600

Crown Imperial, Series C-27

5p sedan	355
8p sedan	284
limousine	210
chassis	1
TOTAL	850

1941

Chrysler Royal Six, Series C-28S

4d sedan		51,378
club coupe		10,830
luxury brougham		8,006
business coupe		6,846
Town sedan		1,277
station wagon		999
7p sedan		297
limousine		31
chassis		3
	TOTAL	79,667

Chrysler Windsor Six, Series C-28W

4d sedan		36,396
club coupe		8,513
convertible coupe		4,432
luxury brougham		2,898
Town sedan		2,704
business coupe		1,921
7p sedan		116
limousine		54
	TOTAL	57,034

Chrysler Eight, Series C-30 (Saratoga is C-30K; New Yorker is C-30N)

4d sedan		15,868
club coupe		2,845
town sedan		2,326
special Town sedan		894
business coupe		771
luxury brougham		293
conv cpe (New Yorker only)		1,295
station wagon		1
chassis		9
	TOTAL	24,302

Crown Imperial, Series C-33

limousine		316
8p sedan		205
5p sedan		179
chassis		1
	TOTAL	701

1942

Chrysler Royal Six, Series C-34S

club coupe	779
4d sedan	7,424

1942 (cont'd)

brougham	709
business coupe	479
7p sedan	79
Town Sedan	73
8p limousine	21
TOTAL	**9,564**

Chrysler Windsor Six, Series C-34W

4d sedan	10,054
club coupe	1,713
station wagon	999
convertible coupe	574
Town sedan	479
brougham	317
business coupe	250
7p sedan	29
limousine	12
TOTAL	**14,427**

Chrysler Saratoga Eight, Series C-36K

4d sedan	1,239

club coupe	193
business coupe	80
Town sedan	46
brougham	36
chassis	2
TOTAL	**1,596**

Chrysler New Yorker Eight, Series C-36N

4d sedan	7,045
Town sedan	1,648
club coupe	1,234
convertible coupe	401
business coupe	158
brougham	62
station wagon	1
TOTAL	**10,549**

Crown Imperial, Series C-37

limousine	215
8p sedan	152
5p scdan	81
chassis	2
TOTAL	**450**

Post War Chrysler Model Year Production

Includes: Cars built in U.S. for domestic sale, Canadian sale, and export. Also, cars built in Canadian plants.

Note: Imperial included with Chrysler through 1954, then listed separately 1954-1974.

1946-47-48

Royal, C38S

4d sedan	24,279
club coupe	4,318
3p coupe	1,221
2d sedan	1,117
7p sedan	626
limousine	169
chassis	1
TOTAL	**31,731**

Windsor C38W

4d sedan	161,139
club coupe	26,482
convertible	11,200
7p sedan	4,390
traveler sedan	4,182
2d sedan	4,034
3p coupe	1,980
limousine	1,496
TOTAL	**214,903**

Town & Country, C38W (Six)

4d sedan	4,049
chassis	1
TOTAL	**4,050**

Town & Country, C39N (Eight)

convertible	8,368
4d sedan	100
hardtop coupe	7
TOTAL	**8,475**

Saratoga, C39K

4d sedan	4,611
club coupe	765
2d sedan	155
3p coupe	74
TOTAL	**5,605**

New Yorker, C39N

4d sedan	52,036
club coupe	10,735
convertible	3,000
2d sedan	545
3p coupe	701
chassis	2
TOTAL	**67,019**

Crown Imperial, C40

limousine	750
8p sedan	650
TOTAL	**1,400**
1946-7-8 TOTAL	**333,183**

1949

Royal, C45-1
4d sedan		13,192
club coupe		4,849
wood wagon		850
8p sedan		185
	TOTAL	19,076

Windsor C45-2
4d sedan		55,879
club soupe		17,732
convertible		3,234
8p sedan		373
limousine		73
	TOTAL	77,291

Saratoga, C46-1
4d sedan		1,810
club coupe		465
	TOTAL	2,275

New Yorker, C46-2
4d sedan		18,779
club coupe		4,524
convertible		1,137
imperial sedan		50
chassis		1
	TOTAL	24,491

Town & Country, C46-2
convertible		1,000

Crown Imperial, C47
limousine		45
8p sedan		40
	TOTAL	85
	1949 TOTAL	124,218

1950

Royal C48-1
4d sedan		17,713
club coupe		5,900
wood wagon		599
8p sedan		375
steel wagon		100
	TOTAL	24,687

Windsor, C48-2
4d sedan		78,199
club coupe		20,050
hardtop		9,925
convertible		2,201
traveler sedan		900
8p sedan		763
limousine		174
chassis		1
	TOTAL	112,212

Saratoga, C49-1
4d sedan		1,000
club coupe		300
	TOTAL	1,300

New Yorker, C49-2
4d sedan		22,633
imperial sedan		9,500
club coupe		3,000
hardtop		2,800
imperial deluxe		1,150
convertible		899
wood wagon		1
chassis		2
	TOTAL	39,985

Town & Country, C49-2
hardtop		700

Crown Imperial, C50
8p sedan		209
limousine		205
chassis		1
	TOTAL	415
	1950 TOTAL	179,299

1951-52

Windsor, C51-1
4d sedan		16,112
club coupe		6,735
wagon		1,967
8p sedan		633
ambulance		153
	TOTAL	25,600

Windsor Deluxe, C-51-2
4d sedan		75,513
hardtop		10,200
club coupe		8,365
convertible		4,200
traveler		850
8p sedan		720
limousine		152
	TOTAL	100,000

Saratoga, C55
4d sedan		35,516
*club coupe		8,501
wagon		1,299
8p sedan		183
ambulance		1
	TOTAL	45,500

*Includes one hardtop with New Yorker body.

1951-2 (cont'd)

New Yorker, C52

4d sedan	40,415
hardtop	5,800
club coupe	3,533
convertible coupe	2,200
wagon (4 w/C51 bodies)	251
chassis	1
TOTAL	52,200

Imperial C54

4d sedan	21,711
hardtop	3,450
club coupe	1,189
convertible	650
TOTAL	27,000

Crown Imperial C53

8p sedan	360
limousine	338
chassis	2
TOTAL	700
1951-2 TOTAL	251,000

1953

Windsor C60-1

4d sedan	18,879
club coupe	11,646
wagon	1,242
8p sedan	425
TOTAL	32,192

Windsor Deluxe, C60-2

4d sedan	45,385
hardtop	5,642
club coupe	1,250
TOTAL	52,277

New Yorker, C56-1

4d sedan	37,540
club coupe	7,749
hardtop	2,525
wagon	1,399
8p sedan	100
TOTAL	49,313

New Yorker Deluxe, C56-2

4d sedan	20,585
hardtop	3,715
club coupe	1,934
convertible	950
chassis	21
TOTAL	27,205

Custom Imperial, C58

4d sedan	7,793
hardtop	823
Town lim	243
TOTAL	8,859

Crown Imperial, C59

limousine	111
8p sedan	48
chassis	1
TOTAL	160
1953 TOTAL	170,006

1954

Windsor Deluxe, C62

4d sedan	33,563
club coupe	5,659
hardtop	3,655
wagon	650
8p sedan	500
conv	500
TOTAL	44,527

New Yorker, C63-1

4d sedan	15,788
club coupe	2,079
hardtop	1,312
wagon	1,100
8p sedan	140
TOTAL	20,419

New Yorker, Deluxe, C63-2

4d sedan	26,907
hardtop	4,814
club coupe	1,861
convertible	724
chassis	17
TOTAL	34,323

Custom Imperial, C64

4d sedan	4,324
hardtop	1,249
Town limousine	83
special town lim	2
convertible	1
chassis	2
TOTAL	5,661

Crown Imperial, C66

limousine	77
8p sedan	23
TOTAL	100
1954 TOTAL	105,030

1955

Windsor Deluxe, C67

4d sedan	63,896
Nassau hardtop	18,474
Newport hardtop	13,126
wagon	1,983
convertible	1,395
TOTAL	98,874

New Yorker Deluxe, C68

4d sedan	33,342
St. Regis hardtop	11,076
Newport hardtop	5,777
300 hardtop	1,725
wagon	1,036

1955 (cont'd)

convertible	—	946
chassis		1
	TOTAL	53,903
	1955 TOTAL	152,777

1956

Windsor, C71

4d sedan		53,119
Nassau 2d hdtp		11,400
Newport 2d hdtp		10,800
4d hardtop		7,050
wagon		2,700
convertible		1,011
	TOTAL	86,080

New Yorker, C72

4d sedan		24,749
St. Regis 2d hardtop		6,686
Newport 2d hardtop		4,115
4d hardtop		3,599
300B 2d hardtop		1,102
wagon		1,070
convertible		921
	TOTAL	42,242
	1956 TOTAL	128,322

1957

Windsor C75-1

4d sedan		17,639
4d hardtop		14,354
2d hardtop		14,027
wagon		2,035
	TOTAL	48,055

Saratoga, C75-2

4d sedan		14,977
4d hardtop		11,586
2d hardtop		10,633
	TOTAL	37,196

New Yorker C76

4d sedan		12,369
4d hardtop		10,948
2d hardtop		8,863
300C 2d hardtop		1,918
wagon		1,391
convertible		1,049
300C conv		484
	TOTAL	37,022
	1957 TOTAL	122,273

1958

Windsor LC1-L

4d sedan		12,861
4d hardtop		6,254
2d hardtop		6,205
wagon, 3 seat		862
wagon, 2 seat		791
convertible		2
	TOTAL	26,975

Saratoga, LC2-M

4d sedan		8,698
4d hardtop		5,322
2d hardtop		4,456
	TOTAL	18,476

New Yorker LC3-H

4d sedan		7,110
4d hardtop		5,227
2d hardtop		3,205
wagon, 3 seat		775
convertible		666
300D 2d hardtop		618
wagon, 2 seat		428
300D convertible		191
	TOTAL	18,220
	1958 TOTAL	63,671

1959

Windsor MC1-L

4d sedan		19,910
2d hardtop		6,775
4d hardtop		6,084
wagon, 2 seat		992
convertible		961
wagon, 3 seat		751
	TOTAL	35,473

Saratoga, MC2-M

4d sedan		8,783
4d hardtop		4,943
2d hardtop		3,753
	TOTAL	17,479

New Yorker MC3-M

4d sedan		7,792
4d hardtop		4,805
2d hardtop		2,435
wagon, 3 seat		564
300E 2d hardtop		550
wagon, 2 seat		444
convertible		286
300E conv		140

1959 (cont'd)

chassis		3
	TOTAL	17,019
	1959 TOTAL	69,971

1960

Windsor PC1-L

4d sedan		25,152
2d hardtop		6,496
4d hardtop		5,897
convertible		1,467
wagon, 2 seat		1,120
wagon, 3 seat		1,026
	TOTAL	41,158

Saratoga PC2-M

4d sedan		8,463
4d hardtop		4,099
2d hardtop		2,963
	TOTAL	15,525

New Yorker PC3-H

4d sedan		9,079
4d hardtop		5,625
2d hardtop		2,835
300F 2d hardtop		964
wagon, 3 seat		671
wagon, 2 seat		624
convertible		556
300F conv		248
	TOTAL	20,602
	1960 TOTAL	77,285

1961

Newport RC1-L

4d sedan		34,370
2d hardtop		9,405
4d hardtop		7,789
convertible		2,135
wagon, 2 seat		1,832
wagon, 3 seat		1,571
	TOTAL	57,102

Windsor RC2-M

4d sedan		10,239
4d hardtop		4,156
2d hardtop		2,941
	TOTAL	17,336

New Yorker RC3-H

4d sedan		9,984
4d hardtop		5,862
2d hardtop		2,541
wagon, 3 seat		760

wagon, 2 seat		676
convertible		576
	TOTAL	20,399

C300, RC4-P

300G 2d hardtop		1,280
300G convertible		337
	TOTAL	1,617
	1961 TOTAL	96,454

1962

Newport SC1-L

4d sedan		54,813
2d hardtop		11,910
4d hardtop		8,712
wagon, 2 seat		3,271
wagon, 3 seat		2,363
convertible		2,051
	TOTAL	83,120

300, SC2-M

2d hardtop (incl 435,300H)		11,776
4d hardtop		10,030
convertible (incl 123,300H)		1,971
4d sedan		1,801
	TOTAL	25,578

New Yorker, SC3-H

4d sedan		12,056
4d hardtop		6,646
wagon, 3 seat		793
wagon, 2 seat		728
	TOTAL	20,223
	1962 TOTAL	128,921

1963

Newport TC1-L

4d sedan		49,067
2d hardtop		9,809
4d hardtop		8,437
wagon, 2 seat		3,618
wagon, 3 seat		2,948
convertible		2,093
	TOTAL	75,972

300 TC2-M

2d hardtop (incl 400, 300S)		10,129
4d hardtop		9,915
convertible		3,396
4d sedan		1,625
	TOTAL	25,065

New Yorker TC3-H

4d sedan		14,884
4d hardtop		10,882
wagon, 3 seat		1,244

1963 (cont')

wagon, 2 seat		950
	TOTAL	27,960
	1963 TOTAL	128,997

1964

Newport VC1-l

4d sedan		55,957
2d hardtop		10,579
4d hardtop		9,710
wagon, 2 seat		3,720
wagon, 3 seat		3,041
convertible		2,176
	TOTAL	85,183

300 VC2-M

2d hardtop (incl 3,022-300K)		13,401
4d hardtop		11,460
4d sedan		2,078
convertible (incl 625, 300K)		2,026
	TOTAL	28,965

New Yorker VC3-H

4d sedan		15,443
4d hardtop (incl 1,621 salon)		12,508
wagon, 3 seat		1,603
wagon, 2 seat		1,190
2d hardtop		300
	TOTAL	31,044
	1964 TOTAL	145,192

1965

Newport AC1-L

4d sedan		61,054
2d hardtop		23,655
4d hardtop		17,062
4d sedan, 6w		12,411
wagon, 2 seat		4,683
wagon, 3 seat		3,738
convertible		3,192
	TOTAL	125,795

300 AC2-M

4d hardtop		12,452
2d hardtop		11,621
4d sedan, 6w		2,187
convertible		1,418
	TOTAL	27,678

300L AC2-P

2d hardtop		2,405
convertible		440
	TOTAL	2,845

New Yorker AC3-H

4d hardtop		21,110
4d sedan, 6w		16,339
2d hardtop		9,357
wagon, 3 seat		1,697
wagon, 2 seat		1,368
	TOTAL	49,871
	1965 TOTAL	206,189

1966

Newport BC1-L

4d sedan		74,964
2d hardtop		37,662
4d hardtop		24,966
4d sedan, 6w		9,432
wagon, 2 seat		9,035
wagon, 3 seat		8,567
convertible		3,085
	TOTAL	167,711

300 BC2-M

2d hardtop		24,103
4d hardtop		20,642
convertible		2,500
4d sedan		2,352
	TOTAL	49,597

New Yorker BC3-H

4d hardtop		26,599
4d sedan, 6w		13,025
2d hardtop		7,955
	TOTAL	47,579
	1966 TOTAL	264,887

1967

Newport CC1-E

4d sedan		48,945
2d hardtop		26,563
4d hardtop		14,247
wagon, 3 seat		7,520
wagon, 2 seat		7,183
convertible		2,891
	TOTAL	107,349

Newport Custom CC1-L

4d sedan		23,101
2d hardtop		14,193
4d hardtop		12,728
	TOTAL	50,022

300 CC2-M

2d hardtop		11,550
4d hardtop		8,744
convertible		1,594
	TOTAL	21,888

1967 (cont'd)

New Yorker CC3-H
4d hardtop	21,665
4d sedan	10,907
2d hardtop	6,885
TOTAL	39,457
1967 TOTAL	218,716

1968

Newport DC1-E
4d sedan	61,436
2d hardtop (965 with sportsgrain)	36,768
4d hardtop	20,191
wagon, 3 seat	12,233
wagon, 2 seat	9,908
convertible (175 with sportsgrain)	2,847
TOTAL	143,383

Newport Custom DC1-L
4d sedan	16,915
4d hardtop	11,460
2d hardtop	10,341
TOTAL	38,716

300 DC2-M
2d hardtop	16,953
4d hardtop	15,507
convertible	2,161
TOTAL	34,621

New Yorker DC3-H
4d hardtop	26,991
4d sedan	13,092
2d hardtop	8,060
TOTAL	48,143
1968 TOTAL	264,863

1969

Newport EC-E
4d sedan	55,083
2d hardtop	33,639
4d hardtop	20,608
convertible	2,169
TOTAL	111,499

Newport Custom EC-L
4d sedan	18,401
4d hardtop	15,981
2d hardtop	10,955
TOTAL	45,337

300 EC-M
2d hardtop	16,075
4d hardtop	14,464
convertible	1,933
TOTAL	32,472

New Yorker EC-H
4d hardtop	27,157
4d sedan	12,253
2d hardtop	7,537
TOTAL	46,947

Town & Country EC-P
wagon, 3 seat	14,408
wagon, 2 seat	10,108
TOTAL	24,516
1969 TOTAL	260,771

1970

Newport FC-E
4d sedan (includes 1,873 Cordobas)	39,285
2d hardtop (includes 1,868 Cordobas)	21,664
4d hardtop	16,940
convertible	1,124
TOTAL	79,013

Newport Custom FC-L
4d sedan	13,767
4d hardtop	10,873
2d hardtop	6,639
TOTAL	31,279

300 FC-M
2d hardtop	10,084
4d hardtop	9,846
convertible	1,077
TOTAL	21,007

New Yorker FC-H
4d hardtop	19,903
4d sedan	9,389
2d hardtop	4,917
TOTAL	34,209

Town & Country FC-P
wagon, 3 seat	9,583
wagon, 2 seat	5,686
TOTAL	15,269
1970 TOTAL	180,777

1971

Newport GC-E
4d sedan (includes 19,662 Newport Royals)	44,496
2d hardtop (includes 8,500 Newport Royals)	22,049
4d hardtop (includes 5,188 Newport Royals)	15,988
TOTAL	82,533

1971 (cont'd)

Newport Custom GC-L
4d sedan	11,254
4d hardtop	10,207
2d hardtop	5,527
TOTAL	26,988

300 GC-S
2d hardtop	7,256
4d hardtop	6,683
TOTAL	13,939

New Yorker GC-H
4d hardtop	20,633
4d sedan	9,850
2d hardtop	4,485
TOTAL	34,968

Town & Country GC-P
3 seat wagon	10,993
2 seat wagon	5,697
TOTAL	16,690
1971 TOTAL	175,118

1972

Newport Royal HC-L
4d sedan	47,437
2d hardtop	22,682
4d hardtop	15,185
TOTAL	85,304

Newport Custom HC-M
4d sedan	19,278
4d hardtop	15,457
2d hardtop	10,326
TOTAL	45,061

New Yorker HC-H
4d hardtop	10,013
4d sedan	7,296
2d hardtop	5,567
TOTAL	22,876

Town & Country HC-P
3 seat wagon	14,116
2 seat wagon	6,473
TOTAL	20,589

New Yorker Brougham HC-S
4d hardtop	20,328
4d sedan	5,971
2d hardtop	4,635
TOTAL	30,934
1972 TOTAL	204,764

1973

Newport 3C-L
4d sedan	54,147
2d hardtop	27,456
4d hardtop	20,175
TOTAL	101,778

Newport Custom 3C-M
4d sedan	20,092
4d hardtop	20,050
2d hardtop	12,293
TOTAL	52,435

New Yorker 3C-H
4d sedan	7,991
4d hardtop	7,619
TOTAL	15,610

Town & Country 3C-P
3 seat wagon	14,687
2 seat wagon	5,353
TOTAL	20,040

New Yorker Brougham 3C-S
4d hardtop	26,635
2d hardtop	9,190
4d sedan	8,541
TOTAL	44,366
1973 TOTAL	234,229

1974

Newport 4C-L
4d sedan	26,944
2d hardtop	13,784
4d hardtop	8,968
TOTAL	49,696

Newport Custom 4C-M
4d sedan	10,569
4d hardtop	9,892
2d hardtop	7,206
TOTAL	27,667

New Yorker 4C-H
4d sedan	3,072
4d hardtop	3,066
TOTAL	6,138

Town & Country 4C-P
3 seat wagon	5,958
2 seat wagon	2,236
TOTAL	8,194

New Yorker Brougham 4C-S
4d hardtop	13,165
2d hardtop	7,980

1974 (cont'd)

4d sedan		4,533
	TOTAL	25,678
	1974 TOTAL	117,373

1975

Newport 5C-L
4d sedan		24,339
2d hardtop		10,485
4d hardtop		6,846
	TOTAL	41,670

Newport Custom 5C-M
4d hardtop	11,626
4d sedan	9,623

2d hardtop		5,831
	TOTAL	27,080

New Yorker Brougham 5C-S
4d hardtop		12,774
2d hardtop		7,567
4d sedan		5,698
	TOTAL	26,039

Town & Country 5C-P
3 seat wagon		4,764
2 seat wagon		1,891
	TOTAL	6,655

Cordoba 5S-S
2d coupe	150,105
1975 TOTAL	251,549

1964 NEW YORKER—includes 1,478 Salon 4-door hardtops..
1963 NEW YORKER—includes 593 Salon 4-door hardtops.
1964 300—includes 2,152 300 and 255 300K Silver 300 models.
1963 300—includes 306 2-door hardtops and 1,861
convertibles as PaceSetter Indy 500 replicas.
1962 NEWPORT—includes 5,902 Highlander trim models.
1961 NEWPORT—includes 4,953 Highlander trim models.

NOTE: These figures are from *Chrysler and Imperial: The Postwar Years* by Richard M. Langworth as compiled by Jeffrey I. Godshall.

Imperial Calendar Year Production

1955. .13,727
1956. .12,130
1957. .37,946
1958. .13,673
1959. .20,963
1960. .16,829
1961. .12,699
1962. .14,787
1963. .18,051
1964. .20,391
1965. .16,422
1966. .17,653
1967. .15,506
1968. .17,551
1969. .18,627
1970. .10,111

Imperial New Passenger Car Registrations

1954. 966
1955. .11,840
1956. .10,460
1957. .33,017
1958. .14,810
1959. .18,498
1960. .16,360
1961. .11,747
1962. .13,558
1963. .15,266
1964. .21,157
1965. .17,214
1966. .14,609
1967. .15,901
1968. .15,778
1969. .18,860
1970. .10,753
1971. .12,018
1972. .13,601

Imperial Model Year Production
(1955-1974)

1955

Imperial C-69
4d sedan	7,840
hardtop	3,418
convertible (special body)	1
chassis	1
TOTAL	11,260

Crown Imperial C-70
limousine	127
8p sedan	45
TOTAL	172
1955 TOTAL	11,432

1956

Imperial C-73
4d sedan	6,821
2d hardtop	2,094
4d hardtop	1,543
TOTAL	10,458

Crown Imperial C-70
limousine	175
8p sedan	51
TOTAL	226
1956 TOTAL	10,684

1957

Imperial IM1-1
4d hardtop	7,527
4d sedan	5,654
2d hardtop	4,885
TOTAL	18,066

Imperial Crown IM1-2
4d hardtop	7,843
2d hardtop	4,199
4d sedan	3,642
convertible	1,167
TOTAL	16,851

Imperial LeBaron IM1-4
4d sedan	1,729
4d hardtop	911
TOTAL	2,640
1957 TOTAL	37,557

1958

Imperial LY1-L
4d hardtop	3,336
4d sedan	1,926
2d hardtop	1,801
TOTAL	7,063

Imperial Crown LY1-M
4d hardtop	4,146
2d hardtop	1,939
4d hardtop	1,240
convertible	675
TOTAL	8,000

1958 (cont'd)

Imperial LeBaron LY1-H

4d hardtop	538
4d sedan	501
TOTAL	1,039
1958 TOTAL	16,102

1959

Imperial Custom MY1-L

4d hardtop	3,984
4d sedan	2,071
2d hardtop	1,743
TOTAL	7,798

Imperial Crown MY1-M

4d hardtop	4,714
2d hardtop	1,728
4d sedan	1,335
convertible	555
TOTAL	8,332

Imperial LeBaron MY1-H

4d hardtop	622
4d sedan	510
TOTAL	1,132
1959 TOTAL	17,262

1960

Imperial Custom PY1-L

4d hardtop	3,953
4d sedan	2,335
2d hardtop	1,498
TOTAL	7,786

Imperial Crown PY1-M

4d hardtop	4,510
4d sedan	1,594
2d hardtop	1,504
convertible	618
TOTAL	8,226

Imperial LeBaron PY1-H

4d hardtop	999
4d sedan	692
TOTAL	1,691
1960 TOTAL	17,703

1961

Imperial Custom RY1-L

4d hardtop	4,129
2d hardtop	889
TOTAL	5,018

Imperial Crown RY1-M

4d hardtop	4,769
2d hardtop	1,007
convertible	429
TOTAL	6,205

Imperial LeBaron RY1-H

4d hardtop	1,026
1961 TOTAL	12,249

1962

Imperial Custom SY1-L

4d hardtop	3,587
2d hardtop	826
TOTAL	4,413

Imperial Crown SY2-M

4d hardtop	6,911
2d hardtop	1,010
convertible	554
TOTAL	8,475

Imperial LeBaron

4d hardtop	1,449
1962 TOTAL	14,337

1963

Imperial Custom TY1-L

4d hardtop	3,264
2d hardtop	749
TOTAL	4,013

Imperial Crown TY1-M

4d hardtop	6,960
2d hardtop	1,067
convertible	531
TOTAL	8,558

Imperial LeBaron TY1-H

4d hardtop	1,537
1963 TOTAL	14,108

1964

Imperial Crown VY1-M

4d hardtop	14,181
2d hardtop	5,233
convertible	922
TOTAL	20,336

1964 (cont'd)

Imperial LeBaron VY1-H
4d hardtop	2,949

	1964 TOTAL	23,285

1965

Imperial Crown AY1-M
4d hardtop		11,628
2d hardtop		3,974
convertible		633
	TOTAL	16,235

Imperial LeBaron AY1-H
4d hardtop	2,164

	1965 TOTAL	18,399

1966

Imperial Crown BY1-M
4d hardtop		8,977
2d hardtop		2,373
convertible		514
	TOTAL	11,864

Imperial LeBaron BY1-H
4d hardtop	1,878

	1966 TOTAL	13,742

1967

Imperial Crown CY1-M
4d hardtop		9,415
2d hardtop		3,235
4d sedan		2,193
convertible		577
	TOTAL	15,420

Imperial LeBaron CY1-H
4d hardtop	2,194

	1967 TOTAL	17,614

1968

Imperial Crown DY1-M
4d hardtop		8,492
2d hardtop		2,656
4d sedan		1,887
convertible		474
	TOTAL	13,509

Imperial LeBaron DY1-H
4d hardtop	1,852

	1968 TOTAL	15,361

1969

Imperial EY-M
4d hardtop (LeBaron)		14,821
(Crown)		823
2d hardtop (LeBaron)		4,572
(Crown)		244
4d sedan (Crown)		1,617
	TOTAL	22,077

1970

Imperial Crown FY-L
4d hardtop		1,333
2d hardtop		254
	TOTAL	1,587

Imperial LeBaron FY-M
4d hardtop		8,426
2d hardtop		1,803
	TOTAL	10,229
	1970 TOTAL	11,816

1971

Imperial LeBaron GY-M
4d hardtop		10,116
2d hardtop		1,442
	TOTAL	11,558

1972

Imperial LeBaron HY-M
4d hardtop		13,472
2d hardtop		2,322
	TOTAL	15,794

1973

Imperial LeBaron 3Y-M
4d hardtop		14,166
2d hardtop		2,563
	TOTAL	16,729

1974

Imperial LeBaron 4Y-M
4d hardtop	10,576

1974 (cont'd)

2d hardtop		3,850
	TOTAL	14,426

1975

Imperial LeBaron 5Y-M

4d hardtop		6,102
2d hardtop		2,728
	TOTAL	8,830

NOTE: These figures are from *Chrysler and Imperial: The Postwar Years* by Richard M. Langworth as compiled by Jeffrey I Godshall.

Desoto Calendar Year Production

1928........33,345	1946........62,860
1929........64,911	1947........81,752
1930........34,889	1948........92,920
1931........29,835	1949........108,440
1932........27,441	1950........127,557
1933........20,186	1951........121,794
1934........15,825	1952........97,558
1935........34,276	1953........129,963
1936........52,789	1954........69,844
1937........86,541	1955........129,767
1938........32,688	1956........104,090
1939........53,269	1957........117,747
1940........83,805	1958........36,556
1941........85,980	1959........41,423
1942........4,186	1960........19,411
1945........947	

Desoto New Passenger Car Registrations

1928........14,538	1947........72,966
1929........59,614	1948........82,454
1930........35,267	1949........103,311
1931........28,430	1950........115,023
1932........25,311	1951........112,643
1933........21,260	1952........91,677
1934........11,447	1953........122,342
1935........26,952	1954........76,739
1936........45,088	1955........118,062
1937........74,424	1956........100,766
1938........35,259	1957........103,915
1939........51,951	1958........47,865
1940........71,943	1959........42,488
1941........91,004	1960........23,063
1946........54,420	

De Soto Model Year Production

1930 Six

Model CK

4d sedan	8,248
r.s. coupe	1,521
roadster	1,086
bus. coupe	858
phaeton	209
conv coupe	184
chassis	94
TOTAL	12,200

1930-31 Eight

Model CF

4d sedan	9,653
deluxe sedan	4,139
r.s. coupe	2,735
roadster	1,457
bus. coupe	1,015
conv coupe	524
phaeton	179
chassis	373
TOTAL	20,075

1930-31 Eight

Model CF#

4d sedan	3,490
r.s. coupe	486
bus. coupe	102
roadster	73
conv. coupe	48
phaeton	22
chassis	3
TOTAL	4,224

1931 Six

Model SA

4d sedan	17,866
r.s. coupe	2,663
2d sedan	2,349
roadster	1,949
dlx sedan	1,450
bus. coupe	1,309
conv coupe	638
phaeton	100
chassis	32
TOTAL	28,356

1932 Six

Model SC

4d sedan	8,924

dlx sedan	4,791
2d sedan	3,730
r.s. coupe	2,897
bus. coupe	1,691
conv coupe	960
roadster	894
conv sedan	275
7p sedan	221
phaeton	30
chassis	83
TOTAL	24,496

1933 Six

Model SD

dlx sedan	8,133
4d sedan	7,890
r.s. coupe	2,705
2d sedan	2,436
bus. coupe	800
conv coupe	412
conv sedan	132
7p sedan	104
chassis	124
TOTAL	22,736

1934 Six

Model SE (Airflow)

4d sedan	11,713
r.s. coupe	1,584
2d sedan	522
town sedan	119
chassis	2
TOTAL	13,940

1935 Six

Model SF

4d touring sed	8,018
4d sedan	5,714
2d touring sed	2,035
bus. coupe	1,760
2d sedan	1,350
r.s. coupe	900
conv coupe	226
chassis	781
TOTAL	20,784

Model SG (Airflow)

4d sedan	6,269
5p coupe	418
bus. coupe	70
town sedan	40
TOTAL	6,797

1936 Six

Model S1 (Deluxe)

4d touring sedan	13,093
business coupe	2,592
2d touring sedan	2,207
chassis	99
TOTAL	17,991

Model S1 (Custom)

4d touring sedan	13,801
New York taxi	2,500
2d touring sedan	1,120
business coupe	940
r.s. coupe	641
California taxi	451
convertible coupe	350
convertible sedan	215
7p sedan	208
traveler sedan	23
limousine	10
chassis	460
TOTAL	20,719

Model S2 (Airflow)

4d sedan	4,750
5p coupe	250
TOTAL	5,000

1937 Six

Model S3

4d touring sedan	51,889
2d touring sedan	11,660
business coupe	11,050
4d sedan	2,265
2d sedan	1,200
r.s. coupe	1,030
convertible coupe	992
7p sedan	695
convertible sedan	426
California taxi	225
limousine	71
chassis	497
TOTAL	82,000

1938 Six

Model S5

4d touring sedan	23,681
2d touring sedan	5,367
business coupe	5,160
4d custom traveler	2,550
7p sedan	513
4d sedan	498
convertible coupe	431

California taxi	372
convertible sedan	88
limousine	81
r.s. coupe	38
2d sedan	11
chassis	413
TOTAL	39,203

1939 Six

Model S6 (Deluxe)

4d sedan	31,513
2d sedan	7,472
business coupe	5,176
r.s. coupe	2,124
California taxi	1,250
7p sedan	425
limousine	84
chassis	154
TOTAL	48,198

Model S6 (Custom)

4d sedan	5,993
business coupe	498
2d sedan	424
r.s. coupe	287
club coupe	264
7p sedan	30
limousine	5
TOTAL	7,501

1940 Six

Model S7S (Deluxe)

4d sedan	18,666
2d sedan	7,072
business coupe	3,650
California taxi	2,323
r.s. coupe	2,098
7p sedan	142
TOTAL	33,951

Model S7C (Custom)

4d sedan	25,221
2d sedan	3,109
r.s. coupe	2,234
business coupe	1,898
conv coupe	1,085
7p sedan	206
limousine	34
chassis	52
TOTAL	33,839

1941 Six

Model S8S (Deluxe)

4d sedan	26,417
2d sedan	9,228
club coupe	5,603
business coupe	4,449
California taxi	2,502
7p sedan	101
TOTAL	48,300

Model S8C (Custom)

4d sedan	30,876
club coupe	6,726
2d sedan	4,609
town sedan	4,362
conv coupe	2,937
business coupe	2,033
7p sedan	120
limousine	35
chassis	1
TOTAL	51,699

1942 Six

Model S10S (Deluxe)

4d sedan	6,463
club coupe	1,968
2d sedan	1,781
California taxi	756
business coupe	469
town sedan	291
conv coupe	79
7p sedan	49
TOTAL	11,856

Model S10C (Custom)

4d sedan	7,974
club coupe	2,236
town sedan	1,084
2d sedan	913
conv coupe	489
business coupe	120
7p sedan	79
limousine	20
TOTAL	12,915

Post War De Soto Model Year Production

1946-47-48 Six

Model S11S (Deluxe)

4d sedan	32,213
2d sedan	12,751
California taxi	11,600
club coupe	8,580
business coupe	1,950
TOTAL	67,094

Model S11C (Custom)

4d sedan	126,226
club coupe	38,720
conv coupe	8,100
suburban sedan	7,500
8p sedan	3,530
2d sedan	1,600
limousine	120
chassis	105
TOTAL	185,901

1949 Six

Model S13-1 (Deluxe)

4d sedan	13,148
club coupe	6,807
5p suburban (carry-all)	2,690
station wagon	850
California taxi	680
TOTAL	24,175

Model S13-2 (Custom)

4d sedan	48,589
club coupe	18,431
conv coupe	3,385
8p sedan	342
suburban sedan	129
TOTAL	70,876

1950 Six

Model S14-1 (Deluxe)

4d sedan	18,489
club coupe	10,703
5p suburban (carry-all)	3,900
California taxi	2,350
8p sedan	235
chassis	1
TOTAL	35,678

Model S14-2 (Custom)

4d sedan	72,664
club coupe	18,302
sp club coupe	4,600
conv coupe	2,900
8p sedan	734
suburban sedan	623
station wagon	600
estate wagon	100
chassis	2
TOTAL	100,525

*1951-52 Six

Model S15-1 (Deluxe)

4d sedan	13,506
club coupe	6,100
California taxi	3,550
5p suburban (carry-all)	1,700
8p sedan	343
TOTAL	25,199

Model S15-2 (Custom)

4d sedan	88,491
club coupe	19,000
sp club coupe	8,750
conv coupe	3,950
estate wagon	1,440
8p sedan	769
suburban sedan	600
TOTAL	123,000

*Two-year model run.

1952 Eight

Model S17 (Firedome)

4d sedan	35,651
club coupe	5,699
sp club coupe	3,000
conv coupe	850
estate wagon	550
8p sedan	50
TOTAL	45,800

1953 Six

Model S18 (Powermaster)

4d sedan	33,644
club coupe	8,063
California taxi	1,700
sp club coupe	1,470
estate wagon	500
8p sedan	225
TOTAL	45,602

1953 Eight

Model S16 (Firedome)

4d sedan	64,211
club coupe	14,591
sp club coupe	4,700
conv coupe	1,700
estate wagon	1,100
8p sedan	200
TOTAL	86,502

1954 Six

Model S20 (Powermaster)

4d sedan	14,967
club coupe	3,499
California taxi	2,000
8p sedan	263
sp club coupe	250
estate wagon	225
TOTAL	21,204

1954 Eight

Model S19 (Firedome)

4d sedan	45,095
club coupe	5,762
sp club coupe	4,382
conv coupe	1,025
estate wagon	946
8p sedan	165
chassis	1
TOTAL	57,376

1955 Eight

Model S21 (Fireflite)

4d sedan	26,637
sp club coupe	10,313
conv coupe	775
TOTAL	37,725

Model S22 (Firedome)

4d sedan	46,388
sp club coupe	28,944
estate wagon	1,803
conv coupe	625
TOTAL	77,760

Dodge Calendar Year Production

Dodge Brothers, Detroit, Michigan (1914-1928).
Chrysler Corporation, Detroit, Michigan
(1928-to date).

1915........45,000	1942........11,675
1916........71,400	1945.........420
1917........90,000	1946.......156,080
1918........62,000	1947.......232,216
1919.......106,000	1948.......232,390
1920.......141,000	1949.......298,399
1921........81,000	1950.......332,782
1922.......142,000	1951.......325,694
1923.......151,000	1952.......259,519
1924.......193,861	1953.......293,714
1925.......201,000	1954.......151,766
1926.......265,000	1955.......313,038
1927.......146,000	1956.......205,727
1928........67,327	1957.......292,386
1929.......124,557	1958.......114,206
1930........68,158	1959.......192,798
1931........56,003	1960.......411,666
1932........30,216	1961.......220,779
1933........91,403	1962.......251,772
1934.......108,687	1963.......421,301
1935.......211,752	1964.......505,094
1936.......274,904	1965.......547,531
1937.......288,841	1966.......532,026
1938.......106,370	1967.......497,380
1939.......186,474	1968.......621,136
1940.......225,595	1969.......496,113
1941.......215,575	1970.......405,703

Dodge New Passenger Car Registrations

1923......114,076	1950......300,104
1924......157,982	1951......298,603
1925......167,686	1952......246,464
1926......219,446	1953......288,812
1927......123,918	1954......154,789
1928......149,004	1955......284,323
1929......115,774	1956......220,208
1930.......64,105	1957......257,488
1931.......53,090	1958......135,505
1932.......28,111	1959......167,277
1933.......86,062	1960......356,572
1934.......90,139	1961......225,945
1935......178,770	1962......238,053
1936......248,518	1963......379,026
1937......255,258	1964......462,551
1938......104,881	1965......521,783
1939......176,585	1966......543,560
1940......197,252	1967......491,919
1941......215,563	1968......581,476
1946......135,488	1969......538,381
1947......209,552	1970......504,097
1948......213,923	1971......540,380
1949......273,530	1972......551,456

Dodge Model Year Production

1930

Series DC, Eight

4d sedan	20,315
r.s. coupe	2,999
conv coupe	728
roadster	598
phaeton	234
bus. coupe	123
chassis	253
TOTAL	25,250

Series DD, Six

4d sedan	33,432
2p coupe	3,877
r.s. coupe	3,363
roadster	772
conv coupe	620
phaeton	542
chassis	899
TOTAL	43,505

1931

Series DG, Eight

4d sedan	8,937
r.s. coupe	2,181
5p coupe	500
bus. coupe	119
roadster	64
phaeton	43
chassis	20
TOTAL	11,864

Series DH, Six

4d sedan	33,090
r.s. coupe	4,187
bus. coupe	3,178
phaeton	164
r.s. roadster	160
chassis	47
TOTAL	40,826

1932

Series DK, Eight

4d sedan		4,422
r.s. coupe		821
5p coupe		651
conv coupe		126
conv sedan		88
bus. coupe		57
chassis		22
	TOTAL	6,187

Series DL, Six

4d sedan		16,901
business coupe		1,963
r.s. coupe		1,815
conv coupe		224
conv sedan		12
5p coupe		1
chassis		126
	TOTAL	21,042

1933

Series DO, Eight

4d sedan		1,173
r.s. coupe		212
5p coupe		159
conv coupe		56
conv sedan		39
chassis		13
	TOTAL	1,652

Series DP, Six

4d sedan		69,074
business coupe		11,236
r.s. coupe		8,879
2d sedan		8,523
brougham		4,200
conv coupe		1,563
chassis		980
	TOTAL	104,455

1934

Series DR, Six

4d sedan		53,479
business coupe		8,723
2d sedan		7,308
r.s. coupe		5,323
conv coupe		1,239
7p sedan		710
chassis		1,475
	TOTAL	78,257

Series DRXX, Six

4d sedan		9,481
2d sedan		3,133
business coupe		2,284
r.s. coupe		105
chassis		1
	TOTAL	15,004

Series DS, Eight

c.c. sedan		1,397
conv sedan		350
chassis		3
	TOTAL	1,750

1935

Series DU, Six

4d touring sedan		74,203
4d sedan		33,118
2d touring sedan		18,069
business coupe		17,800
2d sedan		7,891
r.s. coupe		4,499
7p sedan		1,018
convertible coupe		950
5p traveler sedan		193
chassis		1,258
	TOTAL	158,999

1936

Series D2, Six

4d touring sedan		174,334
2d touring sedan		37,468
business coupe		32,952
4d sedan		5,996
r.s. coupe		4,317
2d sedan		2,453
7p sedan		1,942
convertible coupe		1,525
commercial sedan		1,358
convertible sedan		750
chassis		1,910
	TOTAL	265,005

1937

Series D5, Six

4d touring sedan		185,483
2d touring sedan		44,750
business coupe		41,702
4d sedan		7,555
2d sedan		5,302

1937 (cont'd)

r.s. coupe		3,500
7p sedan		2,207
convertible coupe		1,345
convertible sedan		473
limousine		216
chassis		2,514
	TOTAL	295,047

1938

Series D8, Six

4d touring sedan		73,417
2d touring sedan		17,282
business coupe		15,552
7p sedan		1,953
2d sedan		999
r.s. coupe		950
4d sedan		714
convertible coupe		701
4d station wagon		375
limousine		153
convertible sedan		132
chassis		2,301
	TOTAL	114,529

1939

Series D11S, Six

4d sedan		32,000
2d sedan		26,700
business coupe		12,300
	TOTAL	71,000

Series D13, Six

4d touring sedan		5,545
2d touring sedan		1,585
business coupe		630
4d sedan		270
2d sedan		270
	TOTAL	8,300

1940

Series D14, Six

4d sedan		84,976
2d sedan		19,838
bus. coupe		12,750

4p coupe		8,028
conv coupe		2,100
7p sedan		932
limousine		79
chassis		298
	TOTAL	129,001

Series D17, Six

2d sedan		27,700
4d sedan		26,803
bus. coupe		12,001
	TOTAL	66,504

1941

Series D19, Six (Deluxe)

4d sedan		49,579
2d sedan		34,566
bus. coupe		22,318
	TOTAL	106,463

Series D19, Six (Custom)

4d sedan		72,067
brougham		20,146
club coupe		18,024
town sedan		16,074
conv coupe		3,554
7p sedan		601
limousine		50
chassis		20
	TOTAL	130,536

1942

Series D22, Six (Deluxe)

4d sedan		13,343
2d sedan		9,767
bus. coupe		5,257
club coupe		3,314
	TOTAL	31,681

Series D22, Six (Custom)

4d sedan		22,055
brougham		4,685
club coupe		4,659
town sedan		4,047
conv coupe		1,185
7p sedan		201
limousine		9
	TOTAL	36,841

Post War Dodge Model Year Production

1946-47-48

Series D24C, Six (Custom)

4d sedan		333,911
club coupe		103,800
town sedan		27,800
conv coupe		9,500
7p sedan		3,698
limousine		2
chassis		302
	TOTAL	479,013

Series D24S, Six (Deluxe)

2d sedan		81,399
4d sedan		61,987
bus. coupe		27,600
	TOTAL	170,986

1949

Series D29, Six

2d sedan		49,054
bus. coupe		9,342
roadster		5,420
	TOTAL	63,816

Series D30, Six

4d sedan		144,390
club coupe		45,435
conv coupe		2,411
station wagon		800
chassis		1
	TOTAL	193,037

1950

Series D33, Six

2d sedan		65,000
business coupe		7,500
roadster		2,903
	TOTAL	75,403

Series D34, Six

4d sedan		221,791
club coupe		38,502
sp club coupe		3,600
conv coupe		1,800
7p sedan		1,300
station wagon		600
estate wagon		100
chassis		1
	TOTAL	267,694

1951-52

Series D39, Six

suburban		1,680
2d sedan		1,461
business coupe		345
	TOTAL	3,486

Series D41, Six

2d sedan		70,700
business coupe		6,702
roadster		1,002
	TOTAL	78,404

Series D42, Six

4d sedan		329,202
club coupe		56,103
sp club coupe		21,600
conv coupe		5,550
estate wagon		4,000
7p sedan		1,150
	TOTAL	417,605

1953

Series D46, Six

4d sedan		84,158
2d sedan		36,766
	TOTAL	120,924

Series D47, Six

suburban		15,751

Series D44, Eight

4d sedan		124,059
club coupe		32,439
	TOTAL	156,498

Series D48, Eight

sp club coupe		17,334
2d suburban		5,400
conv coupe		4,100
chassis		1
	TOTAL	26,835

1954

Series D51-1, Six

4d sedan		7,894
club coupe		3,501
	TOTAL	11,395

1954 (cont'd)

Series D51-2, Six
4d sedan		14,900
club coupe		4,501
	TOTAL	19,401

Series D52, Six
2d suburban		6,389
4d suburban		312
	TOTAL	6,701

Series D50-1, Eight
4d sedan		3,299
club coupe		750
	TOTAL	4,049

Series D50-2, Eight
4d sedan		36,063
club coupe		7,998
	TOTAL	44,061

Series D50-3, Eight
4d sedan		50,050
club coupe		8,900
	TOTAL	58,950

Series D53-2, Eight
2d suburban		3,100
4d suburban		988
sp club coupe		100
conv coupe		50
	TOTAL	4,238

Series D53-3, Eight
sp club coupe		3,852
conv coupe		2,000
chassis		1
	TOTAL	5,853

1955

Series D56-1, Six
4d sedan		15,976
club coupe		13,277
2d suburban		3,248
4d suburban		1,311
	TOTAL	33,812

Series D55-1, Eight
4d sedan		30,098
sp club coupe		26,727
club coupe		10,827
2d suburban		4,867
4d suburban		4,641
	TOTAL	77,160

Series D55-2, Eight
4d sedan		45,323
sp club coupe		25,831
4d suburban		5,506
	TOTAL	76,660

Series D55-3, Eight
4d sedan		55,503
sp club coupe		30,499
conv coupe		3,302
	TOTAL	89,304

Plymouth Calendar Year Production

1928........52,427	1950......573,116
1929........93,592	1951......621,013
1930........67,658	1952......474,836
1931.......106,259	1953......662,515
1932.......121,468	1954......399,900
1933.......255,564	1955......742,991
1934.......351,113	1956......452,958
1935.......442,281	1957......655,526
1936.......527,177	1958......367,296
1937.......514,061	1959......413,204
1938.......297,572	1960......483,969
1939.......350,046	1961......310,445
1940.......509,735	1962......331,079
1941.......429,869	1963......496,412
1942........25,113	1964......571,339
1945...........770	1965......679,539
1946.......242,534	1966......640,450
1947.......350,327	1967......610,098
1948.......378,048	1968......683,678
1949.......574,734	1969......651,124
	1970......699,031

Plymouth New Passenger Car Registrations

1928........29,490	1953......600,447
1929........84,969	1954......381,078
1930........64,301	1955......647,352
1931........94,289	1956......483,756
1932.......111,926	1957......595,503
1933.......249,667	1958......390,827
1934.......302,557	1959......390,104
1935.......382,985	1960......445,590
1936.......499,580	1961......299,683
1937.......462,268	1962......301,158
1938.......286,241	1963......426,332
1939.......348,807	1964......492,775
1940.......440,093	1965......624,779
1941.......452,187	1966......598,160
1946.......211,800	1967......627,173
1947.......313,118	1968......709,823
1948.......347,174	1969......658,987
1949.......527,915	1970......681,760
1950.......547,367	1971......679,340
1951.......542,649	1972......669,924
1952.......433,134	

Plymouth Model Year Production

1930

30U

4d sedan	47,152
business coupe	9,189
2d sedan	7,980
r.s. coupe	5,850
sports roadster	2,884
business roadster	1,609
convertible coupe	1,272
phaeton	632
2d com sedan	80
chassis	302
TOTAL	76,950

1931

PA

4d sedan	49,465
2d sedan	23,038
business coupe	12,079
r.s. coupe	9,696
dlx sedan	4,384
convertible coupe	2,783
sports roadster	2,680
business roadster	2,000
phaeton	528
taxicab	112
chassis	131
TOTAL	106,896

1932

PB

4d sedan	38,066
2d sedan	13,031
business coupe	11,126
r.s. coupe	8,159
convertible coupe	4,853
business roadster	3,225
7p sedan	2,179
sports roadster	2,163
convertible sedan	690
phaeton	259
chassis	159
TOTAL	83,910

1933

PC

4d sedan	33,815
business coupe	10,853
r.s. coupe	8,894
2d sedan	4,008
convertible coupe	2,034
chassis	396
TOTAL	60,000

PCXX

2d sedan	17,736
4d sedan	13,661

1933 (cont'd)

business coupe		9,200
r.s. coupe		2,497
chassis		309
	TOTAL	43,403

PD

4d sedan		88,404
2d sedan		49,826
business coupe		30,728
r.s. coupe		20,821
convertible coupe		4,596
chassis		779
	TOTAL	195,154

1934

PE

4d sedan		108,407
2d sedan		58,535
business coupe		28,433
r.s. coupe		15,658
dlx sedan		7,049
convertible coupe		4,482
7p sedan		891
chassis		2,362
	TOTAL	225,817

PFXX

4d sedan		16,760
2d sedan		12,497
business coupe		3,721
r.s. coupe		1,746
dlx sedan		574
	TOTAL	35,298

PF

4d sedan		16,789
2d sedan		12,562
business coupe		6,980
r.s. coupe		2,061
chassis		1,152
	TOTAL	39,544

PG

2d sedan		12,603
business coupe		7,844
4d sedan		62
chassis		3
	TOTAL	20,512

1935

PJ

4d sedan		90,574

4d touring sedan		89,266
business coupe		53,532
2d sedan		51,928
2d touring sedan		45,361
r.s. coupe		12,829
convertible coupe		2,500
2d com sedan		1,142
7p sedan		965
trav sedan		107
chassis		2,680
	TOTAL	350,884

1936

P1

2d sedan		39,516
business coupe		26,856
4d sedan		19,104
2d com sedan		3,527
4d touring sedan		1,544
2d touring sedan		768
chassis		1,211
	TOTAL	92,526

P2

4d touring sedan		240,136
2d touring sedan		99,373
business coupe		54,601
4d sedan		10,001
r.s. coupe		9,663
2d sedan		6,149
convertible coupe		3,297
7p sedan		1,504
chassis		2,775
	TOTAL	427,499

1937

P3

2d sedan		28,685
business coupe		18,202
4d sedan		16,000
4d touring sedan		7,842
2d touring sedan		1,350
r.s. coupe		540
chassis		1,025
	TOTAL	73,644

P4

4d touring sedan		269,062
2d touring sedan		111,099
businesss coupe		67,144
4d sedan		9,000
2d sedan		7,926
r.s. coupe		6,877

1937 (cont'd)

convertible coupe		3,110
7p sedan		1,840
taxicab		500
limousine		63
chassis		1,729
	TOTAL	478,350

1938

P5

4d touring sedan		18,664
2d touring sedan		16,413
business coupe		15,932
2d sedan		15,393
4d sedan		6,459
r.s. coupe		338
chassis		1,586
	TOTAL	74,785

P6

4d touring sedan		119,669
2d touring sedan		46,669
business coupe		27,181
r.s. coupe		2,000
convertible coupe		1,900
7p sedan		1,824
4d sedan		1,446
2d sedan		1,222
station wagon		555
limousine		75
taxicab		35
chassis		2,027
	TOTAL	204,603

1939

P7

2d touring sedan		42,186
4d touring sedan		23,047
business coupe		22,537
2d sedan		7,499
4d sedan		2,553
2d com sedan		2,270
utility sedan		341
r.s. coupe		222
station wagon		97
chassis		1,616
	TOTAL	102,368

P8

4d touring sedan		175,054
2d touring sedan		80,981
business coupe		41,924

convertible coupe		5,976
2d sedan		2,653
4d sedan		2,279
7p sedan		1,837
station wagon		1,680
r.s. coupe		1,332
convertible sedan		387
limousine		98
utility sedan		13
taxicab		12
chassis		935
	TOTAL	315,161

1940

P9

2d sedan		55,092
business coupe		26,745
4d sedan		20,076
2d com scdan (panel del)		2,889
utility sedan		589
club coupe		360
station wagon		80
chassis		907
	TOTAL	106,738

P10

4d sedan		173,351
2d sedan		76,781
business coupe		32,244
club coupe		22,174
convertible coupe		6,986
station wagon		3,126
7p sedan		1,179
limousine		68
utility sedan		4
2d com sedan (panel del)		1
chassis		503
	TOTAL	316,417

1941

P11

2d sedan		46,646
business coupe		23,754
4d sedan		21,175
2d com sedan (panel del)		3,200
club coupe		994
utility sedan		468
station wagon		217
chassis		676
	TOTAL	97,130

1941 (cont'd)

P11D

2d sedan	46,138
4d sedan	32,336
business coupe	15,862
club coupe	204
utility sedan	1
2d com sedan (panel del)	1
TOTAL	94,542

P12

4d sedan	190,513
2d sedan	84,810
club coupe	37,352
business coupe	23,851
convertible coupe	10,545
station wagon	5,594
7p sedan	1,127
limousine	24
utility sedan	2
chassis	321
TOTAL	354,139

1942

P14S

4d sedan	11,973
2d sedan	9,350
business coupe	3,783
club coupe	2,458
utility sedan	80
chassis	1
TOTAL	27,645

P14C

4d sedan	68,924
2d sedan	24,142
club coupe	14,685
business coupe	7,258
town sedan	5,821
conv coupe	2,806
station wagon	1,136
chassis	10
TOTAL	124,782

Plymouth Post War Model Year Production

1946-47-48

P15S (Deluxe)

4d sedan	120,757
2d sedan	49,918
businesss coupe	16,117
club coupe	10,400
chassis	10
TOTAL	197,202

P15C (Special Deluxe)

4d sedan	514,986
club coupe	156,629
2d sedan	125,704
business coupe	31,399
conv coupe	15,295
station wagon	12,913
chassis	5,361
TOTAL	862,287

1949

P17 (Deluxe)

2d sedan	28,516
2d suburban	19,220
business coupe	13,715
chassis	4
TOTAL	61,455

P18 (Deluxe)

4d sedan	61,021
club coupe	25,687
TOTAL	86,708

P18 (Special Deluxe)

4d sedan	252,878
club coupe	99,680
conv coupe	15,240
station wagon	3,443
chassis	981
TOTAL	372,222

1950

P19 (Deluxe)

2d sedan	67,584
2d suburban	34,457
business coupe	16,861
chassis	1
TOTAL	118,903

P20 (Deluxe)

4d sedan	87,871
club coupe	53,890
TOTAL	141,761

1950 (cont'd)

P20 (Special Deluxe)

4d sedan		234,084
club coupe		99,361
conv coupe		12,697
station wagon		2,057
chassis		2,091
	TOTAL	350,290

1951-52

P22 (Concord)

2d suburban		76,520
2d sedan		49,139
business coupe		14,255
	TOTAL	139,914

P23 (Cambridge)

4d sedan		179,417
club coupe		101,784
	TOTAL	281,201

P23 (Cranbrook)

4d sedan		388,735
club coupe		126,725
sp club coupe		51,266
conv coupe		15,650
chassis		4,171
	TOTAL	586,547

1953

P24-1 (Cambridge)

4d sedan		93,585
2d sedan		56,800
2d suburban		43,545
business coupe		6,975
club coupe		1,050
	TOTAL	201,955

P24-2 (Cranbrook)

4d sedan		298,976
club coupe		92,102
sp club coupe		35,185
2d suburban		12,089
conv coupe		6,301
chassis		843
	TOTAL	445,496

P24-3 (Belvedere)

4d sedan		2,240
sp club coupe		760
	TOTAL	3,000

1954

P25-1 (Plaza)

4d sedan		43,077
2d suburban		35,937
2d sedan		27,976
bus. coupe		5,000
club coupe		1,275
chassis		1
	TOTAL	113,266

P25-2 (Savoy)

4d sedan		139,383
club coupe		30,700
2d sedan		25,396
2d suburban		450
chassis		3,588
	TOTAL	199,517

P25-3 (Belvedere)

4d sedan		106,601
sp club coupe		25,592
2d suburban		9,241
conv coupe		6,900
chassis		2,031
	TOTAL	150,365

1955

P26-1 (Plaza)

4d sedan		68,826
club coupe		45,561
2d suburban		23,319
4d suburban		10,594
bus. coupe		4,882
	TOTAL	153,182

P26-2 (Savoy)

4d sedan		69,128
club coupe		19,471
sp club coupe		13,942
4d suburban		6,197
	TOTAL	108,738

P26-3 (Belvedere)

4d sedan		93,716
club coupe		45,438
chassis		1
	TOTAL	139,155

P26-4 (unknown, Export?)

4d sedan		786
club coupe		100
sp club coupe		93
4d suburban		21
	TOTAL	1,000

1955 (cont'd)

P27-1 (Plaza)

4d sedan	15,330
2d suburban	8,469
club coupe	8,049
4d suburban	4,828
TOTAL	36,676

P27-2 (Savoy)

4d sedan	91,856
sp club coupe	33,433
club coupe	22,174
4d suburban	12,291
conv coupe	8,473
chassis	10
TOTAL	168,237

P27-3 (Belvedere)

4d sedan	69,025
club coupe	29,442
TOTAL	98,467

Ford Calendar Year Production

Year	Production	Year	Production
1903	1,708	1937	848,608
1904	1,695	1938	410,048
1905	1,599	1939	532,152
1906	8,729	1940	599,175
1907	14,887	1941	600,814
1908	10,202	1942	43,407
1909	17,771	1943	0
1910	32,053	1944	0
1911	69,762	1945	34,439
1912	170,211	1946	372,917
1913	202,667	1947	601,665
1914	308,162	1948	549,077
1915	501,462	1949	841,170
1916	734,811	1950	1,187,122
1917	622,351	1951	900,770
1918	435,898	1952	777,531
1919	820,445	1953	1,184,187
1920	419,517	1954	1,394,762
1921	903,814	1955	1,764,523
1922	1,173,745	1956	1,373,542
1923	1,817,891	1957	1,522,408
1924	1,749,827	1958	1,038,560
1925	1,643,295	1959	1,528,592
1926	1,368,383	1960	1,511,504
1927	356,188	1961	1,345,124
1928	633,594	1962	1,565,928
1929	1,507,132	1963	1,638,066
1930	1,155,162	1964	1,787,535
1931	541,615	1965	2,164,902
1932	287,285	1966	2,038,415
1933	334,969	1967	1,377,388
1934	563,921	1968	1,911,436
1935	942,439	1969	1,743,442
1936	791,812	1970	1,647,918

Ford New Passenger Car Registrations

Year	Registrations	Year	Registrations
1923	1,184,976	1950	1,166,118
1924	1,414,293	1951	862,309
1925	1,250,161	1952	732,481
1926	1,129,470	1953	1,116,267
1927	393,424	1954	1,400,440
1928	482,010	1955	1,573,276
1929	1,310,147	1956	1,375,343
1930	1,055,097	1957	1,493,617
1931	528,581	1958	1,028,231
1932	258,927	1959	1,471,249
1933	311,113	1960	1,420,352
1934	530,528	1961	1,330,235
1935	826,519	1962	1,471,514
1936	748,554	1963	1,559,108
1937	765,933	1964	1,749,014
1938	363,688	1965	1,998,385
1939	481,496	1966	1,991,520
1940	542,755	1967	1,520,711
1941	602,013	1968	1,803,271
1946	326,822	1969	1,880,384
1947	532,646	1970	1,848,669
1948	486,888	1971	1,895,997
1949	806,766	1972	1,935,656

Ford
Model A Domestic Production Figures
(Calendar Year)

	1927	1928	1929	1930	1931	Totals
Phaeton						
standard	221	47,255	49,818	16,479	4,076	117,849
deluxe				3,946	2,229	6,175
Roadster						
standard	269	81,937*	191,529	112,901	5,499	392,135
deluxe				11,318	52,997	64,315

*Of these, 51,807 were produced without rumble seat.

	1927	1928	1929	1930	1931	Totals
Sport Coupe	734	79,099	134,292	69,167	19,700	302,992
Coupe						
standard	629	70,784	178,982	226,027	79,816	556,238
deluxe				28,937	23,067	52,004
Bus. Coupe		37,343	37,644			74,987
Conv Cabr			16,421	25,868	11,801	54,090
Tudor						
standard	1,948	208,562	523,922	376,271	148,425	1,259,128
deluxe					21,984	21,984
Fordor (2-window)						
standard		82,349	146,097	5,279		233,725
deluxe				12,854	3,251	16,105
Fordor (3-window)						
standard			53,941	41,133	18,127	113,201
town sedan			84,970	104,935	55,469	245,374
Conv sedan					4,864	4,864
Victoria				6,306	33,906	40,212
Town Car		89	913	63		1,065
Station Wagon		5	4,954	3,510	2,848	11,317
Taxicab		264	4,576	10		4,850
Truck	286	63,229	156,433	159,341	103,561	482,850
Com Chassis	99	42,612	130,608	56,708	34,959	264,986
	4,186	713,528	1,715,100	1,261,053	626,579	4,320,446

NOTE: These figures are from *Henry's Lady* by Ray Miller, as compiled by Leslie R. Henry.

World Wide
Ford Passenger and Commercial Car Production
Model 18

Cal Year	Phaeton Std	Phaeton Deluxe	Conv Sedan	Roadster Std	Roadster Dlx	Cabr	Sport Coupe	Deluxe Coupe	Std Coupe
1932	1,216	1,380	1,105	812	8,092	6,864	2,362	21,993	31,778
1933	58	52	37	5	87	199	47	271	312
1934	0	0	0	0	0	0	0	0	0
Total	1,274	1,432	1,142	817	8,179	7,063	2,409	22,264	32,090

Cal Year	Victoria	Tudor Sedan Std	Tudor Sedan Dlx	Fordor Sedan Std	Fordor Sedan Dlx	Sta Wagon	Sedan Del	Panel Del Std	Panel Del Dlx
1932	8,732	66,845	21,630	12,102	23,057	334	57	49	84
1933	138	1,560	406	385	994	0	1	0	3
1934	0	51	76	2	109	0	0	0	0
Total	8,870	68,456	22,112	12,489	24,160	334	58	49	87

Model 40

Cal Year	Phaeton Std	Phaeton Dlx	Roadster Std	Roadster Dlx	Cabr	3-Window Coupe Std	3-Window Coupe Dlx	5-Window Coupe Std	5-Window Coupe Dlx
1933	640	2,206	202	4,801	8,325	6,884	16,735	32,659	11,525
1934	1,076	4,430	4	6,165	15,664	0	28,457	49,513	27,015
1935	13	1	0	15	0	0	35	11	12
Total	1,729	6,637	206	10,981	23,989	6,884	45,227	82,183	38,552

Cal Year	Victoria	Tudor Sedan Std	Tudor Sedan Dlx	Fordor Sedan Std	Fordor Sedan Dlx	Sta. Wagon	Sedan Del	Panel Del Std	Panel Del Dlx
1933	5,240	111,870	51,569	23,323	50,685	1,654	2,296	1,040	916
1934	21,304	132,783	129,355	29,621	116,445	2,905	9,328	6,454	3,963
1935	48	385	427	787	465	3	117	33	28
Total	26,592	245,038	181,351	53,731	167,595	4,562	11,741	7,527	4,907

Cal Year	Pickup Open Cab	Closed Cab
1933	306	33,748
1934	248	66,922
1935	0	0
Total	554	100,670

Model 48

Cal Year	Phaeton	Conv Sedan	Roadster	Cabr	3W Coupe	5W Coupe Std	5W Coupe Dlx	Tudor Sedan Std	Tudor Sedan Dlx
1934	17	0	24	111	1,279	1,002	2,153	1,650	3,632
1935	6,008	3,441	4,806	14,337	30,153	77,422	30,870	236,006	79,911
1936	48	48	66	1,116	81	53	42	106	213
1937	0	0	0	1,016	0	0	0	0	0
1938	0	482	0	177	0	0	0	121	410
1939	0	263	0	243	0	0	0	0	526
Total	6,073	4,234	4,896	17,000	31,513	78,477	33,065	237,883	84,692

Model 48

Cal Year	Fordor Sedan Std	Dlx	Touring Sedan Tudor	Fordor	7p Sedan	Sta. Wagon	Sedan Del	Panel Del Std	Dlx	Closed Cab Pickup
1934	1,803	6,185	0	0	0	0	31	82	27	4,876
1935	46,887	68,678	84,290	103,110	0	4,297	8,257	9,786	4,918	42,763
1936	332	312	1,362	618	0	26	19	19	1	0
1937	0	1	1,358	984	7	0	0	1	0	0
1938	154	216	248	427	1	90	1	0	0	0
1939	0	415	68	18	174	123	0	0	0	0
Total	49,176	75,807	87,326	105,157	182	4,536	8,308	9,888	4,946	47,639

Model 68

Cal Year	Phaeton	Conv Sedan	Roadster	Cabr	Club Cabr	3w Coupe	5w Coupe Std	Dlx	Tudor Sedan Std	Dlx
1935	908	857	538	2,302	0	5,961	19,757	7,500	61,503	8,711
1936	4,637	4,744	3,324	11,763	4,616	15,485	58,777	22,435	112,965	11,753
1937	10	0	0	3	0	0	0	3	2	55
Total	5,555	5,601	3,862	14,068	4,616	21,446	78,534	29,938	174,470	20,519

Cal Year	Fordor Sedan Std	Dlx
1935	10,151	4,266
1936	21,005	38,597
1937	349	4
Total	31,505	42,867

Cal Year	Touring Sedan Tudor	Fordor	Sedan w/Trunk Tudor	Fordor	Sta Wagon	Sedan Del Std	Dlx	Panel Del Std	Dlx
1935	32,527	35,971	3,790	1,010	1,278	1,796	0	3,056	1,336
1936	92,641	123,589	162,227	38,597	5,766	5,796	209	8,902	3,694
1937	135	265	1	0	0	0	0	0	0
Total	125,303	159,825	166,018	39,607	7,044	7,592	209	11,958	5,030

Cal Year	Closed Cab Pickup Std	Dlx
1935	18,095	0
1936	49,068	2,570
1937	0	0
Total	67,163	2,570

Model 78

Cal Year	Phaeton	Conv Sedan	Roadster	Cabr	Club Cabr	5w Coupe Std	Dlx	Club Coupe	Tudor Sedan Std	Dlx
1936	238	252	169	455	305	10,785	4,742	4,304	33,136	11,389
1937	3,485	4,126	1,081	9,729	7,618	79,562	22,036	12,683	275,195	22,294
1938	0	0	0	0	78	0	5	5	115	0
Total	3,723	4,378	1,250	10,184	8,001	90,347	26,783	16,992	308,446	33,683

Model 78 (cont'd)

Cal Year	Fordor Sedan Std	Fordor Sedan Dlx	Tudor Touring Sedan Std	Tudor Touring Sedan Dlx	Fordor Touring Sedan Std	Fordor Touring Sedan Dlx	7p Sed	Sta Wagon	Sedan Del Std	Sedan Del Dlx
1936	10,416	10,220	13,702	9,915	6,261	13,316	0	698	512	86
1937	38,162	12,639	124,836	63,774	38,961	84,998	431	8,498	7,329	621
1938	484	26	0	1	309	373	90	108	0	0
Total	49,062	22,885	138,538	73,690	45,531	98,687	521	9,304	7,841	707

Cal Year	Panel Del Std	Panel Del Dlx	Closed Cab Pickup Std	Closed Cab Pickup Dlx
1936	706	82	8,975	372
1937	5,900	351	68,289	2,248
1938	0	0	0	0
Total	6,606	433	77,264	2,620

Model 81a

Cal Year	Phaeton	Conv Sedan	Conv Coupe	Conv Club Coupe	5-Window Coupe Standard Standard	5-Window Coupe Standard WP/U Box	5-Window Coupe Standard W/Split s	Deluxe
1937	98	236	304	329	9,545	14	0	2,020
1938	1,069	2,507	4,398	5,751	24,514	388	328	20,205
1939	2	0	0	0	0	0	0	0
Total	1,169	2,743	4,702	6,080	34,059	402	328	22,225

Cal Year	Club Coupe	Tudor Sedan Std	Tudor Sedan Dlx	Fordor Sedan Std	Fordor Sedan Dlx	7p Sedan	Sta Wagon	Sedan Del	Com Chassis
1937	757	34,730	13,160	9,086	12,110	0	932	727	10,699
1938	6,412	71,130	88,308	20,750	79,149	374	6,012	3,259	39,552
1939	2	257	179	451	761	75	0	0	24
Total	7,171	106,117	101,647	30,287	92,020	449	6,944	3,986	50,275

Model 91a

Cal Year	Conv Sedan	Conv Coupe	5-Window Coupe Std	5-Window Coupe Dlx	Tudor Sedan Std	Tudor Sedan Dlx
1938	47	1,298	8,237	9,010	27,317	35,911
1939	3,512	9,120	29,960	28,316	97,349	108,363
1940	2	4	0	0	200	59
Total	3,561	10,422	38,197	37,326	124,866	144,333

Cal Year	Fordor Sedan Std	Fordor Sedan Dlx	7p Sedan	Station Wagon Std	Station Wagon Dlx	Sedan Del	Com Chassis
1938	5,415	24,921	0	818	1,008	805	11,578
1939	22,094	65,456	192	2,453	5,147	3,434	44,039
1940	642	174	0	6	0	42	121
Total	28,151	90,551	192	3,277	6,155	4,281	55,738

Model 01A

Cal Year	Conv Coupe	Std	5-w Coupe Dlx	Business Coupe Std	Dlx	Tudor Sedan Std	Dlx
1939	2,854	10,252	10,793	4,229	5,716	45,475	57,379
1940	20,850	23,441	17,126	12,556	14,467	105,458	113,989
Total	23,704	33,693	27,919	16,785	20,183	150,933	171,368

Cal Year	Fordor Sedan Std	Dlx	Station Wagon Std	Dlx	Sedan Del	Panel Del w/Slats	w/Masonite	Closed Cab Pickup
1939	6,846	33,921	980	2,292	1,491	2,656	235	15,742
1940	18,699	57,835	3,489	6,438	4,040	4,912	551	33,397
Total	25,545	91,756	4,469	8,730	5,531	7,568	786	49,139

NOTE: The preceding Ford production figures (1932-1940) courtesy of Greenfield Village and Henry Ford Museum.

Ford Post War Model Year Production
(Includes Canadian Production)

1946 Ford

Super Deluxe

2d Sedan	163,370
4d Sedan	92,056
Sedan Coupe	70,826
5 Window Coupe	12,249
Conv Club Coupe	16,359
Sportsman Conv Coupe	723
Station Wagon	16,960
Chassis Open Drive Frt End	3
Chassis Closed Drive Frt End	26
Chassis Only	8

Deluxe

2d Sedan	74,954
4d Sedan	9,246
5 Window Coupe	10,670
Chassis Open Drive Frt End	2
Chassis Closed Drive Frt End	84
TOTAL FORD	467,536

1947 Ford

Super Deluxe

2d Sedan	136,126
4d Sedan	116,744
Sedan Coupe	80,830
Convertible Coupe	22,159
Sportsman Conv Coupe	2,774
Station Wagon	16,104
Chassis Closed Drive Frt End	23

Deluxe

2d Sedan	44,523
4d Sedan	20
5 Window Coupe	10,872
Chassis Closed Drive Frt End	23
TOTAL	430,198

1948 Ford

Super Deluxe

2d Sedan	82,161
4d Sedan	71,358
Sedan Coupe	44,828
Conv Club Coupe	12,033
Sportsman Coupe	28
Station Wagon	8,912

Deluxe

2d Sedan	23,356
5 Window Coupe	5,048
TOTAL FORD	247,724

1949 Ford

Deluxe

2d Sedan	126,770
Club Coupe	4,170
Business Coupe	28,946
4d Sedan	44,563
Chassis Stripped	1

1949 Ford (cont'd)

Custom Deluxe

2d Sedan	433,316
Club Coupe	150,254
4d Sedan	248,176
Convertible Coupe	51,133
Station Wagon	31,412
Chassis Stripped	18
Cowl	3
TOTAL FORD	1,118,762

1950 Ford

Deluxe

70A	2d	275,360
72C	2d Business Coupe	35,120
73A	4d	77,888

Custom

70B	Victoria	398,060
72B	Club Coupe	85,111
70C	Crestliner	17,601
73B	4d	247,181
76	Convertible	50,299
79B	Sta. Wgn.	22,929
	TOTAL FORD	1,209,549

1951 Ford

Deluxe

70A	2d	146,010
72C	Business Coupe	20,343
73A	4d	54,265

Custom

60	Victoria	110,286
70B	2d	317,869
72B	Club Coupe	53,263
70C	Crestliner	8,703
73B	4d	232,691
76	Conv Coupe	40,934
79B	Station Wagon	29,017
	TOTAL FORD	1,013,381

1952 Ford

Mainline

70A	2d	79,931
72C	Business Coupe	10,137
73A	4d	41,277
59A	Ranch Wagon	32,566

Customline & Crestline

60B	Victoria	77,320
70B	2d	175,762

72B	Club Coupe	26,550
73B	4d	188,303
76B	Sunliner	22,534
79C	Country Squire	5,426
79B	Country Sedan	11,927
	TOTAL FORD	671,733

1953 Ford

Mainline

70A	2d	152,995
72C	Business Coupe	16,280
73A	4d	69,463
59A	Ranch Wagon	66,976

Customline & Crestline

60B	Victoria	128,302
70B	2d	305,433
72B	Club Coupe	43,999
73B	4d	374,487
76B	Sunliner	40,861
79C	Country Squire	11,001
79B	Country Sedan	37,743
	Chassis Only	2
	TOTAL FORD	1,247,542

1954 Ford

Mainline

70A	2d	123,329
72C	Business Coupe	10,665
73A	4d	55,371
59A	Ranch Wagon	44,315

Customline

70B	2d	293,375
72B	Club Coupe	33,951
73B	4d	262,499
59B	Ranch Wagon	36,086
79B	Country Sedan	48,384

Crestline

60B	Victoria	95,464
60F	Skyliner	13,344
73C	4d	99,677
76B	Sunliner	36,685
79C	Country Squire	12,797
	TOTAL FORD	1,165,942

1955 Ford

Mainline

70A	2d	76,698
70D	Business 2d	8,809
73A	4d	41,794

1955 Ford (cont'd)

Custom line
70B	2d	236,575
73B	4d	235,417

Fairlane
60B	Victoria	113,372
64A	Crown Victoria	33,165
64B	Crown Victoria Glass Top	1,999
70C	Club Sedan	173,311
73C	Town Sedan	254,437
76B	Sunliner	49,966

Sta. Wgn.
59A	Mainline Ranch Wagon	40,493
59B	Custom Line Ranch Wgn	43,671
79B	Country Sedan 8p	53,209
79D	Country Sedan 6p	53,075
79C	Country Squire	19,011

Thunderbird
40A	2d	16,155
	TOTAL FORD	1,451,157

1956 Ford

Mainline
70A	2d	106,974
70D	Business 2d	8,020
73A	4d	49,448

Customline
70B	2d	164,828
73B	4d	170,695
64D	Victoria	33,130

Fairlane
57A	Victoria 4d	32,111
64A	Crown Victoria	9,209
64B	Crown Victoria Glass Top	603
64C	Victoria	177,735
70C	Club Sedan	142,629
73C	Town Sedan	224,872
76B	Sunliner	58,147

Sta. Wgn.
59A	Ranch Wagon	48,348
59B	Custom Ranch Wgn	42,317
59C	Parklane Ranch Wgn	15,186
79B	Country Sedan 8p	85,374
79C	Country Squire	23,221

Thunderbird
40		15,631
	TOTAL FORD	1,408,478

1957 Ford

Custom
70A	2d	116,963
70D	2d Business	6,888
73A	4d	68,924

Custom "500"
70B	2d	160,360
73B	4d	194,877

Fairlane
57B	Victoria Town	12,695
58A	4d Town Sedan	52,060
63B	Victoria Club	44,127
64A	2d Club Sedan	39,843

Fairlane "500"
51A	Retractable Hdtp	20,766
57A	Victoria Town	68,550
58B	4d Town Sedan	193,162
63A	Victoria Club	183,202
64B	2d Club Sedan	93,753
76B	Sunliner	77,728

Sta. Wgn.
59A	Ranch Wagon	60,486
59B	Del Rio Ranch Wgn	46,105
79C	Country Sedan 9p	49,638
79D	Country Sedan 6p	137,251
79E	Country Squire	27,690

Thunderbird
40	2d	21,380
	TOTAL FORD	1,676,448

1958 Ford

Custom "300" Standard
70A	2d Sedan	36,272
70D	Business 2d Sedan	4,062
73A	4d Sedan	27,811

Custom "300" Optional
70B	2d Sedan	137,169
73B	4d Sedan	135,557

Fairlane
57B	Victoria Town	5,868
58A	4d Town Sedan	57,490
63B	Victoria Club	16,416
64A	2d Club Sedan	38,366

Fairlane "500"
51A	Skyliner	14,713
57A	Victoria Town	36,509

1958 Ford (cont'd)

58B	**4d Town Sedan**	105,698
63A	Victoria Club	80,439
64B	2d Club Sedan	34,041
76B	Sunliner	35,029

Sta. Wgn.

59A	Ranch Wagon	34,578
59B	Del Rio Ranch Wgn	12,687
79C	Country Sedan 9p	20,702
79A	4d Ranch Wagon	32,854
79D	Country Sedan 6p	68,772
79E	Country Squire	15,020

Thunderbird

63A	2d Hardtop	35,758
76A	Convertible	2,134
	TOTAL FORD	987,945

1959 Ford

Custom

58E	4d Sedan	249,553
64F	2d Sedan	228,573
64G	Bus. 2d Sedan	4,084

Fairlane

58A	4d Town Sedan	64,663
64A	2d Club Sedan	35,126

Fairlane "500"

57A	4d Victoria	9,308
58B	4d Sedan	35,670
63A	2d Victoria	23,892
64B	2d Sedan	10,141

Galaxie

51A	Skyliner	12,915
54A	4d Sedan	183,108
64H	2d Sedan	52,848
65A	2d Victoria	121,869
75A	4d Victoria	47,728
76B	Sunliner	45,868

Sta. Wgn.

59C	Ranch Wagon	45,588
59D	Country Sedan	8,663
71E	Country Sedan 9p	28,811
71F	Country Sedan 4d	94,601
71G	Country Squire 9p	24,336
71H	Ranch Wagon 4d	67,339

Thunderbird

63A	2d Hardtop	57,195
76A	2d Convertible	10,261
	TOTAL FORD	1,462,140

1960 Ford

Custom "300"

58F	4d Sedan	572
64H	2d Sedan	302

Fairlane

58E	4d Sedan	109,801
64F	2d Sedan	93,259
64G	2d Business Sedan	1,733

Fairlane 500

58A	4d Sedan	153,234
64A	2d Sedan	91,041

Galaxie

54A	4d Sedan	104,784
62A	2d Sedan	31,866
75A	4d Victoria	39,215
63A	2d Victoria Starliner	68,641
76B	Convertible Sunliner	44,762

Sta. Wgn.

59C	2d Ranch Wagon	27,136
71E	Country Sedan 9p	19,277
71F	Country Sedan 6p	59,302
71G	Country Squire	22,237
71H	4d Ranch Wagon	43,872

Thunderbird

63A	2d Hardtop	78,447
76A	Convertible	11,860
63B	2d Gold Top	2,536

Falcon

58A	4d Sedan	167,896
64A	2d Sedan	193,470
59A	2d Wagon	27,552
71A	4d Wagon	46,758
	TOTAL FORD	1,439,553

1961 Ford

Custom "300"

64H	2d	49
58F	4d	303

Fairlane

64F	2d	66,875
58E	4d	96,602

Fairlane "500"

64A	2d Sedan	42,468
58A	4d Sedan	98,917

Galaxie

62A	2d Sedan	27,780
54A	4d Sedan	141,823

Victoria

63A	2d Victoria Starliner	29,669

1961 Ford (cont'd)

75A 4d Victoria	30,342
76B Sunliner	44,614
65A 2d Victoria	75,437

Sta. Wgn.

59C 2d Ranch Wagon	12,042
71H 4d Ranch Wagon	30,292
71F 4d Country Sedan 6p	46,311
71E 4d Country Sedan 9p	16,356
71J Country Squire 6p	16,961
71G Country Squire 9p	14,657

Thunderbird

63A 2d Hardtop	62,535
76A 2d Convertible	10,516
TOTAL FORD	864,549

Falcon

Falcon

64A 2d Sedan	149,982

Futura

64A 2d Sedan	44,470

Economy

64C 2d Sedan	50

Falcon

58A 4d Sedan	159,761

Sta. Wgn.

59A 2d Wagon	32,045
71A 4d Wagon	87,933

Falcon Econo Bus

89B Standard	8,511
89B Custom	6,571
TOTAL FALCON INCLUDING ECONO BUS	489,323

1962 Ford

Galaxie "100"

62B 2d Sedan	54,930
54B 4d Sedan	115,594

Galaxie "500"

62A 2d Sedan	27,824
54A 4d Sedan	174,195
75A 4d Hardtop	30,778
76A Convertible	42,646
76B Convertible Bucket Seats	13,183

65A 2d Hardtop	87,562
65B 2d Hardtop Bucket Seats	28,412

Sta. Wgn.

71D 4d Ranch Wagon 6p	33,674
71B 4d City Sedan 6p	47,635
71C 4d City Sedan 9p	16,562
71E 4d City Squire 6p	16,114
71A 4d City Squire 9p	15,666

Thunderbird

63A 2d Hardtop & Landau	68,127
76A 2d Convertible & Tonneau	9,884
TOTAL FORD	782,786

Fairlane

62A 2d Sedan	34,264
54A 4d Sedan	45,342

Fairlane "500"

54B 4d Sedan	129,258
62B 2d Sedan	68,624
62C 2d Sedan Bucket Seats	19,628
TOTAL FAIRLANE	297,116

Falcon

Sport Futura

62C 2d Sedan	17,011
64A 2d Sedan	143,650
58A 4d Sedan	126,041

Sta. Wgn.

59A 2d Station Wagon	20,025
71A 4d Station Wagon	66,819
71B 4d Squire Wagon	22,583

Club Wgn.

89B Business Club Wagon	18,153
TOTAL FALCON	414,282

1963 Ford

Ford "300"

62E 2d Sedan	26,010
54E 4d Sedan	44,142

Galaxie

62B 2d Sedan	30,335
54B 4d Sedan	82,419

Galaxie "500"

62A 2d Sedan	21,137
54A 4d Sedan	205,722

1963 Ford (cont'd)

65A	2d Hardtop	49,733
76A	Convertible	36,876
65B	2d Hardtop (Bucket Seats)	29,713
76B	Convertible (Bucket Seats)	18,551
63B	2d Hardtop Fastback	100,500
63C	2d Hardtop Fastback (Bucket Seats)	33,870
75A	4d Hardtop	26,558
75C	4d Hardtop (Bucket Seats)	12,596

Sta. Wgn.

71B	4d Country Sedan 6p	64,954
71C	4d Country Sedan 9p	22,250
71E	4d Country Squire 6p	19,922
71A	4d Country Squire 9p	19,246
71C	4d Country Squire 6p (Bucket Seats)	437
71H	4d Country Squire 9p (Bucket Seats)	321

Thunderbird

63A	2d Hardtop	42,806
63B	2d Landau	14,139
76A	2d Convertible	5,913
76B	2d Roadster	455
	TOTAL FORD	908,605

Fairlane

Fairlane

62A	2d Sedan	28,984
54A	4d Sedan	44,454

Fairlane "500"

62B	2d Sedan	34,764
54B	4d Sedan	104,175
65A	2d Hardtop	41,641
65B	2d Hardtop (Bucket Seats)	28,268

Fairlane Sta. Wgn.

71D	4d Wagon	24,006

Fairlane "500" Sta. Wgn.

71B	4d Wagon	29,612
71E	4d Squire Wagon	7,706
71G	4d Squire Wagon (Bucket Seats)	277
	TOTAL FAIRLANE	343,887

Falcon

Standard

62A	2d Sedan	70,630

Futura

62B	2d Sedan	16,674
62C	2d Sedan (Bucket Seats)	10,344

Standard

54A	4d Sedan	62,365

Futura

54B	4d Sedan	31,736
63B	2d Hardtop	17,524
63C	2d Hardtop (Bucket Seats)	10,972

Sprint

63C	2d Hardtop	10,479

Standard

76A	Convertible	18,942

Futura

76B	Convertible (Bucket Seats)	12,250

Sprint

76B	Convertible	4,602

Sta. Wgn.

59A	2d Wagon Standard	7,322
59B	2d Wagon Deluxe	4,269
71A	4d Wagon Standard	18,484
71B	4d Wagon Deluxe	23,477
71C	4d Squire	6,808
71D	4d Squire (Bucket Seats)	1,461

Sta. Bus

89B	Station Bus Standard	10,332
89C	Station Bus Custom	4,378
89D	Club Wagon	2,923
	TOTAL FALCON	345,972

Falcon Ranchero

66a	2d Standard	12,218
66B	2d Deluxe	6,315

Sedan Dlx

78A	2d Standard	925
78B	2d Deluxe	113

Econoline

87A	Pickup Standard	10,372
87B	Pickup Custom	1,022
89A	Regular Van Standard	47,119

Econoline (cont'd)

89E	Display Van Standard	3,359
89F	Window Van Standard	5,376
89G	Cargo Van Standard	1,153
89A	Regular Van Custom	1,501
89E	Display Van Custom	98
89F	Window Van Custom	332
89G	Cargo Van Custom	88

1964 Ford

Custom

62E	2d Sedan	41,359
54E	4d Sedan	57,964

Custom "500"

62B	2d Sedan	20,619
54B	4d Sedan	68,828

Galaxie "500"

62A	2d Sedan	13,041
54A	4d Sedan	198,805
63B	2d Hardtop Fastback	206,998
57B	4d Hardtop Fastback	49,242
76A	Convertible	37,311

Galaxie "500" XL

63C	2d Hardtop Fastback	58,306
57C	4d Hardtop Fastback	14,661
76B	Convertible	15,169

Sta. Wgn.

71B	Country Sedan 6p	68,578
71C	Country Sedan 9p	25,661
71E	Country Squire 6p	23,570
71A	Country Squire 9p	23,120

Thunderbird

63A	2d Hardtop	60,552
63B	2d Landau	22,715
76A	Convertible	9,198
	TOTAL FORD	1,015,697

Fairlane

Standard

62A	2d Sedan	20,421
54A	4d Sedan	36,693

Fairlane "500"

62B	2d Sedan	23,447
54B	4d Sedan	86,919
65A	2d Hardtop	42,733
65B	2d Hardtop (Bucket Seats)	21,431

71D	Wagon	20,980
71B	Custom Wagon	24,962
	TOTAL FAIRLINE & FAIRLINE "500"	277,586

Falcon

62A	2d Sedan Standard	36,441
62D	2d Sedan Deluxe	28,411
54A	4d Sedan Standard	27,722
54D	4d Sedan Deluxe	26,532
62B	2d Sedan Futura	16,621
62C	2d Sedan Futura (Bucket Seats)	212
54B	4d Sedan Futura	38,032
63B	2d Futura Hardtop	32,608
63C	2d Futura Hardtop (Bucket Seats)	8,322
63H	Futura Hardtop (Bucket Seats) Less Console	285
63D	2d Sprint (Bucket Seats)	10,001
63E	2d Sprint (Bench Seats)	3,829
76A	Convertible	13,220
76B	Conv (Bucket Seats)	2,980
76D	Conv Sprint (Bucket Seats)	3,652
76E	Conv Sprint (Bench Seats)	626
59A	2d Wagon Standard	6,034
71A	4d Wagon Standard	17,779
71B	4d Wagon Deluxe	20,697
71C	4d Squire	6,766
89B	Econoline Bus Standard	9,249
89C	Econoline Bus Custom	4,729
89D	Econoline Club Wagon	2,687
	TOTAL FALCON INCLUDING ECONOLINE BUS LESS SEDAN DELIVERY & RANCHERO	317,435

Mustang

65A	2d Hardtop	92,705
76A	Convertible	28,833
	TOTAL MUSTANG	121,538

Ranchero

66A	Ranchero Standard	9,916
66B	Ranchero Deluxe	7,165
66H	Ranchero Deluxe (Bucket Seats)	235

Sedan Delivery

78A	Sedan Del Standard	776
78B	Sedan Del Deluxe	98

Econoline

87A	Econoline Pickup Standard	4,196
87B	Econoline Pickup Custom	988
89A	Panel Van Standard	1,770
89A	Regular Van Standard	44,059
89E	Display Van Standard	3,621
89F	Window Van Standard	6,289
89G	Cargo Van Standard	1,495
89A	Panel Van Custom	90
89A	Regualr Van Custom	2,741
89E	Display Van Custom	138
89F	Window Van Custom	812
89G	Cargo Van Custom	215

1965 Fairlane

62A	2d Sedan	13,685
54A	2d Sedan	25,378

500
62B	2d Sedan	16,092

500
54B	4d Sedan	77,836

500
65A	2d Hardtop	41,405

500
65B	2d Hardtop Bucket Seat	15,141

Sta. Wgn.
71D	4d Wagon	13,911

Sta. Wgn. 500
71B	4d Wagon	20,506
	TOTAL FAIRLINE	223,954

Falcon

62A	2d Standard	35,858
62D	4d Deluxe	13,824
54A	4d Standard	30,186
54D	4d Deluxe	13,850

Futura
62B	2d Sedan	11,670
54B	4d Sedan	33,985
63B	2d Hardtop	24,451
63C	2d Hardtop Bucket Seats	1,303
76A	Convertible	6,191
76B	Convertible Bucket Seats	124

Sprint
63D	2d Hardtop Bucket Seats	2,806
76D	Convertible Bucket Seats	300

Sta. Wgn.
59A	2d Wagon Standard	4,891
71A	4d Wagon Standard	14,911
71B	4d Wagon Deluxe	12,548
71C	4d Squire Wagon	6,703

Econo Bus
89B	Bus Standard	7,116
89K	Bus Standard Extended	573
89C	Bus Custom	3,813
89D	Club Wagon	2,259
	TOTAL FALCON (Incl. Econo Bus Less Ranchero & Sedan Delivery)	227,362

Ford

Custom
62E	2d Sedan	49,034
54E	4d Sedan	96,393

Custom 500
62B	2d Sedan	19,603
54B	4d Sedan	71,727

Galaxie 500
54A	4d Sedan	181,183
63B	2d Hardtop Fastback	157,284
57B	4d Hardtop Fastback	49,982
76A	2d Convertible	31,930

Galaxie 500 XL
63C	2d Hardtop Fastback	28,141
76B	2d Convertible	9,849

Galaxie 500 LTD
57F	4d Hardtop Fastback	68,038
63F	2d Hardtop Fastback	37,691

Sta. Wgn.
71B	Country Sedan 6p	59,693
71C	Country Sedan 9p	32,344
71E	Country Squire 6p	24,308
71A	CountrySquire 9p	30,502
71D	Ranch Wagon 6p	30,817

Thunderbird
63A	2d Hardtop	42,652
63B	2d Landau	20,974
63D	2d Landau	4,500
76A	Convertible	6,846
	TOTAL FORD	1,053,491

Mustang

63A	2d Fastback Standard	71,303
63B	2d Fastback Luxury	5,776
65A	2d Hardtop Standard	372,123
65B	2d Hardtop Luxury	22,232
65C	2d Hardtop Bench Seats	14,905
76A	Convertible Standard	65,663
76B	Convertible Luxury	5,338
76C	Convertible Bench Seats	2,111
	TOTAL MUSTANG	559,451

1966 Mustang

63A	2d Fastback Standard	27,809
63B	2d Fastback Luxury	7,889
65A	2d Hardtop Standard	422,416
65B	2d Hardtop Luxury	55,938
65C	2d Hardtop Bench Seats	21,397
76A	Convertible	56,409
76B	Convertible Luxury	12,520
76C	Convertible Bench Seats	3,190
	TOTAL MUSTANG	607,568

Thunderbird

63A	2d Hardtop	13,389
63C	2d Hardtop Blind Qtr.	15,633
63D	2d Landau	35,105
76A	Convertible	5,049

Ford

Custom

62E	2d Sedan	32,292
54E	4d Sedan	72,245

Custom "500"

62B	2d Sedan	28,789
54B	4d Sedan	109,449

Galaxie "500"

54A	4d Sedan	171,886
57B	4d Fastback	54,884
76A	Convertible	27,454
63B	2d Fastback	198,532

Galaxie "500" LTD

57F	4d Fastback	69,400
63F	2d Fastback	31,696

Galaxie "500" XL

63C	2d Fastback	25,715
76B	Convertible	6,360

Galaxie "500" 7 Litre

63D	2d Fastback	8,705
76D	Convertible	2,368

Sta. Wgn.

71D	Ranch Wagon 6p	33,306
71B	Country Sedan 6p	55,616
71C	Country Sedan 9p	36,633
71E	Country Squire 6p	27,645
71A	Country Squire 10p	41,953
	TOTAL FORD	1,104,104

Falcon

Standard

62A	2d Club Coupe	41,432
54A	4d Sedan	34,685

Futura

54B	4d Sedan	34,039
62B	2d Club Coupe	21,997

Sports Coupe

62C	2d Bucket Seats	20,289

Sta. Wgn.

71A	4d Standard Wagon	16,653
71B	4d Deluxe Wagon	13,574

Bus & Club Wagon

89B	Bus Standard	4,382
89K	Bus Std Extended Load Space	2,468
89C	Club Wagon	2,087
89T	Club Wagon Extended Load Space	1,788
89D	Club Wagon Deluxe	1,007
89L	Club Wgn. Dlx Extended Load Space	1,188
	TOTAL FALCON (including Bus less Ranchero)	195,589

Fairlane

62A	2d Club Coupe	13,498
54A	4d Sedan	26,170

500

62B	2d Club Coupe	14,118
54B	4d Sedan	68,635
63B	2d Hardtop	75,947
76B	Convertible	9,299

"500" XL

63C	2d Hardtop	23,942
76C	Convertible	4,560

"500" GT

63D	2d Hardtop	33,015
76D	Convertible	4,327

Fairlane (cont'd)

Sta. Wgn.

71D	Ranch Wagon Standard	12,379
71B	Ranch Wagon Custom	19,826
71E	Squire Wagon	11,558
	TOTAL FAIRLANE	317,274

1967 Ford

Custom

62E	2d	18,107
54E	4d	41,417

Custom "500"

62B	2d	18,146
54B	4d	83,260

Galaxie "500"

54A	4d	130,063
63B	2d Hardtop	197,388
57B	4d Hardtop	57,087
76A	Convertible	19,068

Galaxie "500" XL

63C	2d Hardtop Bucket Seat	18,174
76B	Convertible Bucket Seat	5,161

Ford LTD

57F	4d Hardtop	51,978
63J	2d Hardtop	46,036
54C	4d	12,491

Sta. Wgn.

71D	6p Ranch Wagon	23,932
71B	6p Country Sedan	50,818
71C	10p Country Sedan	34,377
71E	6p Country Squire	25,600
71A	10p Country Squire	44,024

Thunderbird

65A	2d Hardtop	15,567
65B	2d Hardtop Landau	37,422
57B	4d Hardtop Landau	24,967
	TOTAL FORD	955,083

Falcon

54A	4d	13,554
62A	2d	16,082

Futura

54B	4d	11,254
62B	2d Club Coupe	6,287
62C	Sport Coupe Bucket	7,053

Sta. Wgn.

71A	Standard Wagon	5,553
71B	Futura Wagon	4,552

Bus & Club Wagon

89B	Club Wagon	4,233
98K	Club Wagon ELS	2,248
89C	Custom Club Wagon	1,538
89T	Custom Club Wagon ELS	2,063.
89D	Deluxe Club Wagon	741
89L	Deluxe Club Wagon ELS	1,261
	TOTAL FALCON INCL BUS	76,419

Mustang

65A	2d Hardtop	325,853
65B	2d Hardtop Lux.	22,228
65C	2d Hardtop Bench	8,190
63A	2d Fastback	53,651
63B	2d Fastback Lux.	17,391
76A	Convertible	38,751
76B	Convertible Lux.	4,848
76C	Convertible Bench	1,209
	TOTAL MUSTANG	472,121

Fairlane

Fairlane

54A	4d	19,740
62A	2d	10,628

Fairlane "500"

54B	4d	51,552
62B	2d Club Coupe	8,473
63B	2d Hardtop	70,135
76B	Convertible	5,428

Fairlane "500" XL

63C	2d Hardtop Bucket Seat	14,871
76C	Convertible Bucket Seat	1,943

Fairlane "500"GT

63D	2d Hardtop Bucket Seat	18,670
76D	Convertible Bucket Seat	2,117

Sta. Wgn.

71D	Ranch Wagon	10,881
71B	Custom Ranch Wagon	15,902
71E	Country Squire	8,348
	TOTAL FAIRLANE LESS RANCHERO	238,688

Bronco

Roadster
96 4 x 4	698

Sports Utility
97 4 x 4	2,602

Wagon
98 4 x 4	10,930
TOTAL BRONCO	14,230

Econoline

Pickup
87A Standard	1,697

Pickup
87B Custom	318

Regular Van
89A Standard	21,107

Display Van
89E Standard	3,249

Window Van
89F Standard	3,752

Cargo Van
89G Standard	492

Panel Van
89H Standard	618

Regular Van
89J Standard Extended Load Space	23,009

Display Van
89M Standard Extended Load Space	357

Window Van
89N Standard Extended Load Space	3,434

Cargo Van
89R Standard Extended Load Space	821

Panel Van
89S Standard Extended Load Space	431

Regular Van
89A	327

Display Van
89E Custom	299

Window Van
89F Custom	268

Cargo Van
89G Custom	23

Panel Van
89H Custom	24

Regular Van
89J Custom Extended Load Space	1,027

Display Van
89M Custom Extended Load Space	41

Window Van
89N Custom Extended Load Space	563

Cargo Van
89R Custom Extended Load Space	100

Panel Van
89S Custom Extended Load Space	42
TOTAL ECONOLINE	61,999

Fairlane Ranchero
66A	5,858
66B Ranchero "500"	9,504
66D Ranchero "500" XL	1,881
TOTAL FAIRLANE RANCHERO	17,243

1968 Ford

Custom
62E 2d	18,485
54E 4d	45,980

Custom "500"
62B 2d	8,983
54B 4d	49,398

Galaxie "500"
54A 4d	117,877
63B 2d Hardtop	69,760
65C 2d Hardtop Formal	84,332
57B 4d Hardtop	55,461
76A Convertible	11,832

"500" XL
63C 2d Hardtop	50,048
76B Convertible	6,066

LTD
65A 2d Hardtop Formal	54,163
57F 4d Hardtop	61,755
54C 4d	22,834

1968 Ford (cont'd)

Sta. Wgn.
71D	Ranch Wagon 6p	18,237
71H	Custom Ranch Wagon 6p	18,181
71J	Custom Ranch Wagon 9p	13,421
71B	Country Sedan 6p	39,335
71C	Country Sedan 9p	29,374
71E	Country Squire 6p	33,994
71A	Country Squire 9p	57,776

Thunderbird
65A	2d Hardtop Bucket Seats	5,420
65B	2d Landau Bucket Seats	19,105
65C	2d Hardtop Bench Seats	4,557
65D	2d Landau Bench Seats	13,924
57B	4d Landau Bucket Seats	4,674
57C	4d Landau Bench Seats	17,251
	TOTAL FORD	932,223

Falcon

Standard
54A	4d	29,166
62A	2d	36,443

Futura
54B	4d	18,733
62B	2d	10,633
62C	2d Coupe Bucket Seats	10,077

Sta. Wgn.
71A	4d Standard	15,576
71B	4d Futura	10,761

Club Wagon
82A	Club Wagon	5,648
82B	Club Wagon Custom	3,292
82C	Club Wagon Deluxe	2,297
	TOTAL FALCON	142,626

Fairlane

54A	4d	18,146
65A	2d Hardtop Formal	44,683

Fairlane "500"
54B	4d	42,930
63B	2d Fastback	29,168
63E	2d Fastback Bucket Seats	3,284
65B	2d Hardtop	31,461
65E	2d Hardtop Bucket Seats	1,821
76B	Convertible	3,422
76E	Convertible Bucket Seats	339

Torino
54C	4d Luxury	17,962
65C	2d Hardtop Formal	35,964

Fairlane GT
63D	2d Fastback	74,135

65D	2d Hardtop Formal	23,939
76D	Convertible	5,310

Sta. Wgn.
71B	Station Wagon	14,800
71D	Station Wagon	10,190
71E	Squire Wagon	14,773
	TOTAL FAIRLANE	372,327

Mustang

63A	2d Fastback	33,585
63B	2d Fastback Deluxe	7,661
63C	2d Fastback Bench Seats	1,079
63D	2d Fastback Deluxe Bench	256
65A	2d Hardtop	233,472
65B	2d Hardtop Deluxe	9,009
65C	2d Hardtop Bench	6,113
65D	2d Hardtop Deluxe Bench	853
76A	Convertible	22,037
76B	Convertible Deluxe	3,339
	TOTAL MUSTANG	317,404

Bronco

96	Roadster	212
97	Sports Utility	2,210
98	Wagon	14,207
	TOTAL BRONCO	16,629

Econoline Van

89A	Cargo Van Standard	31,983
89C	Display Van Standard	2,207
89E	Window Van Standard	5,933
89B	Cargo Van Custom	1,929
89D	Display Van Custom	111
89F	Window Van Custom	800
	TOTAL ECONOLINE VAN	42,963

Fairlane

66A	Ranchero	5,014
66B	Ranchero Standard	10,029
66D	Ranchero GT	1,669
	TOTAL FAIRLANE RAN-CHERO	16,712

1969 Ford

Custom
54E	4d	45,653
62E	2d	15,439

1969 Ford (cont'd)

Custom "500"
54B	4d	45,761
62B	2d	7,585

Galaxie "500"
54A	4d	104,606
57B	4d Hardtop	64,031
63B	2d Hardtop Fastback	63,921
65C	2d Hardtop Formal	71,920
76A	Convertible	6,910

Ford XL
63C	2d Hardtop Fastback	54,557
76B	Convertible	7,402

Ford LTD
54C	4d	63,709
57F	4d Hardtop	113,168
65A	2d Hardtop Formal	111,565

Ranch Wgn.
71D	6p	17,489

Custom "500" Ranch Wgn.
71H	6p	16,432
71J	10p	11,563

Country Sedan
71B	6p	36,287
71C	10p	27,517

Country Squire
71E	6p	46,445
71A	10p	82,790

Thunderbird
57B	4d Landau (Bucket Seats)	1,983
57C	4d Landau	13,712
65A	2d Hardtop (Bucket Seats)	2,361
65B	2d Landau Hardtop (Bucket Seats)	12,425
65C	2d Hardtop	3,552
65D	2d Landau Hardtop	15,239
	TOTAL FORD	1,064,022

Fairlane

54A	4d	27,296
65A	2d Hardtop Formal	85,630

Fairlane "500"
54B	4d	40,888
63B	2d Hardtop Fastback	22,504
63E	2d Hardtop Fastback (Bucket Seats)	7,345
65B	2d Hardtop Formal	24,800
65E	2d Hardtop Formal (Bucket Seats)	3,379
76B	Convertible	2,045
76E	Convertible (Bucket Seats)	219

Fairlane Torino
54C	4d	11,971
	2d Hardtop Formal	20,789

Fairlane Torino GT
63D	2d Hardtop Fastback (Bucket Seats)	20,440
63F	2d Hardtop Fastback	40,879
	2d Hardtop Formal (Bucket Seats)	5,068
65F	2d Hardtop Formal	12,883
76D	Convertible (Bucket Seats)	928
76F	Convertible	1,624

Fairlane
71D	Station Wagon	10,882

Fairlane "500"
71B	Station Wagon	12,869

Fairlane Torino
71E	Squire Station Wagon	14,472
	TOTAL FAIRLANE	366,911

Falcon

54A	4d	22,719
62A	2d	29,263

Falcon Futura
54B	4d	11,850
62B	2d	6,482
62C	Sport Coupe (Bucket Seats)	5,931

Sta. Wgn.
71D	Standard	11,568
71B	Futura	7,203

Club Wgn.
82A	Regular	10,956
82B	Custom	11,725
82C	Chateau	9,702
	TOTAL FALCON INCLUDING CLUB WAGON	127,399

Mustang

63A	2d Fastback	56,022
63B	2d Fastback Deluxe	5,958
63C	2d Fastback Mach I	72,458
65A	2d Hardtop	118,613

Mustang (cont'd)

65B	2d Hardtop Deluxe	5,210
65C	2d Hardtop (Bench Seats)	4,131
65D	2d Hardtop Deluxe (Bench Seats)	504
65E	2d Hardtop Grande	22,182
76A	Convertible	11,307
76B	Convertible Deluxe	3,439
	TOTAL MUSTANG	299,824

Maverick

62A	2d Sedan	127,833
	TOTAL MAVERICK	127,833

Econoline Van

89A	Cargo Standard	69,806
89C	Display Standard	6,337
89E	Window Standard	14,383
89B	Cargo Custom	4,665
89D	Display Custom	1,077
89F	Window Custom	1,774
	TOTAL ECONOLINE VAN	98,042

Ranchero

66A	Fairlane Ranchero	5,856
66B	Fairlane "500" Ranchero	11,214
66C	Fairlane GT Ranchero	1,658
66D	Fairlane GT Ranchero (Bucket Seats)	727
	TOTAL RANCHERO	19,455

Bronco

97	Pickup	2,317
98	Wagon	18,639
	TOTAL BRONCO	20,956

1970 Ford

Custom

54E	4d	42,849

Custom "500"

54B	4d	41,261
65M	2d Hardtop	2,677

Galaxie "500"

54A	4d	101,784
57B	4d Hardtop	53,817

63B	2d Fastback	50,825
65C	2d Hardtop Formal	57,059

Ford XL

63C	2d Fastback	27,251
76B	Convertible	6,348

Ford LTD

54C	4d	78,306
57F	4d Hardtop	90,390
65A	2d Hardtop	96,324

Sta. Wgn.

71D	Ranch Wagon 6p	15,086
71H	Custom 500 Ranch Wagon 6p	15,304
71J	Custom 500 Ranch Wagon 10p	9,943
71B	Country Sedan 6p	32,209
71C	Country Sedan 10p	22,645
71E	Country Squire 6p	39,837
71A	Country Squire 10p	69,077

Thunderbird

65A	2d Hardtop (Bucket Seats)	1,925
65C	2d Hardtop (Bench Seats)	3,191
57B	4d Hardtop Landau (Bucket Seats)	5,005
57C	4d Hardtop Landau (Bench Seats)	3,396
65B	2d Hardtop Landau (Bucket Seats)	16,953
65D	2d Hardtop Landau (Bench Seats)	19,894
	TOTAL FORD	903,356

Fairlane

Falcon

54A	4d	30,443
62A	2d	26,071

Fairlane "500"

54B	4d	25,780
65B	2d Hardtop	70,636

Torino

54C	4d	30,117
57C	4d Hardtop	14,312
63C	2d Fastback	12,490
65C	2d Hardtop	49,826

Torino Brougham

57E	4d Hardtop	14,543
65E	2d Hardtop	16,911

Torino GT

63F	2d Fastback	56,819
76F	Convertible	3,939

Fairlane (cont'd)

Cobra

63H	2d Fastback	7,675

Sta. Wgn.

71D	Falcon Wagon	10,539
71B	Fairlane "500" Wagon	13,613
71C	Torino Wagon	10,613
71E	Squire Wagon	13,166
	TOTAL FAIRLANE	407,493

Falcon

Standard

54A	4d	5,301
62A	2d	4,373

Futura

54B	4d	2,262
62B	2d	1,129

Sta. Wgn.

71A	Standard Wagon	1,624
71B	Futura Wagon	1,005

Club Wgn.

82A	Club Wagon	9,951
82B	Club Wagon Custom	11,221
82C	Chateau Club Wagon	8,118
	TOTAL FALCON INCLU-DING CLUB WAGON	44,984

Maverick

62A	2d Sedan	451,081
	TOTAL MAVERICK	451,081

Mustang

63A	2d Fastback	39,470
65A	2d Hardtop	77,161
76A	Convertible	6,199
63B	2d Fastback	6,464
65B	2d Hardtop	5,408
76B	Convertible	1,474
63C	Fastback Mach I	40,970
65E	2d Hardtop Grande	13,581
	TOTAL MUSTANG	190,727

Econoline Van

Standard

89A	Cargo	75,179
89C	Display	8,471
89E	Window	16,192

Custom

89B	Cargo	6,533
89D	Display	846
89F	Window	1,884
	TOTAL ECONOLINE VAN	109,105

Ranchero

66A	Fairlane Ranchero	4,816
66B	Fairlane "500" Ranchero	8,976
66C	Fairlane Ranchero GT	3,905
66D	Fairlane Torino Squire	3,943
	TOTAL RANCHERO	21,640

Bronco

97	Pickup	1,700
98	Wagon	16,750
	TOTAL BRONCO	18,450

1971 Ford

Custom

54B	4d Sedan	41,602

Custom "500"

54D	4d Sedan	33,765
65D	2d Hardtop	5,711

Galaxie "500"

54F	4d Sedan	98,130
57F	4d Hardtop	46,595
65F	2d Hardtop	117,139

LTD

53H	4d Hardtop Sedan	92,260
57H	4d Hardtop	48,166
65H	2d Hardtop	103,896
76H	Convertible	5,750

LTD Brougham

53K	4d Hardtop Sedan	26,186
57K	4d Hardtop	27,820
65K	2d Hardtop	43,303

Sta. Wgn.

71B	Ranch Wagon	16,696
71D	Custom "500" Ranch Wagon	25,957
71F	Country Sedan	60,487
71H	Country Squire	130,644

1971 Ford (cont'd)

Thunderbird
65A 2d Hardtop (Bucket Seats)   2,992
65B 2d Hardtop Landau (Bucket Seats)
                                        8,133
65C 2d Hardtop (Bench Seats)   6,154
65D 2d Hardtop Landau (Bench Seats)
                                       12,223
57C 4d Hardtop Landau   2,315
57B 4d Hardtop Landau (Split Bench Seats)
                                        4,238
                  TOTAL FORD   960,162

Maverick

Standard
62A 2d Sedan   159,726
54A 4d Sedan   73,208

Sports Grabber
62D 2d Sedan   38,963
           TOTAL MAVERICK   271,897

Torino

Torino
54A 4d Sedan   29,501
62A 2d Hardtop   37,518

Torino "500"
54C 4d Sedan   35,650
57C 4d Hardtop   12,724
65C 2d Hardtop   89,966
63C 2d Hardtop Fastback   11,150

Torino Brougham
57E 4d Hardtop   4,408
65E 2d Hardtop   8,593

Torino GT
63F 2d Hardtop Fastback   31,641
76F Convertible   1,613

Torino Cobra
63H 2d Hardtop Fastback   3,054

Sta. Wgn.
71D Torino   21,570
71C Torino "500"   23,270
71E Torino Squire   15,805
           TOTAL TORINO   326,463

Mustang

Standard
65D 2d Hardtop   65,696
63D 2d Fastback   23,956
76D Convertible   6,121

Grande
65F 2d Hardtop   17,406

Mach I
63R 2d Fastback   36,499
         TOTAL MUSTANG   149,678

Pinto

62B 2d Sedan   288,606
64B 3d Fastback   63,796
           TOTAL PINTO   352,402

Econoline

Wagon
82A Club Wagon   6,801
82B Custom Club Wagon   8,817
82C Chateau Club Wagon   5,438
       TOTAL ECONOLINE WAG-
       ON   21,056

Ranchero

Torino
66A Standard   6,041
66B Custom   12,678
66C GT   3,632
66E Squire   2,595
         TOTAL RANCHERO   24,946

Bronco

97 Pickup   1,503
98 Wagon   18,281
         TOTAL BRONCO   19,784

Econoline Van

89A Cargo Standard   58,995
89B Cargo Custom   4,470
89C Display Standard   5,265

Econoline (cont'd)

89D	Display Custom	410
89E	Window Standard	13,101
89F	Window Custom	1,153
	TOTAL ECONOLINE VAN	83,394

1972 Ford

Custom

54B	4d Sedan	33,014

Custom "500"

54D	4d Sedan	24,870
65D	2d Hardtop	3,779

Galaxie "500"

54F	4d Sedan	84,906
57F	4d Hardtop	28,939
65F	2d Hardtop	80,885

LTD

53H	4d Hardtop Sedan	104,167
57H	4d Hardtop	33,742
65H	2d Hardtop	101,048
76H	Convertible	4,234

LTD Brougham

53K	4d Hardtop Sedan	36,909
57K	4d Hardtop	23,364
65K	2d Hardtop	50,409

Sta. Wgn.

71B	Ranch Wagon	13,064
71D	Custom "500" Ranch Wagon	16,834
71F	Country Sedan	55,238
71H	Country Squire	121,419

Thunderbird

65K	2d Hardtop	57,814
	TOTAL FORD	874,635

Maverick

Standard

62A	2d Sedan	145,931
54A	4d Sedan	73,686

Grabber

62D	2d Sedan	35,347
	TOTAL MAVERICK	254,964

Torino

Torino

53B	4d Hardtop Sedan	33,486
65B	2d Hardtop	33,530

Gran Torino

53D	4d Hardtop Sedan	102,300
65D	2d Hardtop	132,285

Gran Torino Sport

63R	2d Hardtop Fastback	60,794
65R	2d Hardtop	31,239

Sta. Wgn.

71B	Torino	22,204
71D	Gran Torino	45,212
71K	Gran Torino Squire	35,595
	TOTAL TORINO	496,645

Mustang

Standard

65D	2d Hardtop	57,350
63D	2d Fastback	15,622
76D	Convertible	6,401

Grande

65F	2d Hardtop	18,045

Mach I

63R	2d Fastback	27,675
	TOTAL MUSTANG	125,093

Pinto

62B	2d Sedan	181,002
64B	3d Fastback	197,920
73B	2d Station Wagon	101,483
	TOTAL PINTO	480,405

Econoline Wagon

82A	Club Wagon	10,584
82B	Custom Club Wagon	13,865
82C	Chateau Club Wagon	8,435
	TOTAL ECONOLINE WAGON	32,884

1973 Ford

Cusom "500"
53D	4d Pillar Hardtop	42,549
65D	2d Hardtop	3,900

Galaxie "500"
53F	4d Pillar Hardtop	85,654
57F	4d Hardtop	25,802
65F	2d Hardtop	70,080

LTD
53H	4d Pillar Hardtop	122,851
57H	4d Hardtop	28,608
65H	2d Hardtop	120,864

LTD Brougham
53K	4d Pillar Hardtop	49,553
57K	4d Hardtop	22,268
65K	2d Hardtop	68,901

Sta. Wgn.
71D	Custom "500" Ranch Wagon	22,432
71F	Country Sedan	51,290
71H	Country Squire	142,933

Thunderbird
65K	2d Hardtop	87,269
	TOTAL FORD	944,954

Torino

53B	4d Pillar Hardtop	37,524
65B	2d Hardtop	28,005

Gran Torino
53D	4d Pillar Hardtop	98,404
65D	2d Hardtop	138,962

Gran Torino Sport
63R	2d Fastback Hardtop	51,853
65R	2d Hardtop	17,090

Sta. Wgn.
71B	Torino 4d Wagon	23,982
71D	Gran Torino 4d Wagon	60,738
71K	Gran Torino Squire	40,023
	TOTAL TORINO	496,581

Pinto

62B	2d Fastback Sedan	116,146
64B	3d Fastback Sedan	150,603
73B	2d Wagon	217,763
	TOTAL PINTO	484,512

Maverick

Standard
54A	4d Sedan	110,382
62A	2d Fastback Sedan	148,943

Grabber
62D	2d Fastback Sedan	32,350
	TOTAL MAVERICK	291,675

Mustang

Standard
63D	2d Fastback Hardtop	10,820
65D	2d Hardtop	51,480
76D	2d Convertible	11,853

Grande
65F	2d Hardtop	25,274

Mach I
63R	2d Fastback Hardtop	35,440
	TOTAL MUSTANG	134,867

Econoline

Wagon
82A	Club Wagon	5,833
82B	Club Wagon Custom	6,608
82C	Club Wagon Deluxe	4,955
	TOTAL ECONOLINE WAGON	17,396

Ranchero

Torino
97D	Ranchero "500"	25,634
97K	Ranchero Squire	4,787
97R	Ranchero GT	15,320

Econoline Van

89A	Cargo Standard	60,509
89C	Display Standard	7,198
89E	Window Standard	13,382
89B	Cargo Custom	5,123
89D	Display Custom	94
89F	Window Custom	1,828
33A	Cutaway	850

Bronco   21,894

1974 Ford

Custom "500"
53D 4d Pillar Hardtop	28,941
65D 2d Hardtop	2,396

Galaxie "500"
53F 4d Pillar Hardtop	49,661
57F 4d Hardtop	11,526
65F 2d Hardtop	34,214

LTD
53H 4d Pillar Hardtop	72,251
57H 4d Hardtop	12,375
65H 2d Hardtop	73,296

LTD Brougham
53K 4d Pillar Hardtop	30,203
57K 4d Hardtop	11,371
65K 2d Hardtop	39,084

Sta. Wgn.
71D Custom "500" Ranch Wagon	12,104
71F Country Sedan	22,400
71H Country Squire	64,047

Thunderbird
65K 2d Hardtop	58,443
TOTAL FORD	522,312

Mustang

Standard
60F 2d Hardtop	177,671
69F 3d Hardtop	74,799

Ghia
60H 2d Hardtop	89,477

Mach I
69R 2d Hardtop	44,046
TOTAL MUSTANG	385,993

Torino

53B 4d Pillar Hardtop	31,161
65B 2d Hardtop	22,738

Gran Torino
53D 4d Pillar Hardtop	72,728
65D 2d Hardtop	76,290

Gran Torino Sport
65R 2d Hardtop	23,142

Gran Torino Brougham
53K 4d Pillar Hardtop	11,465
65K 2d Hardtop	26,402

Gran Torino Elite
65M 2d Hardtop	96,064

Sta. Wgn.
71B Torino	15,393
71D Gran Torino	29,866
71K Gran Torino Squire	22,837
TOTAL TORINO	428,086

Maverick

62A 2d Sedan	139,818
54A 4d Sedan	137,728
62D 2d Grabber	23,502
TOTAL MAVERICK	301,048

Pinto

62B 2d Sedan	132,061
64B 3d	174,754
73B 2d Wagon	237,394
TOTAL PINTO	544,209

Econoline Wagon

82A Club Wagon	11,331
82B Club Wagon Custom	12,038
82C Club Wagon Deluxe	7,459
TOTAL ECONOLINE WAGON	30,828

Ranchero

97D Ranchero "500"	18,447
97R Ranchero GT	11,328
97K Ranchero Squire	3,150

Bronco

98 Wagon	25,824

Econoline Van

89A Cargo Standard	120,205
89B Cargo Custom	11,235
89C Display Standard	11,780
89D Display Custom	248
89E Window Standard	25,056
89F Window Custom	3,211
33A Cutaway Camper Special	2,050
33B Base Cutaway	8,212

1975 Ford

Custom "500"
53D 4d Pillar Hardtop	31,043
60D 2d Pillar Hardtop	7,197

1975 Ford (cont'd)

LTD
53H	4d Pillar Hardtop	82,382
60H	2d Pillar Hardtop	47,432

LTD Brougham
53K	4d Pillar Hardtop	32,327
60K	2d Pillar Hardtop	24,005

LTD Landau
53L	4d Pillar Hardtop	32,506
60L	2d Pillar Hardtop	26,919

Sta. Wgn.
71D	4d Custom Ranch	6,930
71H	4d LTD Wagon	22,935
71K	4d Country Squire	41,550

Thunderbird
65K	2d Hardtop	42,685
	TOTAL FORD	397,911

Pinto

62B	2d Sedan	64,081
64B	3d	68,919

Wagon
73B	2d	90,763
	TOTAL PINTO	223,763

Granada

54H	4d Sedan	118,168
66H	2d Sedan	100,801

Ghia
54K	4d Sedan	43,652
66K	2d Sedan	40,028
	TOTAL GRANADA	302,649

Maverick

54A	4d Sedan	90,695
62A	2d Sedan	63,404
62D	2d Grabber	8,473
	TOTAL MAVERICK	162,572

Mustang

60F	2d Hatchback	85,155
69F	3d Hatchback	30,038

Ghia
60H	2d Hatchback	52,320

Mach I
69R	3d Hatchback	21,062
	TOTAL MUSTANG	188,575

Torino

53B	**4d Hardtop Sedan**	**22,928**
65B	2d Hardtop	13,394

Gran Torino
53D	4d Hardtop Sedan	53,161
65D	2d Hardtop	35,324

Gran Torino Brougham
53K	4d Hardtop Sedan	5,929
65K	2d Hardtop	4,849

Gran Torino Sport
65R	2d Hardtop	5,126

Elite
65M	2d Hardtop	123,372

Sta. Wgn.
71B	Torino	13,291
71D	Gran Torino	23,951
71K	Gran Torino Squire	17,157
	TOTAL TORINO	318,482

Econoline Club Wagon

82A	Standard	3,656
82B	Custom	4,767
82C	Chateau	9,008
	TOTAL ECONOLINE WAGON	17,431

Ranchero

97D	Ranchero "500"	8,778
97R	Ranchero GT	6,114
97K	Ranchero Squire	1,549
	TOTAL RANCHERO	16,441

Bronco

U98	Wagon	9,161
U100	Ranger	3,964
	TOTAL BRONCO	13,125

Econoline

Van

89A-B	Cargo	51,710
89C-D	Display	1,758
89E-F	Window	12,269

Cutaway

Less Parcel	3,528
Parcel Delivery	1,646

TOTAL ECONOLINE VAN
70,911

Lincoln & Continental Calendar Year Production

Year	Production	Year	Production
1922	5,512	1948	43,688
1923	7,875	1949	33,132
1924	7,053	1950	35,485
1925	8,380	1951	25,386
1926	8,858	1952	31,992
1927	7,141	1953	41,962
1928	6,362	1954	35,733
1929	7,672	1955	41,226
1930	3,515	1956	48,995
1931	3,592	1957	37,870
1932	3,388	1958	25,871
1933	2,007	1959	30,375
1934	2,149	1960	20,683
1935	3,915	1961	33,180
1936	22,001	1962	33,829
1937	29,293	1963	33,717
1938	19,751	1964	37,750
1939	22,578	1965	45,470
1940	24,021	1966	52,169
1941	17,756	1967	34,333
1942	1,276	1968	64,236
1945	569	1969	65,223
1946	13,496	1970	58,771
1947	29,275		

Lincoln & Continental New Passenger Car Registrations

Year	Registrations	Year	Registrations
1923	4,348	1950	34,318
1924	5,672	1951	25,816
1925	6,808	1952	29,110
1926	7,711	1953	39,169
1927	6,460	1954	36,251
1928	6,039	1955	35,623
1929	6,151	1956	44,162
1930	4,356	1957	37,298
1931	3,466	1958	26,577
1932	3,179	1959	28,815
1933	5,422	1960	20,711
1934	3,024	1961	31,126
1935	2,370	1962	31,533
1936	15,567	1963	31,517
1937	25,243	1964	36,897
1938	16,991	1965	42,636
1939	19,940	1966	49,324
1940	21,004	1967	35,218
1941	18,769	1968	57,486
1946	10,798	1969	58,835
1947	24,081	1970	56,654
1948	32,638	1971	65,630
1949	37,691	1972	89,521

Lincoln Model Production

Model: 101-A
Years Built: 1921
Name: 7p touring (perm top)
Body Design By: Lincoln
Body Built By: Murray
Made By: Leland
Total Built 18

Model: 101
Years Built: 1921-1922
Name: 7p touring
Body Design By: Lincoln
Body Built By: Murray
Made By: Leland
Total Built 1,500

Model: 102
Years Built: 1921
Name: 3p roadster
Body Design By: Lincoln
Body Built By: Murray
Made By: Leland
Total Built 95

Model: 103
Years Built: 1921
Name: 5p phaeton
Body Design By: Lincoln
Body Built By: Murray
Made By: Leland
Total Built 335

Model: 104
Years Built: 1921-1922
Name: 4p coupe
Body Design By: Lincoln
Body Built By: Murray
Made By: Leland
Total Built 941

Model: 105
Years Built: 1921-1922
Name: 5p sedan
Body Design By: Lincoln
Body Built By: Murray
Made By: Leland
Total Built 708

Model: 106
Years Built: 1921
Name: 7p gls. part lim
Body Design By: Lincoln
Body Built By: Murray
Made By: Leland
Total Built 101

Model: 107
Years Built: 1921
Name: 5p town brougham
Body Design By: Lincoln
Body Built By: Murray
Made By: Leland
Total Built 12

Model: 108
Years Built: 1921
Name: 7p sedan
Body Design By: Lincoln
Body Built By: Murray
Made By: Leland
Total Built 26

Model: 109
Years Built: 1921-1922
Name: town car
Body Design By: Lincoln
Body Built By: Murray
Made By: Leland
Total Built 33

Model: 110
Years Built: 1922
Name: 7p gls. part. berline
Body Design By: Brunn
Body Built By: Murray
Made By: Leland-Ford
Total Built 10

Model: 111
Years Built: 1922-1925
Name: 2p 1 aux roadster
Body Design By: Brunn
Body Built By: Murray
Made By: Leland-Ford
Total Built 200

Model: 111
Years Built: 1922-1923
Name: 2p 1 aux roadster
Body Design By: Brunn
Body Built By: Lang
Made By: Leland-Ford
Total Built 100

Model: 112
Years Built: 1922-1923
Name: 4p deluxe phaeton
Body Design By: Brunn
Body Built By: American

Made By: Leland-Ford
Total Built 980

Model: 113-A and 113-B
Years Built: 1922-1923
Name: 4p 2w sed; 4p 3w sed
Body Design By: Judkins
Body Built By: Judkins
Made By: Leland-Ford
Total Built 403

Model: 114
Years Built: 1923
Name: 7p gls. part sedan
Body Design By: Judkins
Body Built By: Judkins
Made By: Ford
Total Built 51

Model: 115
Years Built: 1923
Name: 5p gls. part. berline
Body Design By: Judkins
Body Built By: Judkins
Made By: Ford
Total Built 56

Model: 116
Years Built: 1923
Name: 7p sedan
Body Design By: Fleetwood
Body Built By: Fleetwood
Made By: Ford
Total Built 8

Model: 117
Years Built: 1923
Name: 7p sedan
Body Design By: Brunn
Body Built By: Murray
Made By: Ford
Total Built 1,657

Model: 117
Years Built: 1923
Name: 7p sedan
Body Design By: Brunn
Body Built By: Lang
Made By: Ford
Total Built 304

Model: 118
Years Built: 1923
Name: 7p gls. part. lim

Model 118 (cont'd)

Body Design By: Brunn
Body Built By: Murray
Made By: Ford
Total Built   943

Model: **118**
Years Built: 1923
Name: 7p gls. part. lim
Body Design By: Brunn
Body Built By: Lang
Made By: Ford
Total Built   302

Model: **119**
Years Built: 1923
Name: 7p glass part. lim
Body Design By: Fleetwood
Body Built By: Fleetwood
Made By: Ford
Total Built   20

Model: **120**
Years Built: 1923
Name: 6p town car
Body Design By: Brunn
Body Built By: Brunn
Made By: Ford
Total Built   69

Model: **121**
Years Built: 1923
Name: 7p gls. part. lim
Body Design By: Brunn
Body Built By: Brunn
Made By: Ford
Total Built   28

Model: **122**
Years Built: 1921-1930
Name: 136" w.b. chassis
Body Design By: Individual
Body Built By: Customs
Made By: Ford
Total Built   1,296

Model: **123A**
Years Built: 1924-1927
Name: 4p phaeton
Body Design By: Brunn
Body Built By: American
Made By: Ford
Total Built   2,726

Model: **123-A**
Years Built: 1924-1927
Name: 4p phaeton
Body Design By: Brunn
Body Built By: Lang
Made By: Ford
Total Built   1,100

Model: **123-B**
Years Built: 1924-1927
Name: 4p dcdw sprt phaeton
Body Design By: Brunn
Body Built By: American
Made By: Ford
Total Built   310

Model: **123-C**
Years Built: 1924-1927
Name: 4p d.w. sprt phaeton
Body Design By: Brunn
Body Built By: American
Made By: Ford
Total Built   42

Model: **123-D**
Years Built: 1924-1927
Name: sport phaeton
Body Design By: Brunn
Body Built By: American
Made By: Ford
Total Built   146

Model: **124-D**
Years Built: 1924-1927
Name: 7p touring
Body Design By: Brunn
Body Built By: American
Made By: Ford
Total Built   3,486

Model: **124-B**
Years Built: 1924-1927
Name: 7p d.w. sport tour-ing
Body Design By: Brunn
Body Built By: American
Made By: Ford

Model: **124-C**
Years Built: 1924-1927
Name: 7p sport touring

Body Design By: Brunn
Body Built By: American
Made By: Ford
TOTAL OF ABOVE   756

Model: **125**
Years Built: 1924
Name: 4p 2w sedan
Body Design By: Judkins
Body Built By: Murray
Made By: Ford
Total Built   200

Model: **125**
Years Built: 1924
Name: 4p 3w sedan
Body Design By: Judkins
Body Built By: Babcock
Made By: Ford
Total Built   434

Model: **126**
Years Built: 1924-1927
Name: 4p coupe
Body Design By: Brunn
Body Built By: American
Made By: Ford
Total Built   1,450

Model: **127**
Years Built: 1924
Name: 4p 3w sedan
Body Design By: Judkins
Body Built By: Murray
Made By: Ford
Total Built   301

Model: **127**
Years Built: 1924
Name: 4p 3w sedan
Body Design By: Judkins
Body Built By: Babcock
Made By: Ford
Total Built   337

Model: **128**
Years Built: 1924
Name: 4p gls. part. berline
Body Design By: Judkins

Model 128 (cont'd)

Body Built By: Judkins
Made By: Ford
Total Built 441

Model: 129
Years Built: 1924
Name: 5p sedan
Body Design By: Brunn
Body Built By: Murray
Made By: Ford
Total Built 1,547

Model: 130
Years Built: 1924
Name: roadster
Body Design By: Brunn
Body Built By: Murray
Made By: Ford
Total Built 475

Model: 131
Years Built: 1924
Name: 6p cabriolet
Body Design By: Brunn
Body Built By: Brunn
Made By: Ford
Total Built 27

Model: 132
Years Built: 1924
Name: 4p 2w
sedan
Body Design By: Judkins
Body Built By: Murray
Made By: Ford
Total Built 597

Model: 132
Years Built: 1924
Name: 4p 2w
sedan
Body Design By: Judkins
Body Built By: Babcock
Made By: Ford
Total Built 103

Model: 133
Years Built: 1924
Name: 4p 3w
sedan
Body Design By: Judkins
Body Built By: Murray
Made By: Ford
Total Built 1,706

Model: 133
Years Built: 1924
Name: 4p 3w
sedan
Body Design By: Judkins
Body Built By: Babcock
Made By: Ford
Total Built 457

Model: 134
Years Built: 1924
Name: 7p sedan
Body Design By: Brunn
Body Built By: Murray
Made By: Ford
Total Built 1,675

Model: 135
Years Built: 1924
Name: 7p gls. part.
lim
Body Design By: Brunn
Body Built By: Murray
Made By: Ford
Total Built 925

Model: 136
Years Built: 1924
Name: 5p sedan
Body Design By: Brunn
Body Built By: Murray
Made By: Ford
Total Built 1,475

Model: 137
Years Built: 1924
Name: 5p cabriolet
Body Design By: Brunn
Body Built By: Brunn
Made By: Ford
Total Built 125

Model: 138-A
Years Built: 1924
Name: town car—
canopy
Body Design By: Brunn
Body Built By: Brunn
Made By: Ford

Model: 138-B
Years Built: 1924
Name: town car
(perm. top)
Body Design By: Brunn
Body Built By: Brunn

Made By: Ford
TOTAL OF ABOVE 36

Model: 139
Years Built: 1924
Name: 7p limousine
Body Design By: Fleetwood
Body Built By: Fleetwood
Made By: Ford
Total Built 396

Model: 140-A
Years Built: 1924
Name: 2w berline
Body Design By: Judkins
Body Built By: Judkins
Made By: Ford

Model: 140-B
Years Built: 1924
Name: coll berline
Body Design By: Judkins
Body Built By: Judkins
Made By: Ford

Model: 140-C
Years Built: 1924
Name: 3w berline
Body Design By: Judkins
Body Built By: Judkins
Made By: Ford

Model: 140-D
Years Built: 1924
Name: 2w sedan
Body Design By: Judkins
Body Built By: Judkins
Made By: Ford

Model: 140-E
Years Built: 1924
Name: 3w sedan
Body Design By: Judkins
Body Built By: Judkins
Made By: Ford
TOTAL OF ABOVE 600

Model: 141
Years Built: 1924-1925
Name: coupe-road-
ster
Body Design By: LeBaron

Model 141 (cont'd)

Body Built By: Murray
Made By: Ford
Total Made   250

Model: 142-A
Years Built: 1924-1925
Name: full coll
                cabr
Body Desgin By: Holbrook
Body Built By: Holbrook
Made By: Ford
Total Built   36

Model: 142-B
Years Built: 1924-1925
Name: semi-coll.
                cabr
Body Design By: Holbrook
Body Built By: Holbrook
Made By: Ford
Total Built   3

Model: 702
Years Built: 1923-1927
Name: 2p coupe
Body Design By: Judkins
Body Built By: Judkins
Made By: Ford
Total Built   1,643

Model: 2340
Years Built: 1923-1927
Name: 7p lim
Body Design By: Fleetwood
Body Built By: Fleetwood
Made By: Ford
Total Built   298

Model: 2421
Years Built: 1923-1927
Name;   6p cabriolet
Body Design By: Fleetwood
Body Built By: Fleetwood
Made By: Ford
Total Built   9

Model: 2451
Years Built: 1923-1927
Name: 6p coll.
                cabr
Body Design By: Fleetwood
Body Built By: Fleetwood
Made By: Ford
Total Built   9

Model: 2473
Years Built: 1923-1927
Name: 7p town car
Body Design By: Fleetwood
Body Built By: Fleetwood

Made By: Ford
Total Built   12

Model: 2493
Years Built: 1923-1927
Name: 7p landaulet
Body Design By: Fleetwood
Body Built By: Fleetwood
Made By: Ford
Total Built   11

Model: 143
Years Built: 1924-1926
Name: 4p coupe
Body Design By: Brunn
Body Built By: Murray
Total Built   825

Model: 144-A
Years Built: 1925-1928
Name: 4p-trunk
                2w sedan
Body Design By: LeBaron
Body Built By: Murray
Total Built

Model: 144-A
Years Built: 1925-1928
Name: 4p-trunk
                2w sedan
Body Design By: LeBaron
Body Built By: Lincoln
TOTAL OF ABOVE   2,210

Model: 144-B
Years Built: 1925-1928
Name: 4p-trunk
                3w sedan
Body Design By: LeBaron
Body Built By: Murray

Model: 144-B
Years Built: 1925-1928
Name: 4p-trunk
                3w sedan
Body Design By: LeBaron
Body Built By: Lincoln
TOTAL OF ABOVE   5,463

Model: 145-A
Years Built: 1925-1928
Name: 7p gls. part
                brougham
Body Design By: Brunn
Body Built By: Brunn
Total Built   126

Model: 145-B
Years Built: 1925
Name: 7p open
                limousine
Body Design By: Brunn

Body Built By: Brunn
Total Built   2

Model: 146
Years Built: 1926-1927
Name: 5p sedan
Body Design By: Dietrich
Body Built By: Lincoln
Total Built   1,653

Model: 147-A
Years Built: 1926-1928
Name: 7p sedan
Body Design By: Dietrich
Body Built By: Murray

Model: 147-A
Years Built: 1926-1928
Name: 7p sedan
Body Design By: Dietrich
Body Built By: Lincoln
TOTAL OF ABOVE   5,833

Model: 147-B
Years Built: 1926-1928
Name: 7p berline
Body Design By: Dietrich
Body Built By: Murray

Model: 147-B
Years Built: 1926-1928
Name: 7p berline
Body Design By: Dietrich
Body Built By: Lincoln
TOTAL OF ABOVE   4,158

Model: 148-A
Years Built: 1926-1927
Name: 6p brogham
Body Design By: Dietrich
Body Built By: Dietrich

Model: 148-B
Years Built: 1926-1927
Name: 6p brougham
Body Design By: Dietrich
Body Built By: Dietrich
TOTAL OF ABOVE   5

Model: 149-A
Years Built: 1926-1928
Name: 5p coll cabr
Body Design By: Dietrich
Body Built By: Dietrich

Model: 149-B
Years Built : 1926-1928
Name: 5p semi-coll cabr
Body Design By: Dietrich
Body Built By: Dietrich

Model: 149-C
Years Built: 1926-1928
Name: 5p perm. roof cabr
Body Design By: Dietrich
Body Built By: Dietrich
TOTAL OF ABOVE   15

Model: 150-B
Years Built: 1926-30
Name: 150" w.b. chassis
Total Built   102

Model: 150-A
Years Built: 1926-1934
Name: burial coach
Body Design By: Dietrich
Body Built By: Dietrich
Total Built   10

Model: 151
Years Built: 1926-1928
Name: 2p & r.s. roadster
Body Design By: Locke
Body Built By: Locke
Total Built   350

Model: 152
Years Built: 1927-1928
Name: 5p sedan
Body Design By: Dietrich
Body Built By: Lincoln
Total Built   2,405

Model: 153-A
Years Built: 1926-1928
Name: 5p coll cabr
Body Design By: Holbrook
Body Built By: Holbrook

Model: 153-B
Years Built: 1926-1928
Name: 5p semi-coll cabr

Body Design By: Holbrook
Body Built By: Holbrook
TOTAL OF ABOVE   26

Model: 154
Years Built: 1926-1927
Name: 2p & rumble coupe roadster
Body Design By: Dietrich
Body Built By: Dietrich
Total Built   900

Model: 155
Years Built: 1926-1928
Name: 5p coll sport cabr
Body Design By: LeBaron
Body Built By: LeBaron
Total Built   30

Model: 156
Years Built: 1927-1928
Name: 4p coupe
Body Design By: LeBaron
Body Built By: Lincoln
Total Built   699

Model: 157
Years Built: 1926-1928
Name: 6p berline lan
Body Design By: Willboughy
Body Built By: Willboughy
Total Built   35

Model: 158
Years Built: 1927-1928
Name: 5p berline (158P, E-Sedans)
Body Design By: Judkins
Body Built By: Judkins
Total Built: 100

Model: 159
Years Built: 1927-1929
Name: 5p cabr
Body Design By: Brunn
Body Built By: Brunn
Total Built   66

Model: 160
Years Built: 1927-1929
Name: 7p lim
Body Design By: Willboughy
Body Built By: Willboughy
Total Built   802

Models 161 to End of the "L" Series

Model: 161
Years Built: 1928
Name: 5p berline
Body Built By: Judkins
Total Built: 700

Model: 162A
Years Built: 1928-1929
Name: 5p all-weather 2w cabr
Body Built By: LeBaron

Model: 162-B
Years Built: 1928-1929
Name: 5p all-weather 3w lan
Body Built: LeBaron

Model: 162-C
Years Built: 1928-1929
Name: 5p all-weather 3w brougham
Body Built By: LeBaron
TOTAL OF ABOVE   155

Model: 163A
Years Built: 1928-1929
Name: 4p sport phaeton
Body Built By: Locke
Total Built   600

Model: 163B
Years Built: 1928-1929
Name: 4p dual cowl & w.s. sport phaeton
Body Built By: Locke
Total Built: 175

Model: 164
Years Built: 1928-1929
Name: 7p sport touring
Body Built By: Locke
Total Built   600

Model: 165
Years Built: 1928-1930
Name: 2p & r.s. club-roadster
Body Built By: Lincoln
Total Built   600

Model:	**166A**
Years Built:	1928-1929
Name:	7p standard brougham
Body Built By:	Brunn
Total Built	10

Model:	**166B**
Years Built:	1928-1929
Name:	7p all-weather brougham
Body Built By:	Brunn
Total Built	125

Model:	**167**
Years Built:	1928-1929
Name:	5p conv sedan
Body Built By:	Dietrich
Total Built	100

Model:	**168A**
Years Built:	1929-1930
Name:	7p sedan
Body Built By:	Lincoln
Total Built	1,898

Model:	**168B**
Years Built:	1929-1930
Name:	7p limousine
Body Built By:	Lincoln
Total Built	1,332

Model:	**169A**
Years Built:	1929-1930
Name:	5p 2w town sedan
Body Built By:	Lincoln
Total Built	947

Model:	**169B**
Years Built:	1929-1930
Name:	5p 3w town sedan
Body Built By:	Lincoln
Total Built	2,177

Model:	**170**
Years Built:	1929-1930
Name:	2p coupe
Body Built By:	Judkins
Total Built	325

Model:	**171**
Years Built:	1929-1930
Name:	4p conv coupe

Body Built By:	Dietrich
Total Built	80

Model:	**172**
Years Built:	1929-1930
Name:	5p berline (172D, E-Sedans)
Body Built By:	Judkins
Total Built	450

Model:	**173A**
Years Built:	1929
Name:	5p 2w sedan
Body Built By:	Lincoln
Total Built	22

Model:	**173B**
Years Built:	1929
Name:	5p 3w sedan
Body Built By:	Lincoln
Total Built	436

Model:	**174**
Years Built:	1930
Name:	7p limousine
Body Built By:	Willoughby
Total Built	475

Model:	**175A**
Years Built:	1930
Name:	5p all-weather brougham
Body Built By:	Brunn
Total Built	58

Model:	**175B**
Years Built:	1930
Name:	5p all-weather lan
Body Built By:	Brunn
Total Built	36

Model:	**176A**
Years Built:	1930
Name:	4p sport phaeton
Body Built By:	Lincoln
Total Built	150

Model:	**176B**
Years Built:	1930
Name:	4p dual cowl & w.s. sport phaeton

Body Built By:	Lincoln
Total Built	119

Model:	**177**
Years Built:	1930
Name:	7p sport touring
Body Built By:	Lincoln
Total Built	119

Model:	**178**
Years Built:	1930
Name:	sport sedan
Body Built By:	LeBaron
Total Built	50

Model:	**179**
Years Built:	1930
Name:	4p coupe
Body Built By:	Lincoln
Total Built	484

Model:	**180A**
Years Built:	1930
Name:	2w all-weather brougham
Body Built By:	Brunn
Total Built	25

Model:	**180B**
Years Built:	1930
Name:	3w all-weather brougham
Body Built By:	Brunn
Total Built	50

Model:	**181**
Years Built:	1930
Name:	4p conv coupe
Body Built By:	Dietrich
Total Built	50

Model:	**182**
Years Built:	1930
Name:	5p conv sedan
Body Built By:	Dietrich
Total Built	50

Model:	**183**
Years Built:	1930
Name:	5p sedan
Body Built By:	Lincoln
Total Built	657

Model:	**184A**		**Model:**	**186**		**Model:**	**189**
Years Built:	1930		Years Built:	1930		Years Built:	1930
Name:	all-weather brougham		Name:	50 berline (186D, E-sedans)		Name:	convertible phaeton
Body Built By:	LeBaron		Body Built By:	Judkins		Body Built By:	Derham
Total Built	30		Total Built	100		Total Built	20

Model:	**184B**		**Model:**	**187**		**Model:**	**190**
Years Built:	1930		Years Built:	1930		Years Built:	1930
Name:	all-weather lan		Name:	4p panel brougham		Name:	2p coupe
Body Built By:	LeBaron		Body Built By:	Willoughby		Body Built By:	Judkins
Total Built	20		Total Built	5		Total Built	25

Model:	**185**		**Model:**	**188**		**Model:**	**191**
Years Built:	1930		Years Built:	1930		Years Built:	1930
Name:	convertible roadster		Name:	convertible roadster		Name:	sport road-ster
Body Built By:	LeBaron		Body Built By:	Derham		Body Built By:	Locke
Total Built	100		Total Built	30		Total Built	15

This concluded the "L" Series
1931 cars were known as the first series "K".
Model "L" began in 1923.

Lincoln Production By Series And Body Styles

1931

"K" Series 201 (V8-145")

202A	5p dual cowl sport phaeton	77
202B	5p sport phaeton	60
203	7p sport touring	45
204A	5p 2w town sedan	195
204B	5p 3w town sedan	447
205	5p sedan	552
206	5p coupe	225
207A	7p sedan	521
207B	7p limousine	387
208A	Brunn all-weather non-coll. cabr	
208B	Brunn all-weather semi-coll. cabr	30
209	Brunn all-weather brougham	34
	TOTAL	3,311

236	5p coupe	83
237A	7p sedan	266
237B	7p limousine	41
238	Brunn 5p all-weather cabr	14
239	Brunn 7p all-weather brougham	13
240	Dietrich 5p sport berline	8
241	Dietrich 5p conv sedan	20
242	Dietrich 2p coupe	17
243A	Judkins 5p 2w berline	
243B	Judkins 5p 3w berline	74
244	Judkins coupe	23
245	Willoughby 7p limousine	64
247	Waterhouse conv victoria	10
248	Murphy Conv roadster	112
249	Murphy sports roadster	3
	TOTAL	1,623

1932

"K" Series 501 all body styles (V8-136")	1,765

"KB" Series 231 (V12-145")

232A	Murphy dual cowl tonn phaeton	30
232B	Murphy standard sport phaeton	13
233	7p sport touring	24
234A	5p 2w town sedan	123
234B	5p 3w town sedan	200
235	5p sedan	216

1933

"KA" Series 511, all body styles (V12-136")	1,420

"KB" Series 251 (V12-145")

252A	4p tonn cowl sport phaeton	9
252B	4p sport phaeton	6
253	7p touring	6
254A	5p 2w town sedan	39
254B	5p 3w town sedan	41
255	5p sedan	52

1933 (cont'd)

256	5p victoria coupe	18
257A	7p sedan	110
257B	7p limousine	105
260	Dietrich 5p sport berline	15
261	Dietrich 5p conv sedan	15
	TOTAL	587

1934

"K" Series 521 (V12-136")   ?

"K" Series 271 (V12-145")

277A	7p sedan	210
277B	7p limousine	215
278	Brunn semi-coll cabr	13
279	Brunn 7p brougham	15
280	Dietrich conv roadster	25
281	Dietirch 5p conv sedan	25
282	Dietrich coupe	27
283A	Judkins 4p 2w berline	37
283B	Judkins 4p 3w berline	17
	TOTAL	2,149

1935

"K" Series 541 (V12-136")

542	LeBaron conv roadster	30
543	5p 2w sedan	170
544	5p 3w sedan	278
545	5p coupe (victoria style)	44
546	LeBaron conv sedan phaeton	20
547	Brunn conv victoria (2 versions)	15
548	LeBaron 2p coupe	23
	TOTAL	?

"K" Series 321 (V12-145")

302	7p touring	15
303A	7p sedan	351
303B	7p limousine	282
304A	Brunn semi-coll. cabr]	
304B	Brunn non-coll. cabr	13
305	Brunn 7p brougham	10
307	LeBaron conv sedan	20
308	Judkins 7p limousine	18
309A	Judkins 2w berline	34
309B	Judkins 3w berline	13
310	Willoughby limousine	40
311	Willoughby sport sedan	5
	TOTAL	?

1936

"Zephyr" Series

902	4d Sedan	12,272
	(with R.H.D. for export)	908
903	2d sedan	1,814
	TOTAL	14,994

"K" Series (V12-135/145")

323	7p touring	8
324A	5p 2w sedan	103
324B	5p 3w sedan	297
326	5p coupe	30
327A	7p sedan	368
327B	7p limousine	370
328	Brunn conv victoria	10
329A	Brunn 5p non-coll cabr	10
329B	Brunn 5p semi-coll cabr	10
330	LeBaron conv roadster w/r.s.	20
331	Brunn 7p brougham	?
332	LeBaron 2p coupe w/r.s.	25
333	LeBaron conv sedan phaeton	30
334	LeBaron conv sedan phaeton	15
335	Judkins 7p sedan limousine	26
337A	Judkins 5p 2w berline	51
337B	Judkins 5p 3w berline	13
339	Willoughby 7p limousine	62
341	Willoughby sport sedan	11
	TOTAL	?

1937

"Zephyr" Series

700	coupe sedan	1,500
720	3p coupe	5,199
730	4d sedan	23,159
737	town limousine	139
	TOTAL	29,997

"K" Series

353	Willoughby 7p touring	7
354A	5p 2w sedan	48
354B	5p 3w sedan	136
356	Willoughby 5p coupe	6
357A	7p sedan	212
357B	7p limousine	248
358	Brunn conv victoria	13
359A	Brunn non-coll cabr	10
359B	Brunn semi-coll cabr	7
360	LeBaron conv roadster	15
361	Brunn 7p brougham	29

1937 (cont'd)

362	LeBaron 2p coupe	24
363A	LeBaron conv sedan phaeton w/tonn. ws	12
363B	LeBaron conv sedan	37
365	Judkins sedan limousine	27
367A	Judkins 5p 2w berline	47
367B	Judkins 5p 3w berline	19
369	Willoughby limousine	60
371	Willoughby sport sedan	6
373	Willoughby panel brougham	4
375	Brunn touring cabr	10
	TOTAL	?

1938

"Zephyr" Series

700	coupe sedan	800
720	3p coupe	2,600
730	4d sedan	14,520
737	town limousine	130
740	4d conv sedan	461
760B	3p conv coupe	600
	TOTAL	19,111

"K" Series

403	Willoughby 7p touring	5
404A	5p 2w sedan	9
404B	5p 3w sedan	49
406	Willoughby 5p coupe	4
407A	7p sedan	78
407B	7p limousine	91
408	Brunn convertible victoria	8
409A	Brunn semi-coll. cabr	6
409B	Brunn non-coll. cabr	5
410	LeBaron conv roadster	8
411	Brunn brougham	13
412	LeBaron 2p coupe	12
413A	LeBaron conv sedan	15
413B	LeBaron con sedan w/tonn. cowl & gls. part.	7
415	Judkins 7p sedan lim	11
417A	Judkins 5p 2w berline	19
417B	Judkins 5p 3w berline	11
419	Willoughby 7p lim	46
421	Willoughby 5p sport sedan	4
423	Willoughby panel brougham	6
425A	Brunn 5p non-coll touring cabr ⎤	
425B	Brunn 5p semi-coll. touring cabr ⎦	9
	TOTAL	?

1939

"Zephyr" Series

H-70	coupe sedan	800
H-72	3p coupe	2,500

H-74	4d conv sedan	302
H-76	conv coupe	640
H-73	4d sedan	16,663
	TOTAL	20,905

"K" Series

403	Willoughby 7p touring	1
404A	5p 2w sedan	2
404B	5p 3w sedan	12
406	Willoughby 5p coupe	1
407A	7p sedan	25
407B	7p lim	58
408	Brunn conv victoria	2
409A	Brunn 5p non-coll.cabr	1
409B	Brunn 5p semi-coll. cabr	1
410	LeBaron conv roadster	2
411	Brunn 7p brougham	2
412	LeBaron 2p coupe	4
413A	LeBaron conv sedan phaeton	3
413B	LeBaron conv sedan phaeton w/gls. par.	6
415	Judkins 7p lim	2
417A·	Judkins 5p 2w berline	2
417B	Judkins 5p 3w berline	1
419	Willoughy 7p lim	4
421	Willoughby 5p sport sedan	1
423	Willoughby panel brougham	1
425	Brunn touring cabr	2
	TOTAL	?

1940

"Zephyr" Series

72A	3p coupe	1,256
72AS	5p coupe	316
73	4d sedan	15,764
76	convertible	700
77	club coupe	3,500
	SUB-TOTAL	21,536
	Continental convertible	54
	Continental club coupe	350
	TOTAL	21,940

"Custom" Series

H-32	7p lim	4
H-36	town car	4
	TOTAL	8

1941

"Continental" Series

57	coupe	850
65	conv cabr	400
	TOTAL	1,250

1941 (cont'd)

"Custom" Series

31	7p 4d sedan	355
32	limousine	295
	TOTAL	650

"Zephyr" Series

72A	3p coupe	972
72B	5p coupe	178
73	4d sedan	14,469
76	convertible	725
77	5p club coupe	3,750
	TOTAL	20,094

1942

"Continental" Series

56	cabriolet	136

57	club coupe	200
	TOTAL	336

"Custom" Series

31	7p sedan	47
32	custom lim	66
	TOTAL	113

"Zephyr" Series

72A	3p coupe	1,236
72B	5p coupe	20
73	4d sedan	4,418
76	convertible	191
77A	club coupe	253
	TOTAL	6,118

Lincoln and Continental Post War Model Year Production
(Includes Canadian Production)

1946 Lincoln   16,645

1947 Lincoln   21,460

1948 Lincoln

125" w.b.		6,119
Continental		1,650
	TOTAL LINCOLN	7,769

1949 Lincoln

121" w.b.		38,384
125" w.b.		35,123
	TOTAL LINCOLN	73,507

1950 Lincoln

L-72 6p Coupe		5,748
L-74 Sport Sedan		11,741

Cosmopolitan		
H-72 6p Coupe		1,824
H-74 Sport Sedan		8,341
H-76 Convertible		536
	TOTAL LINCOLN	28,190

1951 Lincoln

Lincoln		
L-72 6p Coupe		4,482
L-74 Sport Sedan		12,279

Cosmopolitan		
M-72 6p Coupe		2,727
M-74 Sport Sedan		12,229
M-76 Convertible		857
	TOTAL LINCOLN	32,574

1952 Lincoln

Cosmopolitan		
60A Capri Coupe		5,681
60C Sport Coupe		4,545
73A-B 4d Sedan		15,854
76A Capri Conv		1,191
	TOTAL LINCOLN	27,271

1953 Lincoln

Cosmopolitan		
60C Sport Coupe		6,562
73A 4d Sedan		7,560

Capri		
60A Coupe		12,916
73B 4d Sedan		11,352
76A Convertible		2,372
	TOTAL LINCOLN	40,762

1954 Lincoln

Cosmopolitan		
60C Sport Coupe		2,994
73A 4d Sedan		4,447

Capri		
60A Coupe		14,003
73B 4d Sedan		13,598
76A Convertible		1,951
	TOTAL LINCOLN	36,993

1955 Lincoln

Lincoln		
60C Sport Coupe		1,362
73A 4d Sedan		2,187

Capri		
60A Coupe Hardtop		11,462
73B 4d Sedan		10,724
76A Convertible		1,487
	TOTAL LINCOLN	27,222

Continental II

60A Sport Coupe		1,231

1956

Continental

Mark II		
60A Sport Coupe		1,325

1956 (cont'd)

Lincoln

Capri
60E	Sport Coupe	4,355
73A	4d Sedan	4,436

Premiere
60B	Coupe Hardtop	19,619
73B	4d Sedan	19,465
76B	Convertible	2,447
	TOTAL LINCOLN	50,322

1957

Continental Mark II

60A	Sport Coupe	444

Lincoln

Capri
57A	Landau 4d Hardtop	1,451
58A	4d Sedan	1,476
60A	2d Hardtop Coupe	2,973

Premiere
57B	Landau 4d Hardtop	11,223
58B	4d Sedan	5,139
60B	2d Hardtop	15,185
76B	Convertible	3,676
	TOTAL LINCOLN	41,123

1958 Lincoln

Capri
53A	4d Sedan	1,184
57A	4d Hardtop	3,084
63A	2d Hardtop	2,591

Premiere
53B	4d Sedan	1,660
57B	4d Hardtop	5,572
63B	2d Hardtop	3,043

Continental
54A	4d Sedan	1,283
65A	2d Hardtop	2,328
68A	2d Convertible	3,048
75A	4d Hardtop	5,891
	TOTAL LINCOLN	29,684

1959 Lincoln

Capri
53A	4d Sedan	1,312
57A	4d Hardtop	4,417
63A	2d Hardtop	2,200

Premiere
53B	4d Sedan	1,282
57B	4d Hardtop	4,606
63B	2d Hardtop	1,963

Continental
23A	Executive Limousine	49
23B	Formal Sedan	78
54A	4d Sedan	955
65A	2d Hardtop	1,703
68A	2d Convertible	2,195
75A	4d Hardtop	6,146
	TOTAL LINCOLN	26,906

1960 Lincoln

Lincoln
53A	4d Sedan	1,093
63A	2d Hardtop	1,670
57A	4d Hardtop	4,397

Premiere
53B	4d Sedan	1,010
63B	2d Hardtop	1,364
57B	4d Hardtop	4,200

Continental
54A	4d Sedan	807
65A	2d Hardtop	1,461
75A	4d Hardtop	6,604
68A	Convertible	2,044
23A	Limousine	34
23B	Formal Sedan	136
	TOTAL LINCOLN	24,820

1961 Lincoln

57C	4d Hardtop	4
53A	4d Continental Sed	22,303
74A	4d Continental Conv	2,857
	TOTAL LINCOLN	25,164

1962 Continental

53A	4d Sedan	27,849
74A	4d Convertible	3,212
	TOTAL CONTINENTAL	
		31,061

1963 Continental

53A	4d Sedan	28,095
74A	4d Convertible	3,138
	TOTAL CONTINENTAL	
		31,233

1964 Continental

53A	4d Sedan	32,969
74A	Convertible	3,328
	TOTAL CONTINENTAL	
		36,297

1965 Lincoln Continental

53A	4d Sedan	36,824
74A	Convertible	3,356
	TOTAL LINCOLN CONTI-NENTAL	40,180

1966 Lincoln Continental

53A	4d Sedan	35,809
65A	2d Hardtop	15,766
74A	4d Convertible	3,180
	TOTAL LINCOLN CONTI-NENTAL	54,755

1967 Lincoln

53A	4d	32,331
65A	2d Hardtop	11,060
74A	4d Convertible	2,276
	TOTAL LINCOLN	45,667

1968 Lincoln

Continental

53A	4d Sedan	29,719
65A	2d Coupe	9,415
	TOTAL LINCOLN-CONTI-NENTAL	39,134

Mark III

65A	2d Hardtop	7,770

1969 Lincoln

53A	4d Hardtop	29,258
65A	2d Hardtop	9,032
	TOTAL LINCOLN	38,290

Mark III

65A	2d hardtop	23,088

1970 Lincoln

53A	4d Sedan	28,622
65A	2d Hardtop	9,073
	TOTAL LINCOLN	37,695

Mark III

65A	2d Hardtop	21,432

1971 Lincoln

53A	4d Sedan	27,346
65A	2d Hardtop	8,205
	TOTAL LINCOLN	35,551

Mark III

65A	2d Hardtop	27,091

1972 Lincoln

53A	4d Sedan	35,561
65A	2d Hardtop	10,408
	TOTAL LINCOLN	45,969

Mark IV

65D	2d Hardtop	48,591

1973 Lincoln

Continental

53A	4d Sedan Hardtop	45,288
65A	2d Hardtop	13,348
	TOTAL LINCOLN	58,636

Mark IV

65D	2d Hardtop	69,437

1974 Lincoln

53A	4d	29,351
65A	2d Hardtop	7,318
	TOTAL LINCOLN	36,669

Mark IV

65D	2d Hardtop	57,316

1975 Lincoln

53B	4d Sedan Hardtop	33,513
60B	2d Hardtop	21,185
	TOTAL LINCOLN	54,698

Mark IV

65D	2d Hardtop	47,145

Mercury Calendar Year Production

1939	76,198	1957	274,820
1940	82,770	1958	128,428
1941	80,085	1959	156,765
1942	4,430	1960	359,818
1945	2,848	1961	311,635
1946	70,955	1962	335,446
1947	124,612	1963	292,086
1948	154,702	1964	320,660
1949	203,339	1965	355,404
1950	334,081	1966	334,858
1951	238,854	1967	284,503
1952	195,261	1968	421,252
1953	320,369	1969	354,444
1954	256,730	1970	310,463
1955	434,911		
1956	246,629		

Mercury New Passenger Car Registrations

1938	6,835	1958	136,162
1939	65,884	1959	157,972
1940	80,418	1960	308,239
1941	81,874	1961	309,098
1946	61,187	1962	321,817
1947	111,198	1963	288,884
1948	137,512	1964	311,574
1949	186,629	1965	331,367
1950	318,217	1966	308,049
1951	233,339	1967	295,511
1952	185,883	1968	367,515
1953	287,717	1969	352,137
1954	269,926	1970	310,375
1955	371,837	1971	327,099
1956	274,603	1972	373,662
1957	260,573		

Mercury Post War Model Year Production
(Includes Canadian Production)

1946 Mercury

2d Sedan	13,108
Town Sedan	40,280
Sedan Coupe	24,163
Conv Club Cpe	6,044
Sportsman Conv Cpe	200
Station Wagon	2,797
Chassis, Open Drive, Frt End	4
Chassis, Closed Drive, Frt End	3
Chassis Only	4
TOTAL MERCURY	86,603

1947 Mercury

2d Sedan	34
Town Sedan	43,281
Sedan Coupe	29,284
Convertible Coupe	10,221
Station Wagon	3,558
Chassis, Open Drive, Frt End	5
TOTAL MERCURY	86,383

1948 Mercury

Town Sedan	24,283
Sedan Coupe	16,476
Convertible Coupe	7,586
Station Wagon	1,889
Windshield	34
TOTAL MERCURY	50,268

1949 Mercury

Coupe 6p	120,616
Sport Sedan	155,882
Convertible 6p	16,765
Station Wagon	8,044
Chassis Only	10
Windshield	2
TOTAL MERCURY	301,319

1950 Mercury

M-72 6p Coupe	151,489
M-74 Sport Sedan	132,082
M-76 Convertible	8,341
M-79 Station Wagon	1,746
TOTAL MERCURY	293,658

1951 Mercury

M-72 6p Coupe	142,168
M-74 Sport Sedan	157,648
M-76 Convertible	6,759
M-79 Station Wagon	3,812
TOTAL MERCURY	310,387

1952 Mercury

60B Monterey Coupe	24,453
60E Sport Coupe	30,599
70B 2d Sedan	25,812
73B-C 4d Sedan	83,475
76B Monterey Conv	5,261
79B-D Station Wagon	2,487
TOTAL MERCURY	172,087

1953 Mercury

Mercury

60E Sport Coupe	39,547
70B 2d Sedan	50,183
73B 4d Sedan	59,794

Monterey

60B Coupe	76,119
73C 4d Sedan	64,038
76B Convertible	8,463
79B Station Wagon	7,719
TOTAL MERCURY	305,863

1954 Mercury

Mercury

60E Sport Coupe	15,234
70B 2d Sedan	37,146
73B 4d Sedan	32,687

Monterey

60B Coupe	79,533
60F Sun Valley	9,761
73C 4d Sedan	65,995
76B Convertible	7,293
79B Station Wagon	11,656
TOTAL MERCURY	259,305

1955 Mercury

Mercury

60E	Sport Coupe	7,040
70B	2d Sedan	31,295
73B	4d Sedan	21,219
79B	Station Wagon	14,134

Monterey

60B	Coupe Hardtop	69,093
73C	4d Sedan	70,392
79C	Station Wagon	11,968

Montclair

58A	4d Sedan	20,624
64A	Coupe Hardtop	71,588
64B	Coupe Sun Valley	1,787
76B	Convertible	10,668
	TOTAL MERCURY	329,808

1956 Mercury

Medalist

57D	4d Phaeton	6,685
64E	Sport Coupe Hardtop	11,892
70C	2d Sedan	20,582
73D	4d Sedan	6,653

Custom

57C	Phaeton	12,187
64D	Sport Coupe Hardtop	20,857
70B	2d Sedan	16,343
73B	4d Sedan	15,860
76A	Convertible	2,311
79A	Station Wagon 9p	9,292
79D	Station Wagon 6p	8,478

Monterey

57B	Phaeton	10,726
58B	4d Sp Sedan	11,765
64C	Sport Coupe Hardtop	42,863
73C	4d Sedan	26,735
79C	Station Wagon 9p	13,280

Montclair

57A	Phaeton	23,493
58A	4d Sp Sedan	9,617
64A	Sport Coupe	50,562
76B	Convertible	7,762
	TOTAL MERCURY	327,943

1957 Mercury

Monterey

57A	Phaeton Sedan	22,475
58A	4d Sedan	53,839
63A	Phaeton Coupe	42,199
64A	2d Sedan	33,982
76A	Convertible	5,033

Montclair

57B	Phaeton Sedan	21,567
58B	4d Sedan	19,836
63B	Phaeton Coupe	30,111
76B	Convertible	4,248

Turnpike Cruiser

65A	2d	7,291
75A	4d	8,305
76S	Convertible	1,265

Sta. Wgn.

56A	Commuter 2d 6p	4,885
77A	Commuter 4d 6p	11,990
77C	Commuter 4d 8p	5,752
77B	Colony Pk. 4d 8p	7,386
56B	Voyager 2d 6p	2,283
77D	Voyager 4d 8p	3,716
	TOTAL MERCURY	286,163

1958 Mercury

Medalist

58C	4d Sedan	10,982
64B	2d Sedan	7,750

Monterey

57A	Phaeton Sedan	6,909
58A	4d Sedan	28,892
63A	Phaeton Coupe	13,693
64A	2d Sedan	10,526
76A	Convertible	2,292

Montclair

57B	Phaeton Sedan	3,609
58B	4d Sedan	4,801
63B	Phaeton Coupe	5,012
65A	2d Turnpike Cruiser	2,864
75A	4d Turnpike Cruiser	3,543
76B	Convertible	844

Parklane

57C	Phaeton Sedan	5,241
63C	Phaeton Coupe	3,158
76C	Convertible	853

Sta. Wgn.

56A	2d Commuter 6p	1,912
77A	4d Commuter 6p	8,601
77C	4d Commuter 9p	4,227
56B	2d Voyager 6p	568
77D	4d Voyager 9p	2,520
77B	4d Colony Park 9p	4,474
	TOTAL MERCURY	133,271

1959 Mercury

Monterey

57A	4d Hardtop	11,355
58A	4d Sedan	43,570
63A	2d Hardtop	17,232
64A	2d Sedan	12,694
76A	Convertible	4,426

Montclair

57B	4d Hardtop	6,713
58B	4d Sedan	9,514
63B	2d Hardtop	7,375

Parklane

57C	4d Hardtop	7,206
63C	2d Hardtop	4,060
76C	Convertible	1,257

Sta. Wgn.

56A	2d Commuter 6p	1,051
77A	4d Commuter 6p	15,122
77B	4d Colony Park 6p	5,929
77D	4d Voyager 6p	2,496
	TOTAL MERCURY	150,000

1960 Comet

54A	4d Sedan	47,416
62A	2d Sedan	45,374
59A	2d Wagon	5,115
71A	4d Wagon	18,426
	TOTAL COMET	116,331

Mercury

Monterey

64A	2d Sedan	21,557
58A	4d Sedan	49,594
63A	2d Hardtop	15,790
57A	4d Hardtop	9,536
76A	Convertible	6,062

Montclair

58B	4d Sedan	8,510
63B	2d Hardtop	5,756
57B	4d Hardtop	5,548

Parklane

63F	2d Hardtop	2,974
57F	4d Hardtop	5,788
76D	Convertible	1,525

Sta. Wgn.

77A	4d Commuter	14,949
77B	4d Colony Park	7,411
	TOTAL MERCURY	155,000

1961 Comet

62A	2d Sedan	71,563

S-22

62A	2d Sedan	14,004
54A	4d Sedan	85,332

Wagon

59A	2d	4,199
71A	4d	22,165
	TOTAL COMET	197,263

Mercury

Meteor "600"

64A	2d Sedan	18,117

Meteor "800"

62A	2d Sedan	35,005

Monterey

54B	4d Sedan	22,881
75B	4d Hardtop	9,252
76A	Convertible	7,053
65B	2d Hardtop	10,942

Sta. Wgn.

71C	Meteor "600" 4d	6
71A	Meteor "800" 4d	8,945
71B	Colony Park	7,887
	TOTAL MERCURY	120,088

1962 Mercury

Monterey

62A	2d Sedan	5,117
54A	4d Sedan	18,975
65A	2d Sedan	5,328
75A	4d Sedan	2,691

Monterey Custom

54B	4d Sedan	27,591
65B	2d Hardtop	10,814
75B	4d Hardtop	8,932
76A	2d Convertible	5,489
65C	2d Hardtop Bucket Seats	2,772
76B	Convertible Bucket Seats	1,315

Sta. Wgn.

71A	4d Commuter	8,389
71B	4d Colony Park	9,596
	TOTAL MERCURY	107,009

Meteor

62A	2d Sedan	11,550
54A	4d Sedan	18,708

Meteor Custom

54B	4d Sedan	23,484
62B	2d Sedan	9,410
62C	2d Sedan Bucket Seats	5,900
	TOTAL METEOR	69,052

Comet

62A	2d Sedan	73,880
54A	4d Sedan	70,227

Sta. Wgn.

59A	2d Station Wagon	2,121
71A	4d Station Wagon	16,759
71C	4d Squire Wagon	2,318
	TOTAL COMET	165,305

1963 Mercury

Monterey

62A	2d Sedan	4,640
54A	4d Sedan	18,177
65A	2d Hardtop	3,879
75A	4d Hardtop	1,692

Monterey Custom

54B	4d Sedan	39,542
65B	2d Hardtop	10,693
75B	4d Hardtop	8,604
76A	Convertible	3,783
65C	2d Hardtop (Bucket Seats)	3,863
76B	Convertible (Bucket Seats)	1,379
75C	4d Hardtop (Bucket Seats)	1,203
63B	2d Hardtop Fastback	7,298
63C	2d Hardtop Fastback (Bucket Seats)	
		2,319

Sta. Wgn.

71B	Colony Park 6p	6,447
71D	Colony Park 9p	7,529
	TOTAL MERCURY	121,048

Comet

Standard

62A	2d Sedan	24,351

Deluxe

62B	2d Sedan	11,897

S-22

62B	2d Sedan	6,303

Standard

54A	4d Sedan	24,230

Deluxe

54B	4d Sedan	27,498

Standard

63B	2d Hardtop	9,432

S-22

63C	2d Hardtop	5,807

Standard

76A	Convertible	7,354

S-22

76B	Convertible	5,757

Sta. Wgn.

59A	2d Wagon Standard	623
59B	2d Wagon Deluxe	272
71A	4d Wagon Standard	4,419
71B	4d Wagon Deluxe	5,151
71C	4d Squire	1,180
71D	4d Squire (Bucket Seats)	349
	TOTAL COMET	134,623

Meteor

Standard

62A	2d Sedan	3,935
54A	4d Sedan	9,183

Custom

62B	2d Sedan	2,704
54B	4d Sedan	14,498
65A	2d Hardtop	7,565
65B	2d Hardtop (Bucket Seats)	4,865

Sta. Wgn.

71B	Meteor 6p	2,359
71C	Meteor 8p	545
71A	Meteor Custom 8p	1,047
71E	Meteor Custom 6p	2,589
71D	Country Cruiser 6p	745
71F	Country Cruiser 8p	740
	TOTAL METEOR	50,775

1964 Mercury

Monterey

62A	2d Sedan	3,932
54A	4d Sedan	20,234

1964 Mercury (cont'd)

65A	2d Hardtop	2,926
63A	2d Hardtop Fastback	8,760
76A	Convertible	2,592
57A	4d Hardtop Fastback	4,143

Montclair

54B	4d Sedan	15,520
65B	2d Hardtop	2,329
63D	2d Hardtop Fastback	6,459
57D	4d Hardtop Fastback	8,655

Parklane

54F	4d Sedan	6,230
65F	2d Hardtop	1,172
75F	4d Hardtop	2,402
76F	Convertible	1,082
57F	4d Hardtop Fastback	3,658
63F	2d Hardtop Fastback	1,052
65C	2d Hardtop (Bucket Seats)	614
76C	Convertible (Bucket Seats)	885
63C	2d Hardtop Fastback (Bucket Seats)	1,669
57C	4d Hardtop Fastback (Bucket Seats)	847

Sta. Wgn.

71A	Commuter 6p	3,484
71C	Commuter 9p	1,839
71B	Colony Park 6p	4,234
71D	Colony Park 9p	5,624
	TOTAL MERCURY	110,342

Comet

"202"

62A	2d Sedan Standard	33,824
54A	4d Sedan Standard	29,147

"404"

62B	2d Sedan Custom	11,749
62C	2d Sedan Custom (Bucket Seats)	763
54B	4d Sedan Custom	25,136

Caliente

54D	4d Sedan	25,847
54C	4d Sedan (Bucket Seats)	1,371
63D	2d Hardtop	22,694
63C	2d Hardtop (Bucket Seats)	8,510
76D	Convertible	6,390
76B	Convertible (Bucket Seats)	2,649
63E	2d Hardtop Cyclone (Bucket Seats)	7,454

Sta. Wgn.

71A	4d Wagon Standard	5,504
71B	4d Wagon Custom	6,918
71C	4d Squire	1,980
	TOTAL COMET	189,936

1965 Comet

Comet "202"

62A	2d Sedan	32,425
54A	4d Sedan	23,501

Comet "404"

62B	2d Sedan	10,438
62C	2d Bucket Seats	462
54B	4d Sedan	18,628

Caliente

54D	4d Sedan	20,337
63C	2d Hardtop Bucket Seats	4,116
63D	2d Hardtop	25,131
76B	Convertible Bucket Seats	1,280
76D	Convertible	4,755

Cyclone

63E	2d Hardtop Bucket Seats	12,347

Sta. Wgn.

71A	4d Wagon Standard	4,814
71B	4d Wagon Custom	5,226
71C	4d Villager	1,592
	TOTAL COMET	165,052

Mercury

Monterey

62A	2d Sedan	5,775
54A	4d Sedan	23,363
63A	2d Hardtop Fastback	15,843
76A	Convertible	4,467
57A	4d Hardtop Fastback	10,047
50A	4d Sedan Drop Back Lite	19,569
63G	2d Hardtop Fastback Bucket Seats	1,014
78G	2d Convertible Bucket Seats	295

Montclair

50B	4d Sedan Drop Back Lite	18,924
63B	2d Hardtop Fastback	9,645
57B	4d Hardtop Fastback	16,977

Parklane

57F	4d Hardtop Fastback Bench Seats	14,211
67F	2d Hardtop Fastback Bench Seats	5,111

Mercury (cont'd)

50F 4d Sedan Drop Back Lite Bench Seats
                                    8,335
76F Convertible Bench Seats   2,084
63C 2d Hardtop Fastback Bucket Seats
                                    1,742
76C Convertible Bucket Seats   922

Sta. Wgn.
71B Commuter 6p   5,453
71C Commuter 9p   2,628
71E Colony Park 6p   6,910
71A Colony Park 9p   8,384
          TOTAL MERCURY 181,699

1966 Mercury

Monterey
50A 4d Retractible Back Light   14,174
62A 2d   2,487
54A 4d   18,998
76A Convertible   3,279
63A 2d Fastback   19,103
57A 4d Fastback   7,647

S-55
76G Convertible   669
63G 2d Fastback   2,916

Montclair
50B 4d Retractible Back Light (Canada Only)
                                    2,964
54B 4d   11,856
63B 2d Fastback   11,290
57B 4d Fastback   15,767

Parklane
50F 4d Retractible Back Light   8,696
76F Convertible   1,944
76C Convertible Bucket Seats   602
63F 2d Fastback   7,249
57F 4d Fastback   19,204
63C 2d Fastback Bucket Seats   1,105

Sta. Wgn.
71B Commuter 6p   3,970
71C Commuter 9p   2,877
71E Colony Park 6p   7,190
71A Colony Park 9p   11,704
          TOTAL MERCURY 175,691

Comet

"202"
62A 2d Sedan   35,964
54A 4d Sedan   20,440

Capri
63B 2d Hardtop   15,031
54B 4d Sedan   15,635

Caliente
54D 4d Sedan   17,933
63D 2d Hardtop   22,787
63C 2d Hardtop Bucket Seats   3,075
76D Convertible   3,298
76B Convertible Bucket Seats   624

Cyclone
63E 2d Hardtop   6,889
63H 2d GT Hardtop   13,812
76C Convertible   1,305
76H GT Convertible   2,158

Sta. Wgn.
71A Voyager   7,595
71C Villager   3,880
          TOTAL COMET 170,426

Meteor

Rideau
62X 2d Sedan   1,798
54X 4d Sedan   9,949

Rideau "500"
62T 2d Sedan   778
54T 4d Sedan   6,110

Montcalm
54A 4d Sedan   2,238
63A 2d Fastback   4,316
57A 4d Fastback   1,625
76A Convertible   1,170
63G 2d Fastback S-33   1,414
76G Convertible S-33   514

Sta. Wgn.
71X Rideau "500" 6p   1,416
71T Rideau "500" 10p   492
71B Montcalm 6p   415
71C Montcalm 10p   314
          TOTAL METEOR 32,549

1967 Mercury

Monterey
54A 4d Fixed Back Lite   15,177
54B 4d Drop Back Lite   5,910
57A 4d Hardtop   8,013
63A 2d Hardtop   16,910
76A Convertible   2,673

1967 Mercury (cont'd)

Monterey S-55

63G	2d Hardtop Bucket	570
76G	Convertible	145

Montclair

54C	4d Fixed Back Lite	5,783
54D	4d Drop Back Lite	4,151
57B	4d Hardtop	5,870
63B	2d Hardtop	4,118

Parklane

54E	4d Drop Back Lite	4,163
57F	4d Hardtop	5,412
63F	2d Hardtop	2,196
76F	Convertible	1,191

Parklane Brougham

54J	4d Drop Back Lite	3,325
57C	4d Hardtop	4,189

Marquis

63D	2d Hardtop	6,510

Sta. Wgn.

71B	Commuter 6p	3,447
71C	Commuter 10p	4,451
71E	Colony Park 6p	5,775
71A	Colony Park 10p	12,915
	TOTAL MERCURY	122,894

Comet

Comet "202"

54A	4d	10,281
62A	2d	14,251

Comet Capri

54B	4d	9,292
63B	2d Hardtop	11,671

Comet Caliente

54D	4d	9,153
63D	2d	9,966
76D	Convertible	1,539

Comet Cyclone

63E	2d Hardtop Bucket	2,682
76C	Convertible Bucket	431

Comet GT

63H	2d Hardtop Bucket	3,419
76H	Convertible Bucket	378

Sta. Wgn.

71A	4d Voyager	4,930
71C	4d Villager	3,140
	TOTAL COMET	81,133

Cougar

65A	2d Hardtop Bucket	116,260
65C	2d Hardtop	7,412
65B	2d Hardtop Bucket Lux.	27,221
	TOTAL COUGAR	150,893

1968 Montego

Comet

65A	2d Hardtop	16,693

Montego

54B	4d Sedan	18,492
65B	2d Hardtop	15,002

Montego MX

54D	4d Sedan	15,264
65D	2d Hardtop Bench	23,685
65E	2d Hardtop Bucket	2,142
76B	Convertible Bucket	962
76D	Convertible Bench	2,286

Brougham

54C	4d Sedan	3,149
65C	2d Hardtop	2,472

Cyclone

63A	2d Fastback	3,676
65F	2d Hardtop	578
63C	2d Fastback Bucket	2,489
65G	2d Hardtop Bucket	456

Cyclone GT

63H	2d Fastback	6,105
65H	2d Hardtop Bucket	334

Sta. Wgn.

71C	4d Montego MX	9,328
	TOTAL MONTEGO	123,113

Mercury

Monterey

54A	4d Fixed Back Lite	26,735
54B	4d Drop Back Lite	3,992
63A	2d Hardtop	15,845
57A	4d Hardtop	8,927
76A	Convertible	1,515

Mercury (cont'd)

Montclair

54C	4d Fixed Back Lite	5,373
54D	4d Drop Back Lite	1,882
63B	2d Hardtop	3,497
57B	4d Hardtop	4,008

Parklane

54E	4d Drop Back Lite	4,748
63F	2d Hardtop	2,584
57F	4d Hardtop	6,359
76F	Convertible	1,112

Brougham

54J	4d	1,660
57C	4d Hardtop	4,031

Marquis

63D	2d Hardtop	3,965

Sta. Wgn.

71B	Commuter 6p	3,497
71C	Commuter 9-10p	5,191
71E	Commuter 6p	5,674
71A	Colony Park 9-10p	15,505
	TOTAL MERCURY	126,100

Meteor

Rideau

54B	4d	5,747

Rideau "500"

54B	4d	3,787
63B	2d Hardtop	6,627

Montcalm

54C	4d	1,507
63C	2d Hardtop	1,157
63D	2d Hardtop	1,418
57C	4d Hardtop	1,289
76C	Convertible	468

Meteor S-33

62E	2d Hardtop (Bucket Seats)	492
76E	Convertible (Bucket Seats)	188

LeMoyne

63F	2d Hardtop	568
57F	4d Hardtop	514
76F	Convertible	115

Rideau "500"

71B	6p	1,113

71C	10p	544

Montcalm
Station Wagon

71E	6p	317
71A	10p	256
	TOTAL METEOR	26,107

Cougar

65A	2d Hardtop	78,337
65B	2d Hardtop Deluxe	32,712
65C	2d Hardtop (Bench Seats)	2,677
	TOTAL COUGAR	113,726

1969 Cougar

65A	2d Hardtop	64,716
65B	2d Hardtop Deluxe	23,918
65C	2d Hardtop (Bench Seats)	1,615
76A	Convertible	5,796
76B	Convertible Deluxe	4,024
	TOTAL COUGAR	100,069

Montego

Comet

65A	2d Hardtop Formal	14,104

Montego

54B	4d	21,950
65B	2d Hardtop Formal	17,785

Montego MX

54D	4d	16,148
65D	2d Hardtop Formal	21,683
76D	Convertible	1,362
76B	Convertible (Bucket Seats)	363
65E	Hardtop Formal (Bucket Seats)	1,477
54C	4d Brougham	1,590
65C	2d Brougham Hardtop Formal	1,226

Montego Cyclone

63A	2d Hardtop Fastback	5,882
63C & 63H	2d Hardtop Fastback (Bucket Seats)	3,261

Montego MX Wagon

71A	Woodgrain	3,621
71C		6,969
	TOTAL MONTEGO	117,421

Mercury

Monterey
54A 4d	23,009
57A 4d Hardtop	6,066
65A 2d Hardtop Formal	9,865
76A Convertible	1,297

Monterey Custom
54C 4d	7,103
57B 4d Hardtop	2,827
65B 2d Hardtop Formal	2,898

Marquis
53F 4d Hardtop Sedan	15,171
57F 4d Hardtop	13,543
65F 2d Hardtop Formal	8,798
76F Conv	2,319
53M 4d Hardtop Sedan	1,616
57M 4d Hardtop	880
65M 2d Formal	1,109

Brougham
53C 4d Hardtop Sedan	14,601
57C 4d Hardtop	14,966
65C 2d Hardtop Formal	8,395

Marauder
63G 2d Hardtop Fastback	9,031

Marauder X-100
63H 2d Hardtop Fastback	5,635

Sta. Wgn.
71B Monterey 6p	2,005
71C Monterey 9p	3,839
71F Monterey Custom 6p	951
71G Monterey Custom 9p	969
71E Colony Park 6p	7,601
71F Colony Park 9p	18,003
TOTAL MERCURY	182,497

Meteor

Rideau
54A 4d	4,322

Rideau "500"
54B 4d	3,925
65B 2d Hardtop Formal	8,565

Montcalm
54C 4d	1,195
57C 4d Hardtop	1,270
65C 2d Hardtop Formal	1,793
76C Conv	441

Montcalm S-33
65E 2d Hardtop Formal	447
76E Conv	163

LeMoyne
57F 2d Hardtop	592
64F 2d Hardtop Formal	503

Sta. Wgn.
71B Rideau "500" 6p	1,022
71C Rideau "500" 10p	484
71C Montcalm 6p	345
71A Montcalm 10p	248
TOTAL METEOR	25,315

1970 Cougar

65A 2d Hardtop (Bucket Seats)	49,479
65B 2d Hardtop XR7	18,565
76A Convertible	2,322
76B Convertible XR7	1,977
TOTAL COUGAR	72,343

Montego

54A 4d Sedan	13,988
65A 2d Hardtop	21,298
54B 4d Montego MX	16,708
65B 2d Montego MX Hdtp (Bench Seats)	14,962
65E 2d Montego MX Hdtp (Bucket Seats)	571
54D 4d Montego MX Brogham	3,315
65D 2d Montego MX Brougham Hdtp	8,074
57D 4d Montego MX Brougham Hdtp	3,685
65F 2d Montego Cyclone Hdtp (Bench Seats)	1,695
65G 2d Montego Spoiler Hdtp (Bucket Seats)	1,631
65H 2d Montego GT Hdtp	10,170

Sta. Wgn.
71C Montego Wagon	5,094
71A Montego MX Woodgrain	2,682
TOTAL MONTEGO	103,873

Mercury

Monterey
54A 4d	29,432
57A 4d Hardtop	5,032
65A 2d Hardtop	9,359
76A Convertible	581

Mercury (cont'd)

Monterey Custom
54C	4d	4,823
57B	2d Hardtop	1,194
65B	2d Hardtop Formal	1,357

Marquis
53F	4d Hardtop Sedan	13,251
57F	4d Hardtop	7,707
65F	2d Hardtop Formal	5,400
76F	2d Convertible	1,233
53M	4d Hardtop Sedan	1,143
57M	4d Hardtop	704
65M	2d Hardtop Formal	829

Brougham
53C	4d Hardtop Sedan	14,920
57C	4d Hardtop	11,623
65C	2d Hardtop Formal	7,113

Marauder
63G	2d Hardtop	3,397
63H	2d X-100	2,646

Monterey Wagon
71B	6p	1,657
71C	10p	3,507

Monterey Wagon Custom
71F	6p	959
71G	10p	1,429

Marquis Colony Park
71E	6p	4,655
71A	10p	14,549
	TOTAL MERCURY	148,500

Meteor

Rideau
54A	4d	2,716

Rideau "500"
54B	4d	2,596
65B	2d Hardtop Formal	5,401

Montcalm
54C	4d Sedan	662
57C	4d Hardtop	758
65C	2d Hardtop Formal	1,397
76C	Conv	131

S-33
65E	2d Hardtop Formal	254
76E	Conv	95

LeMoyne
57F	4d Hardtop	266
65F	2d Hardtop Formal	215

Sta. Wgn.
71B	Rideau "500" 6p	763
71C	Rideau "500" 10p	346
71E	Montcalm 6p	205
71A	Montcalm 10p	126
	TOTAL METEOR	15,931

1971 Montego

Montego
54A	4d Sedan	5,718
65A	2d Hardtop	9,623

Montego MX
54B	4d Sedan	13,559
65B	2d Hardtop	13,719

Montego MX Brougham
54D	4d Sedan	1,565
57D	4d Hardtop	1,156
65D	2d Hardtop	2,851

Cyclone
65F	2d Hardtop	444
65G	2d Hardtop Spoiler (Bucket Seats)	353
65H	2d Hardtop GT	2,287

Sta. Wgn.
71C	Montego MX	3,698
71A	Villager	2,121
	TOTAL MONTEGO	57,094

Cougar

Standard
65D	2d Hardtop	34,008
76D	Convertible	1,723

XR7
65F	2d Hardtop	25,416
76F	Convertible	1,717
	TOTAL COUGAR	62,864

Comet

62B	2d Sedan	54,884
54B	4d Sedan	28,116
	TOTAL COMET	83,000

Meteor

Rideau
53B 4d Hardtop Sedan	2,955

Rideau "500"
53D 4d Hardtop Sedan	2,940
65D 2d Hardtop	7,185

Montcalm
53F 4d Hardtop Sedan	857
57F 4d Hardtop	1,050
65F 2d Hardtop	1,678

Sta. Wgn.
71D Rideau "500"	1,225
71F Montcalm	361
TOTAL METEOR	18,251

Mercury

Monterey
53B 4d Hardtop Sedan	22,744
57B 4d Hardtop	2,483
65B 2d Hardtop	9,099

Monterey Custom
53F 4d Hardtop Sedan	12,411
57F 4d Hardtop	1,397
65F 2d Hardtop	4,508

Marquis
53H 4d Hardtop Sedan	15,103
57H 4d Hardtop	4,991
65H 2d Hardtop	6,930
53X 4d Hardtop Sedan	927
57X 4d Hardtop	500
65X 2d Hardtop	796

Marquis Brougham
53K 4d Hardtop Sedan	25,790
57K 4d Hardtop	13,781
65K 2d Hardtop	14,570

Sta. Wgn.
71B Monterey	4,160
71H Marquis	2,158
71K Marquis Colony Park	20,004
TOTAL MERCURY	162,352

1972 Montego

Montego
53B 4d Hardtop Sedan	8,658
65B 2d Hardtop	9,963

Montego MX
53D 4d Hardtop Sedan	23,387
65D 2d Hardtop	25,802

Montego Brougham
53K 4d Hardtop Sedan	17,540
65K 2d Hardtop	28,417

Montego GT
63R 2d Hardtop Fastback	5,820

Sta. Wgn.
71D Montego MX	6,268
71K Villager	9,237
TOTAL MONTEGO	135,092

Cougar

Standard
65D 2d Hardtop	23,731
76D Convertible	1,240

XR7
65F 2d Hardtop	26,802
76F Convertible	1,929
TOTAL COUGAR	53,702

Comet
62B 2d Sedan	53,267
54B 4d Sedan	29,092
TOTAL COMET	82,359

Mercury

Monterey
53B 4d Hardtop Sedan	19,012
57B 4d Hardtop	1,416
65B 2d Hardtop	6,731

Monterey Custom
53F 4d Hardtop Sedan	16,879
57F 4d Hardtop	1,583
65F 2d Hardtop	5,910

Marquis
53H 4d Hardtop Sedan	14,122
57H 4d Hardtop	2,956
65H 2d Hardtop	5,507
53X 4d Hardtop Sedan	901
57X 4d Hardtop	365
65X 2d Hardtop	704

Mercury (cont'd)

Brougham
53K	4d Hardtop Sedan	38,242
57K	4d Hardtop	12,841
65K	2d Hardtop	20,064

Sta. Wgn.
71B	Monterey	4,644
71H	Marquis	2,085
71K	Marquis Colony Park	20,192
	TOTAL MERCURY	174,154

Meteor

Rideau
53B	4d Hardtop Sedan	2,328

Rideau "500"
53D	4d Hardtop Sedan	2,663
53D	2d Hardtop	5,849

Montcalm
53F	4d Hardtop Sedan	871
57F	4d Hardtop	890
65F	2d Hardtop	1,253

Sta. Wgn.
71D	Rideau "500"	1,090
71F	Montcalm	337
	TOTAL METEOR	15,281

1973 Mercury

Monterey
53B	4d Pillar Hardtop	16,622
57B	4d Hardtop	1
65B	2d Hardtop	6,452

Marquis
53H	4d Pillar Hardtop	13,884
57H	4d Hardtop	1,824
65H	2d Hardtop	5,052
53X	4d Pillar Hardtop	1,366
57X	4d Hardtop	371
65X	2d Hardtop	921

Brougham
53K	4d Pillar Hardtop	46,624
57K	4d Hardtop	10,613
65K	2d Hardtop	22,770

Sta. Wgn.
71B	Monterey 4d	4,275
71H	Marquis 4d	2,464
71K	Marquis Colony Park	23,283

Monterey Custom
53F	4d Pillar Hardtop	20,873
57F	4d Hardtop	2
65F	2d Hardtop	6,962
	TOTAL MERCURY	184,359

Meteor

Rideau "500"
53B	4d Pillar Hardtop	4,063
65B	2d Hardtop	4,260

Montcalm
53B	4d Pillar Hardtop	3,614
57B	4d Hardtop	-
65B	2d Hardtop	3,632

Sta. Wgn.
71B	Rideau "500"	1,055
71B	Montcalm	356
	TOTAL METEOR	16,980

Montego

53B	4d Pillar Hardtop	7,459
65B	2d Hardtop	7,082

Montego MX
53D	4d Pillar Hdtp	25,300
65D	2d Hdtp	27,812

Montego Brougham
53K	4d Pillar Hdtp	24,329
65K	2d Hardtop	40,951

Montego GT
63R	2d Fastback Hdtp	4,464

Sta. Wgn.
71D	Montego MX	7,012
71K	Villager	12,396
	TOTAL MONTEGO	156,805

Cougar

Standard
65D	2d Hardtop	21,069
76D	2d Convertible	1,284

XR7
65F	2d Hardtop	35,110
76F	2d Convertible	3,165
	TOTAL COUGAR	60,628

Comet

54B	4d Sedan	38,984
62B	2d Fastback Sedan	55,707
	TOTAL COMET	94,691

1974 Mercury

Monterey

53B	4d Pillar Hdtp	6,185
65B	2d Hardtop	2,003

Meteor Rideau "500"

53B	4d Pillar Hdtp	3,860
65B	2d Hardtop	2,996

Meteor Montclam

53B	4d Pillar Hdtp	1,990
65B	2d Hardtop	1,173

Monterey Custom

53F	4d Pillar Hdtp	13,113
65F	2d Hardtop	4,510

Marquis

53H	4d Pillar Hdtp	5,572
57H	4d Hardtop	462
65H	2d Hardtop	1,852
53X	4d Pillar Hdtp	1,338
57X	4d Hardtop	322
65X	2d Hardtop	781

Brougham

53K	4d Pillar Hdtp	24,477
57K	4d Hardtop	4,189
65K	2d Hardtop	10,207

Sta. Wgn.

71B	Monterey	1,669
71B	Meteor Rideau "500"	749
71B	Meteor Montcalm	278
71H	Marquis	1,111
71K	Marquis Colony Park	10,802
	TOTAL MERCURY	99,639

Montego

53B	4d Pillar Hdtp	5,674
65B	2d Hardtop	7,645

Montego MX

53D	4d Pillar Hdtp	19,446
65D	2d Hardtop	20,957

Montego Brougham

53K	4d Pillar Hdtp	13,467
65K	2d Hardtop	20,511

Sta. Wgn.

71D	Montego MX	4,085
71K	Villager	6,234
	TOTAL MONTEGO	98,019

Cougar

65F	2d Hardtop XR7	91,670

Comet

62B	2d Sedan	64,751
54B	4d Sedan	60,944
	TOTAL COMET	125,695

1975 Montego

65B	4d Hardtop	4,051
53B	4d Hdtp Sed	4,142

Montego MX

53D	4d Hardtop	16,033
65D	2d Hardtop	13,666

Montego Brougham

53K	4d Hdtp Sed	8,235
65K	2d Hdtp	8,791

Sta. Wgn.

71D	Montego MX	4,508
71K	Villager	5,754
	TOTAL MONTEGO	65,180

Cougar

65F	XR7 2d Hdtp	62,987

Bobcat

64H	3d Runabout	20,651
73H	2d Villager	13,583
62B	2d (Canada Only)	1,704
64B	3d (Canada Only)	1,631

Sta. Wgn.

73B	2d (Canada Only)	1,081
	TOTAL BOBCAT	38,650

Mercury

Meteor Rideau "500"

53B	4d Pillar Hardtop	5,866
65B	2d Hardtop	4,021

Mercury (cont'd)

Marquis
53H	2d Pillar Hardtop	20,058
65H	2d Hardtop	6,807

Marquis Brougham
53K	4d Pillar Hardtop	19,667
65K	2d Hardtop	7,125

Gran Marquis
53L	4d Pillar Hardtop	12,307
65L	2d Hardtop	4,945

Sta. Wgn.
71B	4d Meteor Wagon	1,230
71H	4d Marquis Wagon	1,904
71K	4d Marquis Brougham Wgn	11,652
	TOTAL MERCURY	95,582

Comet
54B	4d Sedan	31,080
62B	2d Sedan	22,768
	TOTAL COMET	53,848

Monarch
54H	4d Sedan	34,307
66H	2d Sedan	29,151

Ghia
54K	4d Sedan	22,723
66K	2d Sedan	17,755
	TOTAL MONARCH	103,936

Edsel Calendar Year Production
1958	26,563
1959	29,667
1960	N.A.

Edsel New Passenger Registrations
1957	26,681
1958	38,531
1959	40,778

Edsel Model Year Production

1958

Ranger
57A	4d Hardtop	3,077
58A	4d Sedan	6,576
63A	2d Hardtop	5,546
64A	2d Sedan	4,615

Pacer
57B	4d Hardtop	4,959
58B	4d Sedan	6,083
63B	2d Hardtop	6,139
76B	Convertible	1,876

Corsair
57A	4d Hardtop	5,880
63A	2d Hardtop	3,312

Citation
57B	4d Hardtop	5,112
63B	2d Hardtop	2,535
76B	Convertible	930

Sta. Wgn.
59A	2d Round-Up 6p	963
79A	4d Villager 9p	978
79B	4d Bermuda 9p	779
79C	4d Villager 6p	2,294
79D	4d Bermuda 6p	1,456
	TOTAL EDSEL	63,110

1959

Ranger
57F	4d Hardtop	2,352
58D	4d Sedan	12,814
63F	2d Hardtop	5,474
64C	2d Sedan	7,778

Corsair
57B	4d Hardtop	1,694
58B	4d Sedan	3,301
63B	2d Hardtop	2,315
76E	2d Convertible	1,343

1959 (cont'd)

Sta. Wgn.

71E 4d Villager 9p	2,133
71F 4d Villager 6p	5,687
TOTAL EDSEL	44,891

1960

EA Ranger

57A 4d Hardtop	104
58A 4d Sedan	1,126

63A 2d Hardtop	243
64A 2d Sedan	777

EB Ranger

57B 4d Hardtop	31
58B 4d Sedan	162
63B 2d Hardtop	52
76B Convertible	76

ES Sta. Wgn.

71E 4d Villager 9p	59
71F 4d Villager 6p	216
TOTAL EDSEL	2,846

Buick Calendar Year Production

Year	Prod.	Year	Prod.	Year	Prod.
1903	6	1925	192,100	1949	398,482
1904	37	1926	266,753	1950	552,827
1905	750	1927	255,160	1951	404,657
1906	1,400	1928	221,758	1952	321,048
1907	4,641	1929	196,104	1953	485,353
1908	8,820	1930	119,265	1954	531,463
1909	14,606	1931	88,417	1955	781,296
1910	30,525	1932	41,522	1956	535,364
1911	13,389	1933	40,620	1957	407,271
1912	19,812	1934	78,757	1958	257,124
1913	26,666	1935	107,611	1959	232,579
1914	32,889	1936	179,533	1960	307,804
1915	43,946	1937	227,038	1961	291,895
1916	124,834	1938	173,905	1962	415,892
1917	115,267	1939	231,219	1963	479,399
1918	77,691	1940	310,995	1964	482,685
1919	119,310	1941	316,251	1965	653,838
1920	115,176	1942	16,601	1966	580,421
1921	82,930	1945	2,482	1967	573,866
1922	123,152	1946	156,080	1968	652,049
1923	201,572	1947	267,830	1969	713,832
1924	160,411	1948	275,504	1970	459,931

Buick New Passenger Car Registrations

Year	Reg.	Year	Reg.
1923	150,662	1950	535,807
1924	153,082	1951	392,285
1925	170,728	1952	310,806
1926	232,570	1953	454,320
1927	232,428	1954	513,497
1928	196,287	1955	737,879
1929	156,817	1956	529,371
1930	110,325	1957	394,553
1931	90,873	1958	263,905
1932	49,708	1959	245,909
1933	43,809	1960	267,837
1934	63,067	1961	290,623
1935	87,635	1962	400,267
1936	160,687	1963	454,237
1937	205,297	1964	481,043
1938	166,380	1965	608,620
1939	218,995	1966	569,131
1940	295,513	1967	565,313
1941	308,615	1968	627,159
1946	126,322	1969	677,319
1947	246,115	1970	493,207
1948	244,762	1971	633,509
1949	372,425	1972	609,414

Marquette New Passenger Car Registrations

1929	15,490
1930	12,331

Buick Model Year Production

NOTE: Contains Marquette figures for 1929 and 1930.

Year Model	Body Style	Cyl	Production
1903			
	experimental	2	6
1904			
B	5p touring	2	37
1905			
C	5p touring	2	750
1906			
F	5p touring	2	1,207
G	2p runabout	2	193
1907			
F	5p touring	2	3,465
G	2p runabout	2	535
D	5p touring	4	523
S	2p runabout	4	69
K	2p runabout	4	13
H	5p touring	4	36
1908			
F	5p touring	2	3,281
G	2p runabout	2	219
D	5p touring	4	543
S	2p runabout	4	373
5	5p touring	4	402
10	2p runabout	4	4,002
1909			
F	5p touring	2	3,856
G	2p runabout	2	144
6	2p roadster	4	6
10	2p runabout	4	8,100
16	2p roadster	4	497
17	5p touring	4	2,003

Year Model	Body Style	Cyl	Production
1910			
F	5p touring	2	4,000
2	truck	2	1,098
7	7p touring	4	85
10	3p runabout	4	
10	4p surrey	4	11,000
10	4p toy tonneau	4	
14	2p roadster	2	2,048
16	2p roadster	4	
16	4p surrey	4	2,252
16	4p toy tonneau	4	
17	5p touring	4	6,002
19	5p touring	4	4,000
41	5p limousine	4	40
1911			
2	truck	2	902
14	2p roadster	2	1,252
21	5p touring	4	3,000
26	2p runabout	4	1,000
27	5p touring	4	3,000
32	2p roadster	4	1,150
33	5p touring	4	2,000
38	2p roadster	4	153
39	5p touring	4	905
41	5p limousine	4	27
1912			
2	truck	2	761
28	2 & 4p roadster	4	2,500
29	5p touring	4	6,000
34	2p roadster	4	1,400
35	5p touring	4	6,050
36	2p roadster	4	1,600
43	5p touring	4	1,501
1913			
3	truck	4	199
4	truck	4	461
24	2p roadster	4	2,850
25	5p touring	4	8,150
30	2p roadster	4	3,500
31	5p touring	4	10,000
40	5p touring	4	1,506

1914

3	truck	4	101
4	truck	4	738
B-24	2p roadster	4	3,126
B-24	exported as above	4	239
B-25	5p touring	4	13,446
B-25	exported as above	4	1,544
B-36	2p roadster	4	2,550
B-37	5p touring	4	9,050
B-38	2p roadster	4	50
B-55	7p touring	6	2,045

1915

C-4	truck	4	645
C-4	exported as above	4	748
C-24	2p roadster	4	3,256
C-24	exported as above	4	186
C-25	2p roadster	4	19,080
C-25	exported as above	4	931
C-36	2p roadster	4	2,849
C-37	5p touring	4	12,450
C-54	2p roadster	6	352
C-55	7p touring	6	3,449

1916

D-4	truck	4	1,152
D-4	exported as above	4	1,347
D-34	2p roadster	4	1,768
D-34	exported as above	4	163
D-35	5p touring	4	13,969
D-35	exported as above	4	944
D-44	2p roadster	6	12,978
D-44	exported as above	6	541
D-54	2p roadster	6	1,194
D-55	7p touring	6	9,886
D-45	5p touring	6	73,827
D-45	exported as above	6	4,741
D-46	3p coupe	6	1,443
D-47	5p sedan	6	881

1917

D-34	2p roadster	4	2,292
D-34	exported as above	4	238
D-35	5p touring	4	20,126
D-35	exported as above	4	1,097
D-44	2p roadster	6	4,366
D-44	exported as above	6	100
D-45	5p touring	6	25,371
D-45	exported as above	6	1,371
D-46	3p coupe	6	485
D-47	5p sedan	6	132

1918

E-4	light delivery truck	4	2,410
E-34	2p roadster	4	3,800
E-34	exported as above	4	172
E-35	5p touring	4	27,125
E-35	exported as above	4	1,190
E-37	5p sedan	4	700
E-44	3p roadster	6	10,391
E-44	exported as above	6	275
E-45	5p touring	6	58,971
E-45	exported as above	6	3,035
E-46	4p coupe	6	2,965
E-47	5p sedan	6	463
E-49	7p touring	6	16,148
E-50	7p sedan	6	987

1919

H-44	2p roadster	6	7,839
H-44	exported as above	6	176
H-45	5p touring	6	44,589
H-45	exported as above	6	2,595
H-46	4p coupe	6	2,971
H-47	5p sedan	6	501
H-49	7p touring	6	6,795
H-50	7p sedan	6	531

1920

K-44	3p roadster	6	19,000
K-44	exported as above	6	200
K-45	5p touring	6	85,245
K-45	exported as above	6	7,400
K-46	4p coupe	6	6,503
K-47	5p sedan	6	2,252
K-49	6p touring	6	16,801
K-49	exported as above	6	1,100
K-50	7p sedan	6	1,499

1921

44	3p roadster	6	7,236
44	exported as above	6	56
45	5p touring	6	31,877
45	exported as above	6	1,192
46	4p coupe	6	4,063
47	5p sedan	6	2,252
48	4p coupe	6	2,606
49	7p touring	6	6,429
49	exported as above	6	366
50	7p sedan	6	1,460

1922

4-SD	light delivery truck	4	403

1922 (cont'd)

34	2p roadster	4	5,583
34	exported as above	4	5
35	5p touring	4	22,521
35	exported as above	4	29
36	3p coupe	4	2,225
37	5p sedan	4	3,118
44	3p roadster	6	7,666
44	exported as above	6	9
45	5p touring	6	34,433
45	exported as above	6	499
46	4p coupe	6	2,293
47	5p sedan	6	4,878
48	4p coupe	6	8,903
49	7p touring	6	6,714
49	exported as above	6	71
50	7p sedan	6	4,201
50L	7p limousine	6	178
54	3p sport roadster	6	2,562
55	4p sport touring	6	900

1923

34	2p roadster	4	5,768
34	exported as above	4	8
35	5p touring	4	36,935
36	3p coupe	4	7,004
37	5p sedan	4	8,885
37	exported as above	4	1
38	5p touring sedan	4	6,025
39	2p sport roadster	4	1,971
44	3p roadster	6	6,488
44	exported as above	6	3
45	5p touring	6	45,227
45	exported as above	6	47
47	5p sedan	6	7,358
48	4p coupe	6	10,847
49	7p touring	6	5,906
49	exported as above	6	25
50	7p sedan	6	10,279
50	exported as above	6	1
54	3p sport roadster	6	4,501
55	4p sport touring	6	12,857
4-SD	light delivery truck	4	2,740

1924

33	4p coupe	4	5,479
33	exported as above	4	30
34	2p roadster	4	4,296
34	exported as above	4	113
35	5p touring	4	21,854
35	exported as above	4	4,294
37	5p sedan	4	6,563

37	exported as above	4	103
41	5p double service sed	6	14,094
41	exported as above	6	25
44	2p roadster	6	9,700
44	exported as above	6	68
45	5p touring	6	48,912
45	exported as above	6	1,561
47	5p sedan	6	10,377
47	exported as above	6	20
48	4p coupe	6	13,009
48	exported as above	6	4
49	7p touring	6	7,224
49	exported as above	6	885
50	7p sedan	6	9,561
50	exported as above	6	71
50L	7p limousine sedan	6	713
50L	exported as above	6	33
51	5p brougham touring sed	6	4,991
51	exported as above	6	24
54	3p sport roadster	6	1,938
54	exported as above	6	52
54C	3p country club coupe	6	1,107
55	4p sport touring	6	4,111
55	exported as above	6	324
57	7p town car	6	25

1925

20	5p coach	6	21,900
20	exported as above	6	65
21	5p double service sed	6	9,252
21	exported as above	6	56
24	2p roadster	6	3,315
24	exported as above	6	108
24A	5p enclosed roadster	6	1,725
24S	5p sport roadster	6	501
25	5p touring	6	16,040
25	exported as above	6	5,452
25A	5p enclosed touring	6	4,450
25S	5p sport touring	6	651
26	2p coupe	6	4,398
26	exported as above	6	550
27	5p sedan	6	10,772
27	exported as above	6	1,448
28	4p coupe	6	7,743
28	exported as above	6	119
40	5p coach	6	30,600
40	exported as above	6	25
44	2p roadster	6	2,975
44A	2p enclosed roadster	6	850
45	5p touring	6	5,203
45	exported as above	6	701
45A	5p enclosed touring	6	1,900
47	5p sedan	6	4,200
48	4p coupe	6	6,799
48	exported as above	6	4
49	7p touring	6	2,826

1925 (cont'd)

49	exported as above	6	756
49A	7p enclosed touring	6	500
50	7p sedan	6	4,606
50	exported as above	6	164
50L	7p limousine sedan	6	768
50L	exported as above	6	189
51	5p bourgham touring sed	6	6,850
51	exported as above	6	2
54	3p sport roadster	6	1,917
54	exported as above	6	103
54C	3p country club coupe	6	2,751
55	4p sport touring	6	2,774
55	exported as above	6	382
57	7p town car	6	92
57	exported as above	6	1

1926

20	5p 2d sedan	6	40,113
20	exported as above	6	807
24	2p roadster	6	1,891
24	exported as above	6	84
25	5p touring	6	2,869
25	exported as above	6	4,674
26	2p coupe	6	10,531
26	exported as above	6	1
27	5p 4d sedan	6	43,375
27	exported as above	6	636
28	4p coupe	6	8,271
28	exported as above	6	66
40	5p 2d sedan	6	21,867
40	exported as above	6	154
44	2p roadster	6	2,654
45	5p touring	6	2,630
45	exported as above	6	839
47	5p 4d sedan	6	53,490
47	exported as above	6	117
48	4p coupe	6	10,028
49	5p enclosed touring	6	1
49	exported as above	6	115
50	7p sedan	6	12,690
50	exported as above	6	62
50T	7p interior fitted for taxi	6	220
51	5p brougham touring sedan	6	10,873
54	2p sport roadster	6	2,501
54	exported as above	6	67
54C	3p country club sp cpe	6	4,436
55	4p sport touring	6	2,051
55	exported as above	6	429
58	coupe	6	1

1927

20	5p 2d sedan	6	33,190
20	exported as above	6	870
24	4p sport roadster	6	4,985
24	exported as above	6	271
25	5p sport touring	6	3,272
25	exported as above	6	4,222
26	2p coupe	6	10,512
26S	4p country club coupe	6	11,688
26CC	4p coll conv top cpe	6	1
27	5p 4d sedan	6	40,272
27	exported as above	6	1,448
28	4p coupe	6	7,178
28	exported as above	6	94
29	5p town brougham sed	6	11,032
40	5p 2d sedan	6	12,130
40	exported as above	6	441
47	5p 4d sedan	6	49,105
47	exported as above	6	322
48	4p coupe	6	9,350
50	7p sedan	6	11,259
50	exported as above	6	233
50T	7p interior fitted for taxi	6	60
51	5p brough sedan	6	13,862
54	2p sport roadster	6	4,310
54	exported as above	6	189
54C	3p country club coupe	6	7,095
54CC	4p conv coupe	6	2,354
54CC	exported as above	6	19
55	5p sport touring	6	2,092
55	exported as above	6	605
58	5p coupe	6	7,655

1928

20	5p 2d sedan	6	32,481
20	exported as above	6	61
24	4p sport roadster	6	4,513
24	exported as above	6	251
25	5p sport touring	6	3,134
25	exported as above	6	2,741
26	2p coupe	6	12,417
26S	4p country club cpe	6	13,211
27	5p 4d sedan	6	50,224
27	exported as above	6	1,863
29	5p town brough sed	6	10,840
47	5p 4d sedan	6	34,197
47	exported as above	6	378
47S	5p deluxe sedan	6	16,398
47S	exported as above	6	7
48	4p coupe	6	9,002
49	7p touring	6	2
50	7p sedan	6	10,827
50	exported as above	6	206
51	7p brougham sedan	6	10,258
51	exported as above	6	45
54	4p sport roadster	6	3,853
54	exported as above	6	85
54C	4p country club cpe	6	6,555
55	5p sport touring	6	1,333

1928 (cont'd)

55	exported as above	6	132
58	5p coupe	6	9,984
58	exported as above	6	11

1929

20	5p 2d sedan	6	17,333
20	exported as above	6	33
25	5p phaeton	6	2,938
25	exported as above	6	3,204
26	2p coupe	6	8,745
26	exported as above	6	1
26S	4p special coupe	6	10,308
27	5p 4d sedan	6	44,345
27	exported as above	6	3,262
41	5p c.c. 4d sed	6	10,110
44	4p sport roadster	6	6,195
44	exported as above	6	184
46	2p business coupe	6	4,329
46S	4p special coupe	6	6,638
47	5p 4d sedan	6	44,345
47	exported as above	6	335
48	4p coupe	6	4,255
49	7p touring	6	1,530
49	exported as above	6	633
50	7p 4d sedan	6	8,058
50	exported as above	6	319
50L	7p limousine	6	736
50L	exported as above	6	169
51	5p c.c. 4d sed	6	7,014
51	exported as above	6	105
54CC	4p deluxe conv cpe	6	2,021
54CC	exported as above	6	91
55	5p sport phaeton	6	1,122
55	exported as above	6	311
57	5p 4d sedan	6	5,175
58	5p coupe	6	7,311

1930

30 5p 2d sedan		6	4,630
30	exported as above	6	92
34	4p sport roadster	6	2,397
34	exported as above	6	239
35	5p phaeton	6	889
35	exported as above	6	1,281
36	2p business coupe	6	2,475
36S	4p special coupe	6	4,384
36S	exported as above	6	121
37	5p 4d sedan	6	15,795
37	exported as above	6	328
40	5p 2d sedan	6	6,101
40	exported as above	6	43
44	4p sport roadster	6	3,476
44	exported as above	6	163

45	5p phaeton	6	972
45	exported as above	6	128
46	2p business coupe	6	5,695
46	exported as above	6	21
46S	4p special coupe	6	10,719
46S	exported as above	6	29
47	5p 4d sedan	6	47,294
47	exported as above	6	202
57	5p 4d sedan	6	22,926
57	exported as above	6	213
58	4p coupe	6	5,275
60	7p 4d sedan	6	6,583
60	exported as above	6	67
60L	7p limousine	6	690
60L	exported as above	6	146
61	5p 4d special sed	6	12,508
61	exported as above	6	49
64	4p sport roadster	6	2,006
64	exported as above	6	3
64C	4p deluxe coupe	6	5 370
64C	exported as above	6	11
68	5p coupe	6	10,216
69	7p phaeton	6	807
69	exported as above	6	811

All 1930 Series 30 models were Marquettes.

1931

50	5p 2d sedan	8	5,616
50	exported as above	8	11
54	4p sport roadster	8	907
54	exported as above	8	70
55	5p phaeton	8	358
55	exported as above	8	30
56	2p business coupe	8	2,782
56C	4p conv coupe	8	1,521
56C	exported as above	8	9
56S	4p special coupe	8	5,733
56S	exported as above	8	24
57	5p 4d sedan	8	33,184
57	exported as above	8	174
64	4p sport roadster	8	1,050
64	exported as above	8	28
65	5p phaeton	8	463
65	exported as above	8	32
66	2p business coupe	8	2,732
66S	4p special coupe	8	6,489
66S	exported as above	8	12
67	5p 4d sedan	8	30,665
67	exported as above	8	110
86	4p coupe	8	3,579
87	5p 4d sedan	8	14,731
87	exported as above	8	38
90	7p 4d sedan	8	4,159
90	exported as above	8	43
90L	7p limousine	8	514
90L	exported as above	8	106

1931 (cont'd)

91	5p 4d special sed	8	7,853
91	exported as above	8	5
94	4p sport roadster	8	824
94	exported as above	8	19
95	7p phaeton	8	392
95	exported as above	8	68
96	5p coupe	8	7,705
96	exported as above	8	10
96C	4p conv cpe	8	1,066
96C	exported as above	8	4
96S	4p country club cpe	8	2,990
96S	exported as above	8	3

1932

55	5p sport phaeton	8	69
55	exported as above	8	37
56	2p business coupe	8	1,726
56C	4p conv cpe-roadster	8	630
56C	exported as above	8	13
56S	4p special coupe	8	1,905
56S	exported as above	8	9
57	5p sedan	8	10,803
57S	5p special sedan	8	9,766
57S	exported as above	8	175
58	5p victoria coupe	8	2,194
58	exported as above	8	2
58C	5p conv phaeton	8	380
58C	exported as above	8	20
65	5p sport phaeton	8	79
65	exported as above	8	24
66	2p business coupe	8	636
66C	5p conv cpe-roadster	8	450
66C	exported as above	8	2
66S	4p special coupe	8	1,678
66S	exported as above	8	6
67	5p sedan	8	9,013
67	exported as above	8	47
68	5p victoria coupe	8	1,514
68C	5p conv phaeton	8	366
68C	exported as above	8	16
86	5p victoria trav cpe	8	1,800
87	5p sedan	8	4,089
90	7p sedan	8	1,368
90	exported as above	8	19
90L	7p limousine	8	164
90L	exported as above	8	26
91	5p club sedan	8	2,237
91	exported as above	8	1
95	7p sport phaeton	8	131
95	exported as above	8	15
96	5p victoria coupe	8	1,460
96C	4p conv cpe-roadster	8	289
96S	4p country club cpe	8	586

97	5p sedan	8	1,485
98	5p conv phaeton	8	268
98	exported as above	8	1

1933

56	2p business coupe	8	1,321
56C	4p conv cpe	8	346
56C	exported as above	8	4
56S	4p sport coupe	8	1,643
56S	exported as above	8	10
57	5p 4d sedan	8	19,101
57	exported as above	8	150
58	5p Victoria coupe	8	4,118
58	exported as above	8	5
66C	4p conv coupe	8	152
66S	4p sport coupe	8	1,000
67	5p 4d sedan	8	7,450
68	5p Victoria coupe	8	2,887
68C	5p conv phaeton	8	183
86	5p Victoria coupe	8	758
86C	4p convertible coupe	8	90
86S	4p sport coupe	8	401
87	5p 4d sedan	8	1,545
88C	5p conv phaeton	8	124
90	7p sedan	8	890
90	exported as above	8	12
90L	7p limousine	8	299
90L	exported as above	8	39
91	5p club sedan	8	1,637
91	exported as above	8	2
96	5p Victoria coupe	8	556
96	exported as above	8	1
97	5p 4d sedan	8	641

1934

41	5p 4d sed w/blt-in tr	8	10,953
41	exported as above	8	542
46	2p bus. cpe w/deck	8	1,806
46	exported as above	8	2
46S	4p spt cpe w/r.s.	8	1,232
46S	exported as above	8	46
47	5p 4d sedan	8	7,425
47	exported as above	8	380
48	5p 2d touring sed w/blt-in tr	8	4,688
48	exported as above	8	91
56	2p bus. cpe w/deck	8	1,078
56	exported as above	8	4
56C	4p conv cpe	8	506
56C	exported as above	8	83
56S	4p spt cpe w/r.s.	8	1,150
56S	exported as above	8	42
57	5p 4d sedan	8	12,094
57	exported as above	8	711
58	5p Victoria cpe w/blt-in tr	8	4,316

1934 (cont'd)

58	exported as above	8	89
61	5p club sed w/blt-in tr	8	5,395
61	exported as above	8	234
66	4p sport coupe w/r.s.	8	816
66	exported as above	8	9
66C	4p conv coupe w/r.s.	8	253
66C	exported as above	8	143
67	5p 4d sedan	8	5,171
67	exported as above	8	194
68	5p Victoria w/blt-in tr	8	1,935
68	exported as above	8	31
68C	5p con phaeton w/blt-in tr	8	444
68C	exported as above	8	143
90	7p sedan	8	1,151
90	exported as above	8	83
90L	7p sedan limousine	8	262
90L	exported as above	8	166
91	5p club sed w/blt-in tr	8	1,477
91	exported as above	8	30
96C	4p con coupe w/r.s.	8	68
96C	exported as above	8	5
96S	4p sport coupe w/r.s.	8	137
97	5p 4d sedan	8	635
97	exported as above	8	19
98C	5p conv phaeton w/blt-in tr	8	119
98C	exported as above	8	19

67	5p 4d sedan	8	1,716
67	exported as above	8	76
68	5p Victoria cpe w/blt-in tr	8	597
68	exported as above	8	6
68C	5p conv phaeton w/blt-in tr	8	256
68C	exported as above	8	52
90	7p sedan	8	609
90	exported as above	8	42
90L	7p sedan limousine	8	191
90L	exported as above	8	105
91	5p club sed w/blt-in tr	8	573
91	exported as above	8	7
96C	4p conv coupe w/r.s.	8	10
96C	exported as above	8	1
96S	4p spt cpe w/r.s.	8	41
96S	exported as above	8	1
97	5p 4d sedan	8	117
97	exported as above	8	2
98	5p Victoria cpe w/deck	8	32
98C	5p conv phaeton w/blt-in tr	8	38
98C	exported as above	8	5

1935

41	5p 4d sed w/blt-in tr	8	18,638
41	exported as above	8	535
46	2p bus. coupe with deck	8	2,850
46	exported as above	8	8
46C	4p conv cpe w/r.s.	8	933
46C	exported as above	8	67
46S	4p spt cpe w/r.s.	8	1,136
46S	exported as above	8	64
47	5p 4d sedan	8	6,250
47	exported as above	8	391
48	5p 2d touring sed w/blt-in tr	8	4,957
48	exported as above	8	70
56	2p bus. cpe w/deck	8	257
56C	4p convertible coupe	8	170
56C	exported as above	8	17
56S	4p spt cpe w/r.s.	8	268
56S	export as above	8	11
57	5p 4d sedan	8	3,778
57	exported as above	8	220
58	5p Victoria cpe w/blt-in tr	8	1,589
58	exported as above	8	29
61	5p club sed w/blt-in tr	8	2,782
61	exported as above	8	92
66C	4p conv cpe w/r.s.	8	111
66S	4p sport coupe w/r.s.	8	257
66S	exported as above	8	4

1936

41	5p Special 4d sed w/blt-in tr	8	77,007
41	exported as above	8	1,796
46	2p Special 2d cpe w/deck	8	10,912
46	exported as above	8	16
46C	4p Special 2d conv cpe w/r.s.	8	1,488
46C	exported as above	8	162
46So	4p Special 2d spt cpe w/opera seat	8	1,086
46So	exported as above	8	17
46Sr	4p Special 2d spt cpe w/r.s.	8	1,390
46Sr	exported as above	8	104
48	5p Special 2d victoria cpe w/blt-in tr	8	21,241
48	exported as above	8	82
61	5p Century 4d sed w/blt-in tr	8	17,806
61	exported as above	8	397
66C	4p Century 2d conv cpe w/r.s.	8	717
66C	exported as above	8	49
66So	4p Century 2d spt cpe w/opera seat	8	1,078
66So	exported as above	8	1
66Sr	4p Century 2d spt cpe w/r.s.	8	1,001
66Sr	exported as above	8	17
68	5p Century 2d victoria cpe w/blt-in tr	8	3,762
68	exported as above	8	37
80C	6p Roadmaster 4d con phaeton w/blt-in tr	8	1,064
80C	exported as above	8	165
81	6p Roadmaster 4d sedan w/blt-in tr	8	14,985
81	exported as above	8	343
90	8p Limited 4d sed w/blt-in tr	8	1,590
90	exported as above	8	119

1936 (cont'd)

90L	8p Limited 4d sed lim w/blt-in tr8		709
90L	exported as above	8	238
91	6p Limited 4d sdn w/blt-in tr	8	1,713
91	exported as above	8	13
91F	6p Limited formal 4d sed w/blt-in tr	8	74
91F	exported as above	8	1

1937

40C	5p Special 4d conv phaeton, plain bk	8	1,689
40C	exported as above	8	256
41	5p Special 4d sed, trunk back	8	82,440
41	exported as above	8	2,755
44	5p Special 2d sed, plain back	8	9,330
44	exported as above	8	12
46	2p Special 2d bus. cpe w/deck	8	13,742
46	exported as above	8	31
46C	4p Special 2d conv cpe w/r.s.	8	2,265
46C	exported as above	8	134
46S	4p Special 2d spt cpe w/opera seat	8	5,059
46S	exported as above	8	225
47	5p Special 4d sedan, plain back	8	22,312
47	exported as above	8	205
48	5p Special 2d sed	8	15,936
48	exported as above	8	98
60C	6p Century 4d conv phaeton, plain bk	8	410
60C	exported as above	8	15
61	6p Century 4d sed, tr back	8	20,679
61	exported as above	8	461
64	5p Century 2d sed, plain back	8	1,117
64	exported as above	8	1
66C	4p Century 2d con cpe w/r.s.	8	787
66C	exported as above	8	56
66S	4p Century 2d spt cpe w/opera seat	8	2,840
66S	exported as above	8	33
67	6p Century 4d sed, plain back	8	4,750
67	exported as above	8	21
68	5p Century 2d sed, tr back	8	2,874
68	exported as above	8	23
80C	6p Roadmaster 4d phaeton, tr back w/fenderwells	8	1,040
80C	exported as above	8	115
81	6p Roadmaster 4d sedan, tr back	8	14,637
81	exported as above	8	344
81F	6p Roadmaster 4d formal sed, tr back	8	452
81F	exported as above	8	37
90	8p Limited 4d sedan, tr back w/fenderwells	8	1,592
90	exported as above	8	118

90L	8p Limited 4d lim, tr bk w/fenderwells	8	720
90L	exported as above	8	245
91	6p Limited 4d sed, tr bk w/fenderwells	8	1,229
91	exported as above	8	12
91F	8p Limited 4d formal sed, tr bk w/fenderwells	8	156
91F	exported as above	8	2

1938

40C	5p Special 4d conv spt phaeton	8	776
40C	exported as above	8	170
41	5p Special 4d touring sed, tr bk	8	79,510
41	exported as above	8	2,681
44	5p Special 2d spt sed	8	5,943
44	exported as above	8	8
46	2p Special 2d bus. cpe, plain back	8	11,337
46	exported as above	8	31
46C	4p Special 2d conv cpe w/r.s.	8	2,473
46C	exported as above	8	152
46S	4p Special 2d spt cpe w/opera seat	8	5,381
46S	exported as above	8	193
47	5p Special 4d spt sed	8	11,265
47	exported as above	8	76
48	5p Special 2d touring sed, tr back	8	14,153
48	exported as above	8	60
60C	5p Century 4d conv spt phaeton	8	208
60C	exported as above	8	11
61	5p Century 4d touring sed, tr bk	8	12,364
61	exported as above	8	309
66C	4p Century 2d conv cpe w/rumble seat	8	642
66C	exported as above	8	52
66S	4p Century 2d spt cpe w/opera seats	8	1,991
66S	exported as above	8	39
67	5p Century 4d spt sed	8	1,515
67	exported as above	8	1
68	5p Century 2d touring sed, tr bk	8	1,380
68	exported as above	8	13
80C	6p Roadmaster 4d spt phaeton	8	350
80C	exported as above	8	61
81	6p Roadmaster 4d touring sed, tr bk	8	4,505
81	exported as above	8	199
81F	6p Roadmaster 4d formal sed, tr bk	8	247
81F	exported as above	8	49
87	6p Roadmaster 4d spt sed	8	466
90L	8p Limited 4d lim, trk bk	8	410
90L	exported as above	8	264

1938 (cont'd)

91	6p Limited 4d touring sed, tr bk	8	437
91	exported as above	8	4

1939

41	5p Special 4d touring sed, tr bk	8	109,213
41	exported as above	8	2,260
41C	5p Special 4d spt phaeton, tr bk	8	724
41C	exported as above	8	106
46	2p Special 2d bus. cpe	8	14,582
46	exported as above	8	27
46C	4p Special 2d conv cpe w/opera seats	8	4,569
46C	exported as above	8	240
46S	4p Special 2d spt cpe w/opera seats	8	10,043
46S	exported as above	8	233
48	5p Special 2d touring sed, tr bk	8	27,218
48	exported as above	8	72
61	5p Century 4d touring sed, tr bk	8	18,462
61	exported as above	8	321
61C	5p Century 4d spt phaeton, tr bk	8	249
61C	exported as above	8	20
66C	4p Century 2d conv. cpe w/opera seats	8	790
66C	exported as above	8	60
66S	4p Century 2d spt cpe w/opera seats	8	3,408
66S	exported as above	8	62
68	5p Century 2d touring sed, tr bk	8	521
68	exported as above	8	4
80C	6p Roadmaster 4d spt phaeton, pl bk	8	3
81	6p Roadmaster 4d touring sed, tr bk	8	5,460
81	exported as above	8	159
81C	6p Roadmaster 4d spt phaeton, tr bk	8	311
81C	exported as above	8	53
81F	6p Roadmaster 4d formal sed, tr bk	8	303
81F	exported as above	8	37
87	6p Roadmaster 4d spt sed, pl bk	8	20
90	8p Limited 4d touring sed, tr bk w/aux seats	8	650
90	exported as above	8	36
90L	8p Limited 4d lim, tr bk w/aux seats	8	423
90L	exported as above	8	120
91	6p Limited 4d touring sed, tr bk	8	378
91	exported as above	8	4

1940

41	5p Special 4d touring sed	8	67,308
41	exported as above	8	1,508
41C	5p Special 4d spt phaeton	8	552
41C	exported as above	8	45
41T	interior fitted for taxi	8	48
46	2p Special 2d bus. cpe	8	12,372
46	exported as above	8	10
46C	4p Special 2d conv cpe w/f.r.s.	8	3,664
46C	exported as above	8	99
46S	4p Special 2d spt cpe w/f.r.s.	8	8,291
46S	exported as above	8	110
48	5p Special 2d touring sed	8	20,739
48	exported as above	8	29
51	6p Super 4d touring sed	8	95,875
51	exported as above	8	1,351
51C	5p Super 4d spt phaeton	8	529
51C	exported as above	8	5
56C	4p Super 2d conv cpe w/f.r.s.	8	4,764
56C	exported as above	8	40
56S	5p Super 2d spt cpe w/f.r.s.	8	26,251
56S	exported as above	8	211
59	5p Super 4d estate wgn	8	495
59	exported as above	8	6
61	5p Century 4d touring sed	8	8,597
61	exported as above	8	111
61C	5p Century 4d sport phaeton	8	194
61C	exported as above	8	9
66	2p Century 2d bus. cpe	8	44
66C	4p Century 2d conv cpe w/f.r.s.	8	542
66C	exported as above	8	8
66S	4p Century 2d spt cpe w/f.r.s.	8	96
71	6p Roadmaster 4d touring sed	8	13,583
71	exported as above	8	150
71C	5p Roadmaster 4d spt phaeton	8	235
71C	exported as above	8	3
76C	4p Roadmaster 2d conv cpe w/f.r.s.	8	606
76C	exported as above	8	6
76S	5p Roadmaster 2d spt cpe w/f.r.s.	8	3,921
76S	exported as above	8	51
80C	6p Limited 4d spt phaeton	8	7
81	6p Limited 4d touring sed	8	3,810
81	exported as above	8	88
81C	6p Limited 4d spt phaeton	8	230
81C	exported as above	8	20
81F	6p Limited 4d formal sed	8	248
81F	exported as above	8	22
87	6p Limited 4d spt sed	8	14
87F	6p Limited 4d formal sed	8	7
90	8p Limited 4d touring sed w/aux seats	8	796

1940 (cont'd)

90	exported as above	8	32
90L	8p Limited 4d lim w/aux sts	8	526
90L	exported as above	8	108
91	6p Limited touring sed	8	417
91	exported as above	8	1

1941

41	6p Special 4d touring sed	8	91,138
41	exported as above	8	1,390
41SE	6p Special 4d touring sed w/super equip.	8	13,378
41SE	exported as above	8	24
44	3p Special 2d bus. cpe	8	3,258
44	exported as above	8	3
44C	6p Special 2d conv cpe	8	4,282
44C	exported as above	8	27
44S	6p Special 2d spt cpe w/f.r.s.	8	5,269
44S	exported as above	8	21
46	3p Special 2d bus. cpe	8	9,185
46	exported as above	8	16
46S	6p Special 2d spt cpe w/f.r.s.	8	87,687
46S	Exported as above	8	461
46SSE	6p Special 2d spt cpe w/f.r.s. w/Super equip	8	9,591
46SSE	exported as above	8	23
47	6p Special 4d sed	8	13,992
47	exported as above	8	147
49	6p Special 4d estate wagon	8	838
49	exported as above	8	12
51	6p Super 4d touring sed	8	57,367
51	exported as above	8	1,271
51C	6p Super 4d conv phaeton	8	467
51C	exported as above	8	41
56	3p Super 2d bus. cpe	8	2,449
56	exported as above	8	3
56C	6p Super 2d conv cpe w/f.r.s.	8	12,181
56C	exported as above	8	210
56S	6p Super 2d spt cpe w/f.r.s.	8	19,603
56S	exported as above	8	273
61	6p Century 4d touring sed	8	15,027
61	exported as above	8	109
66	3p Century 2d bus. cpe	8	220
66	exported as above	8	2
66S	6p Century 2d spt cpe w/f.r.s.	8	5,521
66S	exported as above	8	26
71	6p Roadmaster 4d touring sed	8	10,431
71	exported as above	8	122
71C	6p Roadmaster 4d conv phaeton	8	312
71C	exported as above	8	14
76C	6p Roadmaster 2d conv cpe w/f.r.s.	8	1,845
76C	exported as above	8	24
76S	6p Roadmaster 2d spt cpe w/f.r.s.	8	2,784
76S	exported as above	8	50
90	8p Limited 4d touring sed w/aux sts	8	885
90	exported as above	8	21
90L	8p Limited 4d lim w/aux seats	8	605
90L	exported as above	8	64
91	6p Limited 4d touring sed	8	1,223
91	exported as above	8	8
91F	6p Limited 4d formal sed	8	293
91F	exported as above	8	3

1942

41	6p Special 4d sed	8	17,187
41	exported as above	8	310
41SE	6p Special 4d sed w/super equip	8	2,286
41SE	exported as above	8	2
44	3p Special 2d bus. cpe	8	461
44C	6p Special 2d conv cpe	8	1,776
44C	exported as above	8	12
46	3p Special 2d bus. cpe	8	1,406
46	exported as above	8	2
46S	6p Special 2d sedanet	8	11,856
46SSE	6p Special 2d sedanet w/super equip.	8	1,809
47	6p Special 4d sedan	8	1,611
47	exported as above	8	41
48	3p Special 2d bus. cpe, sedanet type	8	559
48S	6p Special 2d sedanet	8	5,981
48S	exported as above	8	9
49	6p Special 4d estate wagon	8	326
49	exported as above	8	1
51	6p Super 4d sedan	8	16,001
51	exported as above	8	264
56C	6p Super 2d conv cpe	8	2,454
56C	exported as above	8	35
56S	6p Super 2d sedanet	8	14,579
56S	exported as above	8	50
61	6p Century 4d sedan	8	3,312
61	exported as above	8	7
66S	6p Century 2d sedanet	8	1,229
66S	exported as above	8	3
71	6p Roadmaster	8	5,418
71	6p Roadmaster 4d sedan	8	5,418
76C	6p Roadmaster 2d conv cpe	8	509
76C	exported as above	8	2
76S	6p Roadmaster 2d sedanet	8	2,471
76S	exported as above	8	4
90	8p Limited 4d sed w/aux sts	8	144
90	exported as above	8	6
90L	8p Limited 4d lim w/aux sts	8	192
90L	exported as above	8	58
91	6p Limited 4d sedan	8	215
91F	6p Limited 4d formal sed	8	85

Buick Post War Model Year Production

1946

41	Special 4d sedan	8	1,649
41	exported as above	8	1
46-S	Special 2d sedanet	8	1,350
51	Super 4d sedan	8	74,045
51	exported as above	8	3,679
56-C	Super 2d conv sed	8	5,931
56-C	exported as above	8	56
56-S	Super 2d sedanet	8	34,235
56-S	exported as above	8	190
59	Super 4d estate wgn	8	786
59	exported as above	8	12
71	Roadmaster 4d sedan	8	20,597
71	exported as above	8	267
76-C	Roadmaster 2d conv sed	8	2,576
76-C	exported as above	8	11
76-S	Roadmaster 2d sedanet	8	8,226
76-S	exported as above	8	66

1947

41	Special 4d sedan	8	17,136
41	exported as above	8	1,295
46-S	Special 2d sedanet	8	14,278
46-S	exported as above	8	325
51	Super 4d sedan	8	76,866
51	exported as above	8	6,710
56-C	Super 2d conv sed	8	27,796
56-C	exported as above	8	501
56-S	Super 2d sedanet	8	46,311
56-S	exported as above	8	606
59	Super 4d estate wgn	8	2,031
59	exported as above	8	5
71	Roadmaster 4d sed	8	46,531
71	exported as above	8	621
76-C	Roadmaster 2d conv sed	8	11,947
76-C	exported as above	8	127
76-S	Roadmaster 2d sedanet	8	18,983
76-S	exported as above	8	229
79	Roadmaster 4d estate wgn	8	300

1948

41	Special 4d sedan	8	13,236
41	exported as above	8	815
46-S	Special 2d sedanet	8	10,775
46-S	exported as above	8	401
51	Super 4d sedan	8	47,991
51	exported as above	8	5,456
56-C	Super 2d conv sed	8	18,311
56-C	exported as above	8	706
56-S	Super 2d sedanet	8	32,860
56-S	exported as above	8	959

59	Super 4d estate wgn	8	1,955
59	exported as above	8	63
71	Roadmaster 4d sed	8	47,042
71	exported as above	8	527
76-C	Roadmaster 2d conv sed	8	11,367
76-C	exported as above	8	136
76-S	Roadmaster 2d sedanet	8	20,542
76-S	exported as above	8	107
79	Roadmaster 4d estate wgn	8	344
79	exported as above	8	6

1949

41	Special 4d sedan	8	5,777
41	exported as above	8	163
46-S	Special 2d sedanet	8	4,631
46-S	exported as above	8	56
51	Super 4d sedan	8	131,514
51	exported as above	8	4,909
56-C	Super 2d conv sed	8	21,426
56-C	exported as above	8	684
59	Super 4d estate wgn	8	1,830
59	exported as above	8	17
71	Roadmaster 4d sed	8	54,674
71	exported as above	8	568
76-C	Roadmaster 2d conv sed	8	8,095
76-C	exported as above	8	149
76-R	Roadmaster 2d Riviera	8	4,314
76-R	exported as above	8	29
76-S	Roadmaster 2d sedanet	8	18,415
76-S	exported as above	8	122
79	Roadmaster 4d estate wgn	8	632
79	exported as above	8	21
56-S	Super 2d sedanet	8	65,395
56-S	exported as above	8	865

1950

41	Special 4d tourback sed	8	1,141
41-D	Special dlx 4d tourback sed	8	141,396
43	Special 4d jetback sed	8	58,700
43-D	Special dlx 4d jetback sed	8	14,335
46	Special 2d 3p jetback coupe	8	2,500
46-S	Special 2d jetback sedanet	8	42,935
46-D	Special dlx 2d jetback sedanet	8	76,902
51	Super 4d tourback sedan	8	55,672
52	Super 4d tourback sedan	8	114,745
56-S	Super 2d jetback sedanet	8	10,697
56-C	Super 2d conv	8	12,259
56-R	Super 2d Riviera	8	56,030
59	Super 4d estate wagon	8	2,480
71	Roadmaster 4d tourback sed	8	6,738
72	Roadmaster 4d tourback sed	8	54,212
75-R	Roadmaster 2d 6p Riviera	8	2,300
76-C	Roadmaster 2d conv	8	2,964

1950 (cont'd)

76-S	Roadmaster 2d jetback sed	8	2,968
76-R	Roadmaster 2d Riviera	8	8,432
79	Roadmaster 4d estate wgn	8	420

1951

41	Special 4d tourback sed	8	999
41-D	Special dlx 4d tourback sed	8	87,848
45-R	Special 2d Riviera	8	16,491
46-C	Special 2d conv cpe	8	2,099
46-S	Special 2d tourback cpe	8	2,700
48-D	Special 2d dlx tourback sed	8	54,311
51	Super 4d tourback sed	8	10,000
52	Super 4d Riviera sed	8	92,886
56-C	Super 2d conv cpe	8	8,116
56-R	Super 2d Riviera	8	54,512
56-S	Super 2d jetback sedanet	8	1,500
59	Super 4d estate wgn	8	2,212
72-R	Roadmaster 4d Riviera sed	8	48,758
76-C	Roadmaster 2d conv cpe	8	2,911
76-MR	Roadmaster 6p Riviera	8	809
76-R	Roadmaster 2d Riviera	8	12,901
79	Roadmaster 4d estate wgn	8	679

1952

41	Special 4d tourback sed	8	137
41-D	Special dlx 4d tourback sed	8	63,346
45-R	Special 2d Riviera	8	21,180
46-C	Special 2d conv cpe	8	600
46-S	Special 2d tourback cpe	8	2,206
48-D	Special dlx 2d tourback cpe	8	32,684
52	Super 4d Riviera sed	8	71,387
56-C	Super 2d conv cpe	8	6,904
56-R	Super 2d Riviera	8	55,400
59	Super 4d estate wgn	8	1,641
72-R	Roadmaster 4d Riviera sed	8	32,069
76-C	Roadmaster 2d conv cpe	8	2,402
76-R	Roadmaster 2d Riviera	8	11,387
79-R	Roadmaster 4d estate wgn	8	359

1953

41-D	Special dlx 4d tourback sed	8	100,312
45-R	Special 2d Riviera	8	58,780
46-C	Special 2d conv cpe	8	4,282
48-D	Special dlx 2d tourback sed	8	53,796
52	Super 4d Riviera sed	V8	90,685
56-C	Super 2d conv cpe	V8	6,701
56-R	Super 2d Riviera	V8	91,298
59	Super 4d estate wgn	V8	1,830
72-R	Roadmaster 4d Riviera sed	V8	50,523

76-C	Roadmaster 2d conv cpe	V8	3,318
76-R	Roadmaster 2d Riviera	V8	22,927
76-X	Roadmaster anniversary conv	V8	1,690
79-R	Roadmaster 4d estate wgn	V8	670

1954

41-D	Special dlx 4d tourback sed	V8	70,356
46-R	Special 2d Riviera	V8	71,186
46-C	Special 2d conv cpe	V8	6,135
48-D	Special dlx 2d tourback sed	V8	41,557
49	Special 4d estate wgn	V8	1,650
52	Super 4d Riviera sed	V8	41,756
56-C	Super 2d conv cpe	V8	3,343
56-R	Super 2d Riviera	V8	73,531
61	Century 4d tourback sed	V8	31,919
66-C	Century 2d conv cpe	V8	2,790
66-R	Century 2d Riviera	V8	45,710
69	Century 4d estate wgn	V8	1,563
72-R	Roadmaster 4d Riviera sed	V8	26,862
76-R	Roadmaster 2d Riviera	V8	20,404
76-C	Roadmaster 2d conv cpe	V8	3,305
100	M/100 Skylark conv	V8	836

1955

41	Special 4d tourback sed	V8	84,182
43	Special 4d Riviera sed	V8	66,409
46-R	Special 2d Riviera	V8	155,818
46-C	Special 2d conv	V8	10,009
48	Special 2d tourback sed	V8	61,879
49	Special 4d estate wagon	V8	2,952
52	Super 4d sedan	V8	43,280
56-C	Super 2d convertible	V8	3,527
56-R	Super 2d Riviera	V8	85,656
61	Century 4d tourback sed	V8	13,269
63	Century 4d Riviera sed	V8	55,088
66-C	Century 2d conv	V8	5,588
66-R	Century 2d Riviera	V8	80,338
68	same as Model 48 with century engine	V8	270
69	Century 4d estate wagon	V8	4,243
72	Roadmaster 4d sedan	V8	31,717
76-R	Roadmaster 2d Riviera	V8	28,071
76-C	Roadmaster 2d conv	V8	4,739

1956

41	Special 4d tourback sed	V8	66,977
43	Special 4d Riviera sed	V8	91,025
46-R	Special 2d Riviera	V8	113,861
46-C	Special 2d conv	V8	9,712
48	Special 2d tourback sed	V8	38,672
49	Special 4d estate wagon	V8	13,770
52	Super 4d sedan	V8	14,940
53	Super 4d Riviera sedan	V8	34,029
56-C	Super 2d convertible	V8	2,489
56-R	Super 2d Riviera	V8	29,540

1956 (cont'd)

61	Century 4d sedan	V8	1
63	Century 4d Riviera sed	V8	20,891
63-D	Century 4d dlx Riviera sed	V8	35,082
66-C	Century 2d conv	V8	4,721
66-R	Century 2d Riviera cpe	V8	33,334
69	Century 4d estate wgn	V8	8,160
72	Roadmaster 4d sedan	V8	11,804
73	Roadmaster 4d Riviera sed	V8	24,779
76-R	Roadmaster 2d Riviera	V8	12,490
76-C	Roadmaster 2d conv	V8	4,354

1957

41	Special 4d sedan	V8	59,739
43	Special 4d Riviera sed	V8	50,563
46-C	Special 2d conv cpe	V8	8,505
46-R	Special 2d Riviera	V8	64,425
48	Special 2d sed	V8	23,180
49	Special 4d estate wgn	V8	7,013
49-D	Special 4d Riviera estate wgn	V8	6,817
53	Super 4d Riviera sed	V8	41,665
56-C	Super 2d conv cpe	V8	2,056
56-R	Super 2d Riviera	V8	26,529
61	Century 4d sed	V8	8,075
63	Century 4d Riviera sed	V8	26,589
66-C	Century 2d conv cpe	V8	4,085
66-R	Century 2d Riviera	V8	17,029
68	same as Model 48 with Century engine	V8	2
69	Century 4d Riviera estate wgn	V8	10,186
73	Roadmaster 4d Riviera sed	V8	11,401
73-A	Roadmaster 4d Riviera sed	V8	10,526
75	Roadmaster 4d Riviera sedan	V8	12,250
75-R	Roadmaster 2d Riviera cpe	V8	2,404
76-C	Roadmaster 2d conv cpe	V8	4,363
76-A	Roadmaster 2d Riviera	V8	2,812
76-R	Roadmaster 2d Riviera	V8	3,826

1958

41	Special 4d sed	V8	48,238
43	Special 4d Riviera sed	V8	31,921
46-C	Special 2d conv cpe	V8	5,502
46-R	Special 2d Riviera cpe	V8	34,903
48	Special 2d sed	V8	11,566
49	Special 4d estate wgn	V8	3,663
49-D	Special 4d Riviera estate wgn	V8	3,420
53	Super 4d Riviera sed	V8	28,460
56-R	Super 2d Riviera cpe	V8	13,928
61	Century 4d sedan	V8	7,241
63	Century 4d Riviera sed	V8	15,171
66-C	Century 2d conv cpe	V8	2,588
66-R	Century 2d Riviera cpe	V8	8,110
68	same as Model 48 with Century engine	V8	2
69	Century 4d Riviera estate wgn	V8	4,456
75	Roadmaster 4d Riviera sed	V8	10,505
75-R	Roadmaster 2d Riviera cpe	V8	2,368
75-C	Roadmaster 2d conv cpe	V8	1,181

1959

4419	LeSabre 4d sed	V8	51,379
4435	LeSabre 4d estate wgn	V8	8,286
4437	LeSabre 2d hardtop cpe	V8	35,189
4439	LeSabre 4d hardtop sed	V8	46,069
4411	LeSabre 2d sed	V8	13,492
4467	LeSabre 2d conv cpe	V8	10,489
4619	Invicta 4d sedan	V8	10,566
4637	Invicta 2d hardtop cpe	V8	11,451
4639	Invicta 4d hardtop sed	V8	20,156
4635	Invicta 4d estate wgn	V8	5,231
4667	Invicta 2d conv cpe	V8	5,447
4719	Electra 4d sedan	V8	12,357
4737	Electra 2d hardtop cpe	V8	11,216
4739	Electra 4d hardtop sed	V8	20,612
4829	Electra 225 4d Riviera sed	V8	6,324
4839	Electra 225 4d hardtop sed	V8	10,491
4867	Electra 225 2d conv cpe	V8	5,493

1960

4411	LeSabre 2d sedan	V8	14,388
4419	LeSabre 4d sedan	V8	54,033
4435	LeSabre 4d estate wgn w/2 sts	V8	5,331
4437	LeSabre 2d hardtop cpe	V8	26,521
4439	LeSabre 4d hardtop sed	V8	35,999
4445	LeSabre 4d estate wgn w/3 sts	V8	2,222
4467	LeSabre 2d conv cpe	V8	13,588
4619	Invicta 4d sedan	V8	10,839
4635	Invicta 4d estate wgn w/2 sts	V8	3,471
4637	Invicta 2d hardtop cpe	V8	8,960
4639	Invicta 4d hardtop sed	V8	15,300
4645	Invicta 4d estate wgn w/3 sts	V8	1,605
4667	Invicta 2d conv cpe	V8	5,236
4719	Electra 4d sedan	V8	13,794
4737	Electra 2d hardtop cpe	V8	7,416
4739	Electra 4d hardtop sed	V8	14,488
4829	Electra 225 4d Riviera sed	V8	8,029
4839	Electra 225 4d hardtop sed	V8	5,841
4867	Electra 225 2d conv cpe	V8	6,746

1961

4019	special 4d sedan	V8	18,339
4027	special 2d coupe	V8	4,232
4035	sp 4d sta. wgn. w/2 sts	V8	6,101
4045	sp 4d sta. wgn. w/3 sts	V8	798
4119	sp deluxe 4d sed	V8	32,986
4135	sp deluxe 4d sta. wgn. w/2 sts	V8	11,729
4317	skylark 2d coupe	V8	12,683
4411	LeSabre 2d sedan	V8	5,959
4435	LeSabre 4d estate wgn w/2 sts	V8	5,628
4437	LeSabre 2d hardtop cpe	V8	14,474
4439	LeSabre 4d hardtop sed	V8	37,790
4445	LeSabre 4d estate wgn w/3 sts	V8	2,423
4467	LeSabre 2d conv cpe	V8	11,951

1961 (cont'd)

4469	LeSabre 4d sed	V8	35,005
4637	Invicta 2d hardtop cpe	V8	6,382
4639	Invicta 4d hardtop sed	V8	18,398
4667	Invicta 2d conv cpe	V8	3,953
4719	Electra 4d sedan	V8	13,818
4737	Electra 2d hardtop cpe	V8	4,250
4739	Electra 4d hardtop sed	V8	8,978
4829	Electra 225 4d hardtop sed	V8	13,719
4867	Electra 225 2d conv cpe	V8	7,158

1962

4019	special 4d sed	V6/V8	23,249
4027	special 2d cpe	V6/V8	19,135
4035	sp 4d sta. wgn. w/2 sts	V6/V8	7,382
4045	sp 4d sta. wgn. w/3 sts	V6/V8	2,814
4067	sp 2d conv w/manual top	V6/V8	7,918
4119	sp deluxe 4d sed	V8	31,660
4135	sp dlx 4d st. wgn. w/2 sts	V8	10,380
4167	sp dlx 2d conv w/power top	V8	8,332
4347	Skylark 2d hardtop cpe	V8	34,060
4367	Skylark 2d conv cpe	V8	8,913
4411	LeSabre 2d sed	V8	7,418
4439	LeSabre 4d hardtop sed	V8	37,518
4447	LeSabre 2d hardtop cpe	V8	25,479
4469	LeSabre 4d sedan	V8	56,783
4635	Invicta 4d estate wgn w/2 sts	V8	9,131
4639	Invicta 4d hardtop sed	V8	16,443
4645	Invicta 4d estate wgn w/3 sts	V8	4,617
4647	Invicta 2d hardtop cpe	V8	12,355
4667	Invicta 2d conv cpe	V8	13,471
4819	Electra 225 4d sed	V8	13,523
4829	Electra 225 4d pillarless sed, 6w	V8	15,395
4839	Electra 225 4d hardtop sed	V8	16,734
4847	Electra 225 2d hardtop cpe	V8	8,922
4867	Electra 225 2d conv cpe	V8	7,894

1963

4019	sp std 4d sed	V6/V8	21,733
4027	sp std 2d cpe	V6/V8	21,886
4035	sp std 4d est. wgn. w/2 sts	V6/V8	5,867
4045	sp std 4d est. wgn. w/3 sts	V6/V8	2,415
4067	sp std 2d conv cpe	V6/V8	8,082
4119	sp deluxe 4d sed	V8	37,695
4135	sp deluxe 4d est. wgn. w/2 sts	V8	8,771
4347	Skylark dlx 2d hardtop cpe	V8	32,109
4367	Skyalrk dlx 2d conv cpe	V8	10,212
4411	LeSabre 2d sed	V8	8,328
4435	LeSabre 4d est. wgn. w/2 sts	V8	5,566
4439	LeSabre 4d hardtop sed	V8	50,420
4445	LeSabre 4d est. wgn. w/3 sts	V8	3,922
4447	LeSabre 2d hardtop cpe	V8	27,977
4467	LeSabre 2d conv cpe	V8	9,975
4469	LeSabre 4d sed	V8	64,995

4635	Invicta 4d est. wgn. w/2 sts	V8	3,495
4639	Wildcat 4d hardtop sed	V8	17,519
4647	Wildcat 2d hardtop cpe	V8	12,185
4667	Wildcat 2d conv	V8	6,021
4819	Electra 225 4d sed	V8	14,268
4829	Electra 225 4d Riviera sed	V8	11,468
4839	Electra 225 4d hardtop sed	V8	19,714
4847	Electra 225 2d hardtop cpe	V8	6,848
4867	Electra 225 2d conv cpe	V8	6,367
4747	Riviera 2d sport cpe	V8	40,000

1964

4027	sp 2d coupe	V6/V8	15,030
4035	sp 4d sta. wgn. w/2 sts	V6/V8	6,270
4067	sp 2d conv cpe	V6/V8	6,308
4069	sp 4d sedan	V6/V8	17,983
4127	sp dlx 2d cpe	V6/V8	11,962
4135	sp dlx 4d sta. wgn. 2-seat	V6/V8	9,467
4169	sp dlx 4d sed	V6/V8	31,742
4337	Skylark 2d spt cpe	V6/V8	42,356
4367	Skylark 2d conv cpe	V6/V8	10,225
4369	Skylark 4d sedan	V6/v8	19,635
4255	Skylark 4d spt wgn w/2 sts, 2 brl	V8	2,709
4265	Skylark 4d spt wgn w/3 sts, 2 brl	V8	2,586
4355	Skylark 4d spt wgn w/2 sts, 4 brl	V8	3,913
4365	Skylark 4d spt wgn w/3 sts, 4 brl	V8	4,446
4439	LeSabre 4d hardtop sed	V8	37,052
4447	LeSabre 2d sport coupe	V8	24,177
4467	LeSabre 2d conv cpe	V8	6,685
4469	LeSabre 4d sed	V8	56,729
4635	LeSabre 4d est. wgn. w/2 sts	V8	6,517
4645	LeSabre 4d est. wgn. w/3 sts	V8	4,003
4639	Wildcat 4d hardtop sed	V8	33,358
4647	Wildcat 2d sport cpe	V8	22,893
4667	Wildcat 2d conv cpe	V8	7,850
4669	Wildcat 4d sedan	V8	20,144
4819	Electra 225 4d sed	V8	15,968
4829	Electra 225 4d pillarless sed	V8	11,663
4839	Electra 225 4d hardtop sed	V8	24,935
4847	Electra 225 2d sport cpe	V8	9,045
4867	Electra 225 2d conv cpe	V8	7,181
4747	Riviera 2d sport cpe	V8	37,658

1965

3327	sp 2d coupe	V6	12,945
3335	sp 4d sta. wgn. w/2 sts	V6	2,868
3367	sp 2d conv cpe	V6	3,357
3369	sp 4d sed	V6	13,828
3535	sp dlx 4d sta. wgn. w/2 sts	V6	1,677
3569	sp dlx 4d sedan	V6	11,033
3427	sp 2d cpe	V8	5,309
3435	sp 4d sta. wgn. w/2 sts	V8	3,676

1965 (cont'd)

3467	sp 2d conv cpe	V8	3,365
3469	sp 4d sedan	V8	8,121
3635	sp dlx 4d sta. wgn. w/2 sts	V8	9,123
3669	sp dlx 4d sed	V8	26,299
4255	Skylark 4d spt wgn w/2 sts	V8	4,226
4265	Skylark 4d spt wgn w/3 sts	V8	4,664
4327	Skylark 2d coupe	V8	4,195
4337	Skylark 2d hardtop cpe	V8	4,549
4367	Skylark 2d conv cpe	V8	1,181
4369	Skylark 4d sed	V8	3,385
4427	Skylark 2d coupe	V8	11,877
4437	Skylark 2d hardtop cpe	V8	47,034
4467	Skylark 2d conv cpe	V8	10,456
4469	Skylark 4d sed	V8	22,335
4455	Skylark Custom 4d spt wgn w/2 sts	V8	8,300
4465	Skylark Custom 4d spt wgn w/3 sts	V8	11,166
5237	LeSabre 2d hardtop cpe	V8	15,786
5239	LeSabre 4d hardtop sed	V8	18,384
5269	LeSabre 4d sed	V8	37,788
5437	LeSabre Custom 2d hardtop cpe	V8	21,049
5439	LeSabre Custom 4d hardtop sed	V8	23,394
5467	LeSabre Custom 2d conv cpe	V8	6,543
5469	LeSabre Custom 4d sed	V8	22,052
6237	Wildcat 2d hardtop cpe	V8	6,031
6239	Wildcat 4d hardtop sed	V8	7,499
6269	Wildcat 4d sed	V8	10,184
6437	Wildcat dlx 2d hdtp cpe	V8	11,617
6439	Wildcat dlx 4d hdtp sed	V8	13,903
6467	Wildcat dlx 2d conv cpe	V8	4,616
6469	Wildcat dlx 4d sed	V8	9,765
6637	Wildcat custom 2d hdtp cpe	V8	15,896
6639	Wildcat custom 4d hdtp sed	V8	14,878
6667	Wildcat custom 2d conv cpe	V8	4,398
8237	Electra 2d hardtop cpe	V8	6,302
8239	Electra 4d hardtop sed	V8	12,842
8269	Electra 4d sed	V8	12,459
8437	Electra custom 2d hdtp cpe	V8	9,570
8439	Electra custom 4d hdtp sed	V8	29,932
8467	Electra custom 2d conv cpe	V8	8,505
8469	Electra custom 4d sed	V8	7,197
9447	Riviera 2d hardtop cpe	V8	34,586

1966

3307	Special 2d cpe	V6	9,322
3335	Special 4d sta. wgn. w/2 sts	V6	1,451
3367	Special 2d conv cpe	V6	1,357
3369	Special 4d sed	V6	8,797
3407	Special 2d cpe	V8	5,719
3435	Special 4d sta. wgn. w/2 sts	V8	3,038
3467	Special 2d conv cpe	V8	2,036

3469	Special 4d sedan	V8	9,355
3507	Special dlx 2d cpe	V6	2,359
3517	Special dlx 2d hardtop cpe	V6	2,507
3535	Special dlx 4d sta. wgn. w/2 sts	V6	824
3569	Special dlx 4d sed	V6	5,573
3607	Special dlx 2d cpe	V8	4,908
3617	Special dlx 2d hardtop cpe	V8	10,350
3635	Special dlx 4d sta. wgn. w/2 sts	V8	7,592
3669	Special dlx 4d sed	V8	27,909
4307	Skylark 2d coupe	V6	1,454
4317	Skylark 2d hardtop cpe	V6	2,552
4339	Skylark 4d hardtop sed	V6	1,422
4367	Skylark 2d conv cpe	V6	608
4407	Skylark 2d coupe	V8	6,427
4417	Skylark 2d hardtop cpe	V8	33,326
4439	Skylark 4d hardtop sed	V8	18,873
4467	Skylark 2d conv cpe	V8	6,129
4255	Sport wgn 4d 2 seat w/2 brl	V8	2,469
4265	Sport wgn 4d 3 seat w/4 brl	V8	2,667
4455	Sport wgn 4d 2 seat w/4brl	V8	6,964
4465	Sport wgn 4d 3 seat w/4 brl	V8	9,510
4607	Skylark gran sport 2d cpe	V8	1,835
4617	Skylark gran sport 2d hdtp cpe	V8	9,934
4667	Skylark gran sport 2d conv cpe	V8	2,047
5237	LeSabre 2d hardtop cpe	V8	13,843
5239	LeSabre 2d hardtop sed	V8	17,740
5269	LeSabre 4d sedan	V8	39,146
5437	LeSabre custom 2d hdtp cpe	V8	18,830
5439	LeSabre custom 4d hdtp sed	V8	21,914
5467	LeSabre custom 2d conv cpe	V8	4,994
5469	LeSabre custom 4d sed	V8	25,932
6437	Wildcat 2d hardtop cpe	V8	9,774
6439	Wildcat 4d hardtop sedan	V8	15,081
6469	Wildcat 4d sedan	V8	14,389
6467	Wildcat 2d conv cpe	V8	2,690
6637	Wildcat custom 2d hdtp cpe	V8	10,800
6639	Wildcat custom 4d hdtp sed	V8	13,060
6667	Wildcat custom 2d conv cpe	V8	2,790
8237	Electra 225 2d hardtop cpe	V8	4,882
8239	Electra 225 4d hardtop sed	V8	10,792
8269	Electra 225 4d sedan	V8	11,740
8437	Electra 225 custom 2d hdtp cpe	V8	10,119
8439	Electra 225 custom 4d hdtp sed	V8	34,149
8467	Electra 225 custom 2d conv cpe	V8	7,175
8469	Electra 225 custom 4d sed	V8	9,368
9487	Riviera 2d hardtop cpe	V8	45,348

1967

3307	Special 2d coupe	V6/V8	6,989
3335	Special 4d sta. wgn. w/2 sts	V6/V8	908
3369	Special 4d sedan	V6/V8	4,711
3407	Special 2d coupe	V8	8,937

1967 (cont'd)

3417	Special 2d hardtop coupe	V8	3,692
3435	Special 4d sta. wgn. w/2 sts	V8	1,688
3469	Special 4d sedan	V8	5,793
3517	Special deluxe 2d hdtp cpe	V6/V8	2,357
3569	Special deluxe 4d sedan	V6/V8	3,650
3617	Special deluxe 2d hdtp cpe	V8	14,408
3635	Special dlx 4d sta. wgn. w/2sts	V8	6,851
3669	Special deluxe 4d sed	V8	26,057
4307	Skylark 2d coupe	V6/V8	894
4407	Skylark 2d coupe	V8	3,165
4417	Skylark 2d hardtop cpe	V8	41,084
4439	Skylark 4d hardtop sed	V8	13,721
4467	Skylark 2d conv cpe	V8	6,319
4469	Skylark 4d sedan	V8	9,213
4855	Sport wagon 4d 2 seat w/wood grain	V8	3,114
4865	Sport wagon 4d 3 seat w/wood grain	V8	4,559
4455	Sport wagon 4d w/2 seats	V8	5,440
4465	Sport wagon 4d w/3 seats	V8	5,970
4607	Skylark gran sport 2d cpe	V8	1,014
4617	Skylark gran sport 2d hdtp cpe	V8	10,659
4667	Skylark gran sport 2d conv cpe	V8	2,140
5239	LeSabre 4d hardtop sed	V8	17,464
5269	LeSabre 4d sedan	V8	36,220
5287	LeSabre 2d hardtop cpe	V8	13,760
5487	LeSabre custom 2d hdtp cpe	V8	22,666
5439	LeSabre custom 4d hdtp sed	V8	32,526
5467	LeSabre custom 2d conv cpe	V8	4,624
5469	LeSabre custom 4d sedan	V8	27,930
6487	Wildcat 2d hardtop cpe	V8	10,585
6439	Wildcat 4d hardtop sed	V8	15,110
6467	Wildcat 2d conv cpe	V8	2,276
6469	Wildcat 4d sedan	V8	14,579
6687	Wildcat custom 2d hdtop cpe	V8	11,871
6639	Wildcat custom 4d hdtp	V8	13,547
6667	Wildcat custom 2d conv cpe	V8	2,913
8257	Electra 225 2d hdtp cpe	V8	6,845
8239	Electra 225 4d hdtp sed	V8	12,491
8269	Electra 225 4d sed	V8	10,787
8457	Electra 225 custom 2d hdtp cpe	V8	12,156
8439	Electra 225 custom 4d hdtp sed	V8	40,978
8467	Electra 225 custom 2d conv cpe	V8	6,941
8469	Electra 225 custom 4d sed	V8	10,106
9487	Riviera 2d hardtop cpe	V8	42,799

1968

3327	Special deluxe 2d cpe	V6/V8	21,988
3369	Special deluxe 4d sed	V6/V8	16,571
3435	Sp dlx 4d sta. wgn. w/2 sts	V8	10,916
3537	Skylark 2d hardtop cpe	V6/V8	32,795

3569	Skylark 4d sedan	V6/V8	27,387
4437	Skylark custom 2d hdtp cpe	V8	44,143
4439	Skylark custom 4d hdtp sed	V8	12,984
4467	Skylark custom 2d conv cpe	V8	8,188
4469	Skylark custom 4d sed	V8	8,066
4455	Sport wagon 4d w/2 sts	V8	5,916
4465	Sport wagon 4d w/3 sts	V8	6,083
3437	Gran sport 350 2d hdtp cpe	V8	8,317
4637	Gran sport 400 2d hdtp cpe	V8	10,743
4667	Gran sport 400 2d conv cpe	V8	2,454
4855	Sport wgn 4d 2 seat w/wood grain	V8	4,614
4865	Sport wgn 4d 3 seat w/wood grain	V8	6,295
5239	LeSabre 4d hardtop sed	V8	18,058
5269	LeSabre 4d sedan	V8	37,433
5287	LeSabre 2d hdtp cpe	V8	14,922
5439	LeSabre custom 4d hdtp sed	V8	40,370
5467	LeSabre custom 2d conv cpe	V8	5,257
5469	LeSabre custom 4d sed	V8	34,112
5487	LeSabre custom 2d hdtp cpe	V8	29,596
6439	Wildcat 4d hardtop sed	V8	15,153
6469	Wildcat 4d sedan	V8	15,201
6487	Wildcat 2d hardtop cpe	V8	10,708
6639	Wildcat custom 4d hdtp sed	V8	14,059
6667	Wildcat custom 2d conv cpe	V8	3,572
6687	Wildcat custom 2d hdtp cpe	V8	11,276
8239	Electra 4d hardtop sed	V8	15,376
8257	Electra 2d hardtop cpe	V8	10,705
8269	Electra 4d sedan	V8	12,723
8439	Electra custom 4d hdtp sed	V8	50,846
8457	Electra custom 2d hdtp cpe	V8	16,826
8467	Electra custom 2d conv cpe	V8	7,976
8469	Electra custom 4d sed	V8	10,910
9487	Riviera 2d hardtop cpe	V8	49,284

1969

3327	Special deluxe 2d cpe	L6/V8	15,268
3369	Special deluxe 4d sed	L6/V8	11,113
3435	Sp deluxe 4d sta. wgn. w/2 sts	V8	2,590
3436	Sp dlx 4d sta. wgn. w/2 sts	V8	6,677
3537	Skylark 2d hardtop cpe	L6/V8	38,658
3569	Skylark 4d sedan	L6/V8	22,349
4437	Skylark custom 2d hdtp cpe	V8	35,639
4467	Skylark custom 2d conv cpe	V8	6,552
4439	Skylark custom 4d hdtp sed	V8	9,609
4469	Skylark custom 4d sed	V8	6,423
4456	Sport wagon 4d w/2sts	V8	9,157
4466	Sport wagon 4d w/3 sts	V8	11,513
3437	Gran sport 350 2d hdtp cpe	V8	4,933
4637	Gran sport 400 2d hdtp cpe	V8	6,356
4667	Gran sport 400 2d conv cpe	V8	1,776
5237	LeSabre 2d hardtop cpe	V8	16,201
5239	LeSabre 4d hardtop sed	V8	17,235
5269	LeSabre 4d sedan	V8	36,664
5437	LeSabre custom 2d hdtp cpe	V8	38,887
5439	LeSabre custom 4d hdtp sdn	V8	48,123
5467	LeSabre custom 2d conv cpe	V8	3,620
5469	LeSabre custom 4d sed	V8	37,136
6437	Wildcat 2d hardtop cpe	V8	12,416
6439	Wildcat 4d hardtop sed	V8	13,805
6469	Wildcat 4d sedan	V8	13,126

1969 (cont'd)

6637	Wildcat custom 2d hdtp cpe	V8	12,136
6639	Wildcat custom 4d hdtp sed	V8	13,596
6667	Wildcat custom 2d conv cpe	V8	2,374
8257	Electra 2d hardtop cpe	V8	13,128
8239	Electra 4d hardtop sed	V8	15,983
8269	Electra 4d sedan	V8	14,521
8457	Electra custom 2d hdtp cpe	V8	27,018
8439	Electra custom 4d hdtp sed	V8	65,240
8467	Electra custom 2d conv cpe	V8	8,294
8469	Electra custom 4d sed	V8	14,434
9487	Riviera 2d hardtop cpe	V8	52,872

1970

3327	Skylark 2d coupe	L6/V8	18,620
3369	Skylark 4d sedan	L6/V8	13,420
3537	Skylark 350 2d hardtop cpe	V8	70,918
3569	Skylark 350 4d sedan	V8	30,281
4437	Skylark custom 2d hdtp cpe	V8	36,367
4467	Skylark custom 2d conv cpe	V8	4,954
4439	Skylark custom 4d hdtp sed	V8	12,411
4469	Skylark custom 4d sedan	V8	7,113
3437	Gran sport 350 2d hdtp cpe	V8	9,948
4637	Gran sport 455 2d hdtp cpe	V8	8,732

4667	Gran sport 455 2d conv cpe	V8	1,416
3435	Sport wagon 4d w/2 sts	V8	2,239
3436	Sport wagon 4d w/2sts	V8	10,002
5237	LeSabre 2d hardtop cpe	V8	14,163
5239	LeSabre 4d hardtop sed	V8	14,817
5269	LeSabre 4d sedan	V8	35,404
5437	LeSabre custom 2d hdtp cpe	V8	35,641
5439	LeSabre custom 4d hdtp sed	V8	43,863
5467	LeSabre custom 2d conv cpe	V8	2,487
5469	LeSabre custom 4d sed	V8	36,682
6437	LeSabre 455 2d hdtp cpe	V8	5,469
6439	LeSabre 455 4d hdtp sed	V8	6,541
6469	LeSabre 455 4d sedan	V8	5,555
6036	Estate wagon 4d w/2 sts	V8	11,427
6046	Estate wagon 4d w/3 sts	V8	16,879
6637	Wildcat 2d hardtop cpe	V8	9,447
6639	Wildcat 4d hardtop sed	V8	12,924
6667	Wildcat 2d conv cpe	V8	1,244
8257	Electra 2d hdtp cpe	V8	12,013
8239	Electra 4d hdtp sed	V8	14,338
8269	Electra 4d sedan	V8	12,580
8457	Electra custom 2d hdtp cpe	V8	26,002
8439	Electra custom 4d hdtp sed	V8	65,114
8467	Electra custom 2d conv cpe	V8	6,045
8469	Electra custom 4d sed	V8	14,109
9487	Riviera 2d hardtop cpe	V8	37,336

Cadillac-LaSalle Calendar Year Production

1902........3	1924....17,748	1948....66,209
1903.....2,497	1925....22,542	1949....81,545
1904.....2,457	1926....27,340	1950...110,535
1905.....3,942	1927....34,811	1951...103,266
1906.....3,559	1928....41,172	1952....96,850
1907.....2,884	1929....36,598	1953...103,538
1908.....2,377	1930....22,559	1954...123,746
1909.....7,868	1931....15,012	1955...153,334
1910....10,039	1932.....9,153	1956...140,873
1911....10,071	1933.....6,736	1957...153,236
1912....12,708	1934....11,468	1958...125,501
1913....17,284	1935....23,559	1959...138,527
1914.....7,818	1936....28,479	1960...158,941
1915....20,404	1937....45,223	1961...148,298
1916....16,323	1938....27,613	1962...158,528
1917....19,759	1939....38,520	1963...164,735
1918....12,329	1940....40,245	1964...154,603
1919....19,851	1941....59,572	1965...196,595
1920....19,790	1942.....2,873	1966...205,001
1921....11,130	1945.....1,142	1967...213,161
1922....22,021	1946....28,144	1968...210,904
1923....22,009	1947....59,436	1969...266,798
		1970...152,859

Cadillac New Passenger Car Registrations

1923....17,809	1950...101,825
1924....16,740	1951....97,093
1925....19,445	1952....87,806
1926....25,025	1953....98,612
1927....18,461	1954...110,328
1928....18,189	1955...141,038
1929....14,936	1956...132,952
1930....12,078	1957...141,209
1931....11,136	1958...122,577
1932.....6,269	1959...135,387
1933.....3,903	1960...149,593
1934.....4,899	1961...142,195
1935.....6,692	1962...151,528
1936....11,766	1963...159,233
1937....11,231	1964...151,638
1938....10,639	1965...189,661
1939....13,090	1966...196,498
1940....21,965	1967...209,546
1941....60,242	1968...205,593
1946....23,666	1969...243,905
1947....53,379	1970...165,042
1948....59,379	1971...250,816
1949....80,880	1972...243,021

Cadillac Model Year Production

Year(s)	Series	Cyl	Model Year Production
1902,03	A	1	2,500
1904	A,B	1	2,418
1905	B,C,E,F	1	3,556
	D	4	156
1906	K,L,M	1,4,1	2,150
1906,07,08	H	4	509
1907,08	G	4	629
1907	K,M	1	1,925
1908	M,S,T	1	1,482
1909	M	1	?
1909	Thirty	4	5,903
1910	Thirty	4	8,008
1911	Thirty	4	10,018
1912	Thirty	4	13,995
1913	Thirty	4	15,018
1914	Thirty	4	14,002
1915	Type 51	V8	13,002
1916	Type 53	V8	18,004
1917	Type 55	V8	18,002
1918	Type 57	V8	20,285
1919	Type 57	V8	20,678
1920	Type 59	V8	19,628
1921	Type 59	V8	5,250
1922	Type 61	V8	26,296
1923	Type 61	V8	14,707
1924	Type V-63	V8	18,827
1925	Type V-63	V8	16,673
1926	Series 314	V8	14,249
1927	Series 314A	V8	36,369
1928	Series 341/341A	V8	40,000
1929	Series 341B	V8	18,004
1930	Series 353	V8	11,005
1930,31	Series 370	V12	5,725
1930,31	Series 452	V16	3,250
1931	Series 355	V8	10,709
1932	Series 355B	V8	2,693
	Series 370B	V12	1,709
	Series 452B	V16	296
1933	Series 355C	V8	2,096
	Series 370C	V12	952
	Series 452C	V16	125

Cadillac Production By Series and Body Styles

1934

Series 355D (V8) (123" w.b.)	2,015
Series 355D (V8) (136" w.b.)	2,729
Series 355D (V8) (145" w.b.)	336
Series 370D V(12)	683

"452D" Series (V16)

5725	town cabriolet	4
5730	imperial brougham	1
5733	imperial town sed	1
5733S	5 passenger town sed	2
5735	2 passenger conv cpe	2
5775	imperial sedan	10
5775FL	imperial cabriolet	1
5775S	imperial brougham	5
5776	2 passenger coupe	5
5780S	all-weather phaeton	1
5780	as above with division	5
5785	convertible coupe	1
5799	aerodynamic coupe	3
6075	7 passenger imperial sed	9
6075S	7 passenger sedan	5
	chassis	1
	TOTAL	56

1935

Series 10 (V8 Fisher) (128" w.b.)	1,130
Series 10 (V8 Fisher) (136" w.b.)	1,859
Series 10 (V8 Fleetwood)	220
Series 40 370D (V12 Fleetwood)	377

"60 452D" Series (V16 Fleetwood)

5725	7 passenger town cabr	2
5730S	5 passenger sedan	1
5733	5 passenger imperial town sed	2
5733S	5 passenger town sedan	4
5775	7 passenger imperial sed	15
5775S	7 passenger sedan	2
5776	2 passenger coupe	2
5780	5 passenger conv sedan	4
5785	5 passenger conv coupe	2
5791B	7 passenger lim brougham	1
6033S	5 passenger town sedan	2
6075	7 passenger imperial sedan	6
6075B	7 passenger imperial cabr	2
6075S	7 passenger sedan	3
6075H3	7p imperial brougham	1
	chassis	1
	TOTAL	50

1936

Series 60 (V8)	6,700
Series 70 Fleetwood (V8)	2,000
Series 75 Fleetwood (V8)	3,227
Series 80 Fleetwood (V12)	250
Series 85 Fleetwood (V12)	651

"90" Series (V16)

5725	7 passenger town cabr	1
5725C	7 passenger town landau	1
5730S	5 passenger sedan	1
5730FL	5 passenger imperial cabr	3
5733S	close coupled town sedan	3
5735	2 passenger convertible cpe	2
5775	7 passenger imperial sedan	24
5775S	7 passenger sedan	2
5775FL	7 passenger imperial cabr	1
5776	2 passenger coupe	1
5780	5 passenger convertible sed	6
5799	5 passenger aerodynamic cpe	4
	chassis	3
	TOTAL	52

1937

Series 60 (V8 incl commercial)	7,000
Series 65 (V8)	2,401
Series 70 (V8)	1,001
Series 75 (V8 incl commercial)	3,227
Series 85 (V12)	474

"90" Series (V16)

5725	7 passenger town cabr	2
5733S	close coupled town sed	2
5775	7 passenger imperial sed	24
5775S	7 passenger sedan	2
5775FL	7 passenger imperial cabr	3
5775SF	7 passenger imperial brougham	1
5776	2 passenger coupe	4
5780	5 passenger conv sed	5
5785	5 passenger collapsible cpe	2
5791	7 passenger lim brougham	1
5799	5p aerodynamic cpe	1
	chassis	2
	TOTAL	49

1938

"60" Series (V8)

6119	4d sedan	1,295
6119	*ckd as above	12
6127	coupe	438

*Crated for export.

1938 (cont'd)

6149	convertible sedan	60
6167	convertible coupe	145
61	159" com chassis	101
	TOTAL	2,051

"60" Series Special (V8)

6019S	4d sedan	3,587
6019S	ckd as above	108
60	chassis	8
	TOTAL	3,703

"65" Series (V8)

6519	4d sedan	1,178
6519F	imperial sedan	110
6549	convertible sedan	110
65	chassis	3
	TOTAL	1,401

"75" Series Fleetwood (V8)

7519	5 passenger sedan	475
7519F	5 passenger imperial sed	34
7523	7 passenger sedan	380
7523L	7 passenger business sed	25
7529	5 passenger convertible sed	58
7533	7 passenger imperial sedan	479
7533	ckd as above	84
7533F	7 passenger formal sedan	40
7533L	7 passenger bus. imperial	25
7539	5 passenger town sedan	56
7553	7 passenger town car	17
7557	2 passenger coupe	52
7557B	5 passenger coupe	42
7559	5 passenger formal sedan	63
7567	convertible coupe	44
75	chassis	16
75	ckd chassis	8
75	161" commercial chassis	11
	TOTAL	1,909

"90" Series Sixteen Fleetwood (V16)

9019	5 passenger sedan	43
9019F	5 passenger imperial sedan	5
9023	7 passenger sedan	65
9029	5 passenger convertible sed	13
9033	7 passenger imperial sedan	95
9033F	formal sedan	17
9039	5 passenger town sedan	20
9053	7 passenger town car	11
9057	2 passenger coupe	11
9057B	5 passenger coupe	8
9059	5 passenger formal sedan	8
9067	2 passenger convertible cpe	10
9006	161" presidential	2
90	chassis	3
	TOTAL	311

1939

"61" Series (V8)

6119	4d sedan	3,955
6119	ckd as above	96
6119A	4d sunroof sedan	43
6119F	imperial sedan	30
6127	coupe	1,023
6129	convertible sedan	140
6167	convertible coupe	350
61	156" commercial chassis	237
	TOTAL	5,874

"60" Series Special Fleetwood (V8)

6019S	4d sedan	5,135
6019S	ckd as above	84
6019SA	4d sun roof sedan	225
6019SAF	sun roof imperial sedan	55
60S	chassis	7
	TOTAL	5,506

"75" Series Fleetwood (V8)

7519	5 passenger sedan	543
7519F	5 passenger imperial sedan	53
7523	7 passenger sedan	412
7523L	7 passenger business sedan	33
7529	5 passenger conv sedan	36
7533	7 passenger imperial sedan	638
7533	ckd as above	60
7533F	7 passenger formal sedan	44
7533L	7 passenger bus. imperial	2
7539	5 passenger town sedan	51
7553	7 passenger town car	13
7557	2 passenger coupe	36
7557B	5 passenger coupe	23
7559	5 passenger formal sedan	53
7567	2p conv cpe	27
75	chassis	13
75	161" commercial chassis	28
	TOTAL	2,065

"90" Series Sixteen Fleetwood (V16)

9019	5 passenger sedan	13
9019F	5 passenger imperial sedan	2
9023	7 passenger sedan	18
9029	5 passenger conv sedan	4
9033	7 passenger imperial sedan	60
9033F	7 passenger formal sedan	8
9039	5 passenger town sedan	2
9053	7 passenger town car	5
9057	2 passenger coupe	6
9057B	5 passenger coupe	5
9059	5 passenger formal sedan	4
9067	2 passenger conv coupe	7
90	chassis	2
	TOTAL	136

1940

"62" Series (V8)

6219	4d sedan	4,242
6219	ckd as above	60
6227	coupe	1,322
6229	convertible sedan	75
6267	convertible coupe	200
62	chassis	1
	TOTAL	5,900

"60" Series Special Fleetwood (V8)

6019S	4d sedan	4,242
6019SA	4d sun roof sedan	230
6019F	imperial sedan	110
6019AF	sun roof imperial sedan	3
6053LB	leather back town car	6
6053MB	metal back town car	9
	TOTAL	4,600

"72" Series Fleetwood (V8)

7219	5 passenger sedan	455
7219F	4 passenger imperial sedan	100
7223	7 passenger sedan	305
7223L	7 passenger business sedan	25
7233	7 passenger imperial sedan	292
7233F	7 passenger formal sedan	20
7233L	7 passenger business imperial	36
7259	5 passenger formal sedan	18
72	165" commercial chassis	275
	TOTAL	1,526

"75" Series Fleetwood (V8)

7519	5 passenger sedan	155
7519F	5 passenger imperial sedan	25
7523	7 passenger sedan	166
7529	5 passenger convertible sedan	45
7533	7 passenger imperial sedan	338
7533F	7 passenger formal sedan	42
7539	5 passenger town sedan	14
7553	7 passenger town car	14
7557	2 passenger coupe	15
7557B	5 passenger coupe	12
7559	5 passenger formal sedan	48
7567	2 passenger convertible coupe	30
75	chassis	3
75	161" commercial chassis	52
	TOTAL	959

"90" Series Sixteen Fleetwood (V16)

9019	5 passenger sedan	4
9023	7 passenger sedan	4
9029	5 passenger convertible sedan	2
9033	7 passenger imperial sedan	20
9033F	7 passenger formal sedan	20
9039	5 passenger town sedan	1
9053	7 passenger town car	2
9057	2 passenger coupe	2
9057B	5 passenger coupe	1
9059	5 passenger formal sedan	2
9067	2 passenger convertible coupe	2
90	chassis	1
	TOTAL	61

1941

"61" Series

6109	4d sedan	10,925
6109D	4d deluxe sedan	3,495
6127	coupe	11,812
6127D	deluxe coupe	3,015
61	chassis	3
	TOTAL	29,250

"62" Series

6219	4d sedan	8,012
6219D	4d deluxe sedan	7,754
6219D	ckd as above	96
6227	coupe	1,985
6227D	deluxe coupe	1,900
6229D	convertible sedan	400
6267D	convertible coupe	3,100
62	chassis	4
62	163" commmercial chassis	1,475
	TOTAL	24,726

Series 63 (V8) 4d sedan   5,050

"60" Series Special Fleetwood

6019	4d sedan	3,693
6019A	4d sun roof sedan	185
6019F	imperial sedan	220
6053LB	town car	1
60	chassis	1
	TOTAL	4,100

"67" Series

6719	5 passenger sedan	315
6719F	5 passenger imperial sed	95
6723	7 passenger sedan	280
6733	7 passenger imperial sed	210
	TOTAL	900

"75" Series Fleetwood

7519	5 passenger sedan	422
7519F	5 passenger imperial sedan	132
7523	7 passenger sedan	405
7523L	9 passenger business sedan	54
7533	7 passenger imperial sedan	757
7533F	7 passenger formal sedan	98
7533L	9 passenger business imperial	6
7559	5 passenger formal sedan	75
75	chassis	5
75	163" commercial chassis	150
	TOTAL	2,104

1942

"61" Series

6107	coupe	2,470
6107	ckd as above	12
6109	4d sedan	3,194
6109	ckd as above	24
	TOTAL	5,700

"62" Series

6207	coupe	515
6207D	deluxe coupe	530
6267D	convertible coupe	308
6269	4d sedan	1,780
6269D	4d deluxe sedan	1,743
6269D	ckd as above	84
	TOTAL	4,960

Series 63 4d sedan 1,750

"60" Series Special Fleetwood

6069	4d sedan	1,684
6069F	5 passenger imperial sedan	190
60	chassis	1
	TOTAL	1,875

"67" Series

6719	5 passenger sedan	200
6719F	5 passenger imperial sedan	50
6723	7 passenger sedan	260
6733	7 passenger imperial sedan	190
	TOTAL	700

"75" Series Fleetwood

7519	5 passenger sedan	205
7519F	5 passenger imperial sedan	65
7523	7 passenger sedan	225
7523L	9 passenger business sedan	29
7533	7 passenger imperial sedan	430
7533F	7 passenger formal sedan	80
7533L	9 passenger business imperial	6
7559	5p formal sed	60
75	chassis	1
75	163" commercial chassis	425
	TOTAL	1,526
	GRAND TOTAL	16,511

1946

"61" Series

6107	coupe	800
6109	sedan	2,200
61	chassis	1
	TOTAL	3,001

"62" Series

6207	coupe	2,323
6267D	convertible coupe	1,342
6269	sedan	14,900
62	chassis	1
	TOTAL	18,566

Series 60 Special Fleetwood sedan 5,700

"75" Series Fleetwood

7519	5 passenger sedan	150
7523	7 passenger sedan	225
7523L	9 passenger business sedan	22
7533	7 passenger imperial sedan	221
7533L	9 passenger business imperial	17
75	163" commercial chassis	1,292
	TOTAL	1,927
	GRAND TOTAL	29,194

1947

"61" Series

6107	coupe	3,395
6109	sedan	5,160
	TOTAL	8,555

"62" Series

6207	coupe	7,245
6267	convertible coupe	6,755
6269	sedan	25,834
62	chassis	1
	TOTAL	39,835

Series 60 Special Fleetwood sedan 8,500

"75" Series Fleetwood

7519	5 passenger sedan	300
7523	7 passenger sedan	890
7523L	9 passenger business sedan	135
7533	7 passenger imperial sedan	1,005
7533L	9p bus. imperial	80
75	chassis	3
75	163" commercial chassis	2,423
75	163" business chassis	200
	TOTAL	5,036
	GRAND TOTAL	61,926

1948

"61" Series

6107	coupe	3,521
6169	sedan	5,081
61	chassis	1
	TOTAL	8,603

1948 (cont'd)

"62" Series

6207	coupe	4,764
6267X	convertible coupe	5,450
6269	sedan	23,997
62	chassis	2
	TOTAL	34,213

Series 60 Special Fleetwood sedan   6,561

"75" Series Fleetwood

7519X	5 passenger sedan	225
7523L	9 passenger business sedan	90
7523X	7 passenger sedan	499
7533L	9 passenger business imperial	64
7533X	7p imperial sed	382
75	chassis	2
76	163" commercial chassis	2,067
	TOTAL	3,329
	GRAND TOTAL	52,706

1949

'61" Series

6107	coupe	6,409
6169	sedan	15,738
61	chassis	1
	TOTAL	22,148

"62" Series

6207	coupe	7,515
6237	coupe de ville	2,150
6267X	convertible coupe	8,000
6269	sedan	37,617
6269	ckd export sedan	360
62	chassis	1
	TOTAL	55,643

"60" Series Special Fleetwood

6037X	special coupe de ville	1
6069X	sedan	11,399
	TOTAL	11,400

"75" Series Fleetwood

7519X	5 passenger sedan	220
7523L	9 passenger business sedan	35
7523X	7 passenger sedan	595
7533L	9 passenger business imperial	25
7533X	7 passenger imperial sedan	626
75	chassis	1
86	163" commercial chassis	1,861
	TOTAL	3,363
	GRAND TOTAL	92,554

1950

"61" Series

6137	coupe	11,839
6169	sedan	14,619
6169	ckd export sedan	312
61	chassis	2
	TOTAL	26,772

"62" Series

6219	sedan	41,890
6237	coupe	6,434
6237DX	coupe de ville	4,507
6267	convertible coupe	6,986
62	chassis	1
	TOTAL	59,818

Series 60 Special Fleetwood sedan   13,755

"75" Series Fleetwood

7523L	business sedan	1
7523X	sedan	716
7533X	imperial sedan	743
86	157" commercial chassis	2,052
	TOTAL	3,512
	GRAND TOTAL	103,857

1951

"61" Series

6137	coupe	2,400
6169	sedan	2,300
	TOTAL	4,700

"62" Series

6219	sedan	54,596
6219	ckd export sedan	756
6237	coupe	10,132
6237DX	coupe de ville	10,241
6267	convertible coupe	6,117
62-126	chassis	2
	TOTAL	81,844

Series 60 Special Fleetwood sedan   18,631

"75" Series Fleetwood

7523L	business sedan	30
7523X	sedan	1,090
7533X	imperial sedan	1,085
86	157" commercial chassis	2,960
	TOTAL	5,165
	GRAND TOTAL	110,340

1952

"62" Series

6219	sedan	42,625
6237	coupe	10,065
6237DX	coupe de ville	11,165
6267X	convertible coupe	6,400
	TOTAL	70,255

Series 60 Special Fleetwood sedan		16,110
Series 75 Fleetwood sedan		1,400
Series 75 Fleetwood imperial		800

8680S	157" commercial chassis	1,694
	GRAND TOTAL	90,259

1953

"62" Series

6219	sedan	47,316
6219	ckd export sedan	324
6237	coupe	14,353
6237DX	coupe de ville	14,550
6267X	convertible coupe	8,367
6267SX	eldorado convertible	532
62	chassis	4
	TOTAL	85,446

Series 60 Special Fleetwood sedan		20,000
Series 75 Fleetwood sedan		1,435
Series 75 Fleetwood imperial		765

8680S	157" commercial chassis	2,005
	GRAND TOTAL	109,651

1954

"62" Series

6219	sedan	33,845
6219	ckd export sedan	408
6219SX	de ville sedan	1
6237	2d hardtop	17,460
6237DX	coupe de ville	17,170
6267X	convertible coupe	6,310
6267SX	eldorado convertible	2,150
62	chassis	1
	TOTAL	77,345

Series 60 Special Fleetwood		16,200
Series 75 Fleetwood sedan		889
Series 75 Fleetwood imperial		611

8680S	158" commercial chassis	1,635
	GRAND TOTAL	96,680

1955

"62" Series

6219	sedan	44,904
6219	ckd export sedan	396
6237	2d hardtop	27,879
6237DX	coupe de ville	33,300
6267X	convertible coupe	8,150
6267SX	eldorado convertible	3,950
62	chassis	7
	TOTAL	118,586

Series 60 Special Fleetwood sedan		18,300
Series 75 Fleetwood sedan		1,075
Series 75 Fleetwood imperial		841

8680S	158" commercial chassis	1,975
	GRAND TOTAL	140,777

1956

"62" Series

6219	sedan	26,222
6219	ckd export sedan	444
6237	2d hardtop	26,649
6237DX	coupe de ville	24,086
6237SDX	eldorado seville coupe	3,900
6239DX	sedan de ville	41,732
6267X	convertible coupe	8,300
6267SX	eldorado biarritz conv	2,150
62	chassis	19
	TOTAL	133,502

Series 60 Special Fleetwood sedan		17,000
Series 75 Fleetwood sedan		1,095
Series 75 Fleetwood imperial		955

8680S	158" commercial chassis	2,025
	GRAND TOTAL	154,577

1957

"62" Series

6237	2d hardtop	25,120
6237DX	coupe de ville	23,813
6237SDX	eldorado coupe	2,100
6239	sedan	32,342
6239DX	sedan de ville	23,808
6239SX	sedan seville	4
6267X	convertible coupe	9,000
6267SX	eldorado biarritz conv	1,800
62	ckd export sedan	384
62	chassis	1
	TOTAL	118,372

Series 60 Special Fleetwood		24,000
Series 75 Fleetwood sedan		1,010

1957 (cont'd)

Series 75 Fleetwood imperial		890
Series 70 Eldorado Brougham		400
8680S	156" commercial chassis	2,169
	GRAND TOTAL	146,841

1958

"62" Series

6237	2d hardtop	18,736
6237DX	coupe de ville	18,414
6237SDX	eldorado seville coupe	855
6239	standard deck sedan	13,335
6239E	extended deck sedan	20,952
6239EDX	sedan de ville	23,989
6267X	convertible coupe	7,825
6267SX	eldorado biarritz conv	815
6267SSX	special eldorado coupe	1
62	ckd export sedan	204
62	chassis	1
	TOTAL	105,127

Series 60 Fleetwood		12,900
Series 75 Fleetwood		802
Series 75 Fleetwood imperial		730
Series 70 eldorado brougham		304
8680S	commercial chassis	1,915
	GRAND TOTAL	121,778

1959

"62-63-64" Series

6229	6 window sedan	23,461
6237	2d hardtop	21,947
6239	4 window sedan	14,138
6267	convertible coupe	11,130
62	ckd export sedan	60
6329	6 window sedan de ville	19,158
6337	coupe de ville	21,924
6339	4 window sedan de ville	12,308
6437	eldorado seville coupe	975
6467	eldorado biarritz conv	1,320
	TOTAL	126,421

Series 60 Special Fleetwood		12,250
Series 67 Fleetwood sedan		710
Series 67 Fleetwood lim		690
Series 69 eldorado brougham		99
6890	156" commercial chassis	2,102
	GRAND TOTAL	142,272

1960

"62-63-64" Series

6229	6 window sedan	26,824
6237	2d hardtop	19,978
6239	4 window sedan	9,984
6267	convertible coupe	14,000
62	ckd export sedan	36
62	chassis	2
6329	6 window sedan de ville	22,579
6337	coupe de ville	21,585
6339	4 window sedan de ville	9,225
6437	eldorado seville coupe	1,057
6467	eldorado biarritz conv	1,285
	TOTAL	126,573

Series 60 Special Fleetwood		11,800
Series 67 Fleetwood 75 sedan		718
Series 67 Fleetwood 75 lim		832
Series 69 Eldorado Brougham		101
6890	156" commercial chassis	2,160
	GRAND TOTAL	142,184

1961

"62-63" Series

6229	6 window sedan	26,216
6237	2d hardtop	16,005
6239	4 window sedan	4,700
6267	convertible coupe	15,500
62	chassis	5
6329	6 window sedan de ville	26,415
6337	coupe de ville	20,156
6339	4 window sedan de ville	4,847
6367	eldorado biarritz conv	1,450
6399	6 window town sedan	3,756
	TOTAL	119,050

Series 60 Special Fleetwood		15,500
Series 67 Fleetwood 75 sedan		699
Series 67 Fleetwood 75 lim		926
6890	156" commmercial chassis	2,204
	GRAND TOTAL	138,379

1962

"62-63" Series

6229	6 window sedan	16,730
6239	4 window sedan	17,314
6247	2d hardtop	16,833
6267	convertible coupe	16,800
6289	town sedan	2,600
6329	4 window sedan de ville	16,230

1962 (cont'd)

6339	6 window sedan de ville	27,378
6347	coupe de ville	25,675
6367	eldorado biarritz conv	1,450
6389	park avenue sedan	2,600
	TOTAL	143,610

Series 60 Special Fleetwood	13,350
Series 67 Fleetwood 75 sedan	696
Series 67 Fleetwood 75 lim	904

6890	156" commercial chassis	2,280
	GRAND TOTAL	160,840

1963

"62-63" Series

6229	6 window sedan	12,929
6239	4 window sedan	16,980
6257	2d hardtop	16,786
6267	convertible coupe	17,600
62-3	chassis	3
6329	6 window sedan de ville	15,146
6339	4 window sedan de ville	30,579
6357	coupe de ville	31,749
6367	eldorado biarritz conv	1,825
6389	park avenue sedan	1,575
	TOTAL	145,172

Series 60 Special Fleetwood	14,000
Series 67 Fleetwood 75 sedan	680
Series 67 Fleetwood 75 lim	795

6890	156" commercial chassis	2,527
	GRAND TOTAL	163,174

1964

"62-63" Series

6229	6 window sedan	9,243
6239	4 window sedan	13,670
6257	2d hardtop	12,166
6267	convertible coupe	17,900
6329	6 window sedan de ville	14,627
6339	4 window sedan de ville	39,674
6357	coupe de ville	38,195
6367	eldorado biarritz conv	1,870
	TOTAL	147,345

Series 60 Special Fleetwood	14,550
Series 67 Fleetwood 75 sedan	617
Series 67 Fleetwood 75 lim	808

6890	156" commercial chassis	2,639
	GRAND TOTAL	165,959

1965

"Calais" Series

68239	hardtop sedan	13,975
68257	hardtop coupe	12,515
68269	sedan	7,721
	TOTAL	34,211

"De Ville" Series

68339	hardtop sedan	45,535
68357	hardtop coupe	43,345
68367	convertible	19,200
68369	sedan	15,000
	TOTAL	123,080

"Fleetwood" Series

68069	sixty special sedan	18,100
68467	eldorado convertible	2,125
69723	seventy-five sedan	455
69733	seventy-five limousine	795
69890	156" commercial chassis	2,669
	TOTAL	24,144

GRAND TOTAL	181,435

1966

"Calais" Series

68239	hardtop sedan	13,025
68257	hardtop coupe	11,080
68269	sedan	4,575
	TOTAL	28,680

"De Ville" Series

68339	hardtop sedan	60,550
68357	hardtop coupe	50,580
68367	convertible	19,200
68369	sedan	11,860
	TOTAL	142,190

"Fleetwood" Series

68069	sixty special sedan	5,445
68169	sixty special brougham	13,630
68467	eldorado convertible	2,250
69723	seventy-five sedan	980
69733	seventy-five limousine	1,037
69890	156" commercial chassis	2,463
	TOTAL	25,805

GRAND TOTAL	196,675

1967

"Calais" Series

68247	hardtop coupe	9,085
68249	hardtop sedan	9,880
68269	sedan	2,865
	TOTAL	21,830

"De Ville" Series

68347	hardtop coupe	52,905
68349	hardtop sedan	59,902
68367	convertible	18,200
68369	sedan	8,800
	TOTAL	139,807

"Fleetwood" Series

68069	sixty special sedan	3,550
68169	sixty special brougham	12,750
69347	eldorado coupe	17,930
69723	seventy-five sedan	835
69733	seventy-five limousine	965
69890	156" commercial chassis	2,333
	TOTAL	38,363
	GRAND TOTAL	200,000

1968

"Callais" Series

68247	hardtop coupe	8,165
68249	hardtop sedan	10,025
	TOTAL	18,190

"De Ville" Series

68347	hardtop coupe	63,935
68349	hardtop sedan	72,662
68367	convertible	18,025
68369	sedan	9,850
	TOTAL	164,472

"Fleetwood" Series

68069	sixty special sedan	3,300
68169	sixty special brougham	15,300
69347	eldorado coupe	24,528
69723	seventy-five sedan	805
69733	seventy-five limousine	995
69890	156" commercial chassis	2,413
	TOTAL	47,341
	GRAND TOTAL	230,003

1969

"Calais" Series

68247	hardtop coupe	5,600
68249	hardtop sedan	6,825
	TOTAL	12,425

"De Ville"

68347	hardtop coupe	65,755
68349	hardtop sedan	72,958
68367	convertible	16,445
68369	sedan	7,890
	TOTAL	163,048

"Fleetwood" Series

68069	sixty special sedan	2,545
68169	sixty special brougham	17,300
69347	eldorado coupe	23,333
69723	seventy-five sedan	880
69733	seventy-five limousine	1,156
69890	156" commercial chassis	2,550
	TOTAL	47,764
	GRAND TOTAL	223,237

1970

"Callais" Series

68247	hardtop coupe	4,724
68249	hardtop sedan	5,187
	TOTAL	9,911

"De Ville" Series

68347	hardtop coupe	76,043
68349	hardtop sedan	83,274
68367	convertible	15,172
68369	sedan	7,230
	TOTAL	181,719

"Fleetwood" Series

68069	sixty special sedan	1,738
68169	sixty special brougham	16,913
69347	eldorado coupe	23,842
69723	seventy-five sedan	876
69733	seventy-five limousine	1,240
69890	156" commercial chassis	2,506
	TOTAL	47,115
	GRAND TOTAL	238,745

1971

"Calais" Series

68247	hardtop coupe	3,360
68249	hardtop sedan	3,569
	TOTAL	6,929

"De Ville" Series

68347	hardtop coupe	66,081
68349	hardtop sedan	69,345
	TOTAL	135,426

1971 (cont'd)

"Fleetwood" Series

68169	sixty special brougham	15,200
69347	eldorado coupe	20,568
69367	eldorado convertible	6,800
69723	seventy-five sedan	752
69733	seventy-five limousine	848
69890	157-1/2" commercial chassis	2,014
	TOTAL	46,182
	GRAND TOTAL	188,537

1972

"Calais" Series

68247	hardtop coupe	3,900
68249	hardtop sedan	3,875
	TOTAL	7,775

"De Ville" Series

68347	hardtop coupe	95,280
68349	hardtop sedan	99,531
	TOTAL	194,811

"Fleetwood" Series

68169	sixty special brougham	20,750
69347	eldorado coupe	32,099
69367	eldorado convertible	7,975
69723	seventy-five sedan	955
69733	seventy-five limousine	960
69890	157-1/2" commercial chassis	2,462
	TOTAL	65,201
	GRAND TOTAL	267,787

LaSalle New Passenger Car Registrations

1927........11,258	1931.........6,883	1935.........11,775	1939........22,197
1928........18,830	1932.........3,848	1936.........13,992	1940........16,599
1929........20,290	1933.........3,709	1937.........28,909	
1930........11,262	1934.........5,182	1938.........15,732	

LaSalle Model Year Production

1927
Series 303 — 10,767

1928
Series 303 — 16,038

1929
Series 328 — 22,961

1930
Series 340 — 14,986

1931
Series 345A — 10,095

1932
Series 345B — 3,386

1933
Series 345C — 3,482

1934
Series 350 — 7,195

1935
Series 50 — 8,651

1936
Series 50 — 13,004

1937
Series 50 (incl. com) — 32,000

1938

Series 50

Body no. 5011	2d sedan	700
Body no. 5019	4d sedan	9,765
Body no. 5019	4d sedan, ckd	228
Body no. 5019A	sun roof sedan, ckd	72
Body no. 5027	coupe	2,710
Body no. 5029	convertible sedan	265
Body no. 5067	convertible coupe	819
Body no. 5067	convertible coupe, ckd	36
Body no. 50	chassis	5
Body no. 50	chassis, ckd	75
Body no. 50	com chassis	900
	TOTAL	15,575

1939

Series 50

Body no. 5011	2d sedan	977
Body no. 5011A	2d sun roof sedan	23
Body no. 5019	4d sedan	15,688
Body no. 5019	4d sedan, ckd	240
Body no. 5019A	4d sun roof sedan	380
Body no. 5019A	4d sun roof sedan, ckd	24
Body no. 5027	coupe	2,525
Body no. 5029	convertible sedan	185
Body no. 5067	convertible coupe	1,020
Body no. 5067	convertible coupe, ckd	36
Body no. 50	chassis	5
Body no. 50	chassis, ckd	24
Body no. 50	com chassis	874
	TOTAL	22,001

1940

Series 50

Body no. 5011	2d sedan	366
Body no. 5011A	2d sun roof sedan	9
Body no. 5019	4d sedan	6,558
Body no. 5019	4d sedan, ckd	24
Body no. 5019A	4d sun roof sedan	140
Body no. 5027	coupe	1,527
Body no. 5029	convertible sedan	125
Body no. 5067	convertible coupe	599
Body no. 50	chassis	2
Body no. 50	comm chassis	1,030
	TOTAL	10,380

Series 52 ("Special LaSalle")

Body no. 5219	4d sedan	10,118
Body no. 5219	4d sedan, ckd	132
Body no. 5227	coupe	3,000
Body no. 5229	convertible sedan	75
Body no. 5267	convertible coupe	425
	TOTAL	13,750

Chevrolet Calendar Year Production

1912..........2,999	1940........895,734		
1913..........5,987	1941........930,293		
1914..........5,005	1942.........45,472		
1915.........13,292	1945.........12,776		
1916.........62,898	1946........397,104		
1917........110,839	1947........695,986		
1918.........80,434	1948........775,982		
1919........123,371	1949......1,109,958		
1920........121,908	1950......1,520,577		
1921.........61,717	1951......1,118,096		
1922........208,848	1952........877,947		
1923........415,814	1953......1,477,287		
1924........262,100	1954......1,414,352		
1925........444,671	1955......1,830,029		
1926........588,962	1956......1,621,005		
1927......1,749,998	1957......1,522,536		
1928........888,050	1958......1,255,935		
1929........950,150	1959......1,428,962		
1930........683,419	1960......1,873,598		
1931........627,104	1961......1,604,805		
1932........306,716	1962......2,161,398		
1933........481,134	1963......2,303,296		
1934........620,726	1964......2,114,691		
1935........793,437	1965......2,587,490		
1936........975,238	1966......2,202,806		
1937........868,250	1967......1,920,615		
1938........490,447	1968......2,148,091		
1939........648,471	1969......1,999,256		
	1970......1,504,522		

Chevrolet New Passenger Car Registrations

1923......291,761	1950......1,420,399
1924......289,962	1951......1,067,042
1925......341,281	1952........852,542
1926......486,366	1953......1,342,480
1927......647,810	1954......1,417,453
1928......769,927	1955......1,640,681
1929......780,014	1956......1,565,399
1930......618,884	1957......1,456,288
1931......583,429	1958......1,233,448
1932......332,860	1959......1,419,131
1933......474,493	1960......1,696,925
1934......534,906	1961......1,589,734
1935......656,698	1962......2,078,029
1936......930,250	1963......2,161,653
1937......768,040	1964......2,124,905
1938......464,337	1965......2,424,358
1939......598,341	1966......2,158,811
1940......853,529	1967......1,978,758
1941......880,346	1968......2,060,249
1946......329,601	1969......2,060,202
1947......640,709	1970......1,668,288
1948......709,609	1971......2,174,101
1949......1,031,466	1972......2,151,076

Chevrolet Model Year Production

1927

Capitol AA

coach	239,566
2p coupe	124,101
4d sedan	99,400
touring	53,187
landau sedan	42,410
roadster	41,313
sports cabr	41,137
imperial landau	37,426

1928

National AB

coach	346,976
2p coupe	150,356
4d sedan	127,819
imperial landau	54,998
sports cabriolet	38,268
touring	26,973
roadster	?
light dev panel	1,004

1929

International AC

coach	367,360
4d sedan	196,084
2p cpe & sports cpe	157,230
sports cabr	45,956
imperial sedan	41,983
roadster	27,988

1929 (cont'd)

touring	8,632
sports roadster	1,210
conv landau	300

1930

Universal AD

coach	255,027
4d sedan	135,193
2p coupe	100,373
2p coupe with r.s.	9,211
sports coupe	45,311
special sedan	35,929
sports roadster	27,651
club sedan	24,888
roadster	5,684
phaeton	1,713

1931

Independence AE

coach	228,316
special sedan	109,775
sports coupe	66,029
2p, 3w coupe	57,741
4d sedan	52,465
2p, 5w coupe	28,379
sports roadster	24,050
sports cabriolet	23,077
5p coupe	20,297
2d conv sedan	5,634
roadster	2,939
phaeton	852

1932

Confederate BA

coach (std)	132,109
coach (dlx)	9,346
special sedan (dlx)	52,446
2p, 5w coupe (std & dlx)	34,796
4p, 5w spts cpe (std & dlx)	26,623
2p, 3w coupe (std)	8,874
2p, 3w coupe (dlx)	2,226
sports roadster (dlx)	8,552
5p coupe (std & dlx)	7,566
landau phaeton (std & dlx)	1,602

4d sedan (std)	27,718
roadster (std)	1,118
phaeton (std)	419

1933

Eagle CA

coach	162,629
4d sedan	162,361
2p, 5w coupe	60,402
2d town sedan	30,657
3w sports coupe	26,691
sports cabriolet	4,276
sports roadster	2,876
phaeton	543

Mercury CC

coach	25,033
2p, 3w coupe	8,909
2p coupe with r.s.	1,903

1934

Master DA

coach	163,948
4d sedan	124,754
2p, 5w coupe	53,018
4d sports sedan	37,646
2d town sedan	49,431
3w sports coupe	18,365
sport cabriolet	3,276
sports roadster	1,974

Standard DC

coach	69,082
2p, 3w coupe	16,765
4d sedan	11,840
sports roadster	1,038
phaeton	234

1935

Master Deluxe

coach	102,996
4d sport sedan	67,339
2d town sedan	66,231

1935 (cont'd)

4d sedan 57,771
2p, 5w coupe 40,201
3w sport coupe 11,901

Standard ED
coach 126,138
4d sedan 42,049
2p, 3w coupe 32,193
sports roadster 1,176
phaeton 217

1936

Master Deluxe FA & FB
2d town sedan 244,134
sports sedan 140,073
2p, 5w coupe 49,319
coach 40,814
4d sedan 14,536
3w sports coupe 10,985

Standard FC
2d town sedan 220,884
coach 76,646
2p, 5w coupe 59,356
4d sports sedan 46,760
4d sedan 11,142
coupe delivery 3,183
cabriolet 3,629

1937

Master Deluxe GA
2d town sedan 300,332
sports sedan 144,110
business coupe 56,166
sports coupe 8,935
coach 7,260
4d sedan 2,221

Master GB
2d town sedan 178,645
business coupe 54,683
4d sports sedan 43,240
coach 15,349
4d sedan 2,755
cabriolet 1,724

1938

Master Deluxe HA
2d town sedan 186,233
sports sedan 76,323

business coupe 36,106
sports coupe 2,790
coach 1,038
4d sedan 236

Master HB
2d town sedan 95,050
business coupe 39,793
sports sedan 20,952
coach 3,326
cabriolet 2,787
4d sedan 522

1939

Master Deluxe JA
2d town sedan 220,181
sports sedan 110,521
business coupe 33,809
sports coupe 20,908
station wagon 989
coach 180
4d sedan 68

Master JB
2d town sedan 124,059
business coupe 41,770
sports sedan 22,623
coach 1,404
4d sedan 336
sta. wgn. (folding end gates) 229
sta. wgn. (with rear door) 201

Master 85
sedan delivery 8,090
coupe pickup 1,264

1940

Special Deluxe KA
2d town sedan 205,910
4d sports sedan 138,811
sports coupe 46,628
business coupe 25,537
convertible 11,820
station wagon 2,126
sta. wgn. (w/double rear drs) 367

Master Deluxe KH
2d town sedan 143,125
4d sports sedan 40,924
business coupe 28,090
sports coupe 17,234

Master 85
2d town sedan 66,431

1940 (cont'd)

business coupe	25,734
4d sports sedan	11,468
sedan delivery	2,590
coupe pickup	538
station wagon	411

1941

Special Deluxe AH

2d town sedan	228,458
coupe	155,889
4d sports sedan	148,661
4d sedan, Fleetline	34,162
business coupe	17,602
convertible	15,296
station wagon	2,045

Master Deluxe AC

2d town sedan	219,438
coupe	79,124
4d sports sedan	59,538
business coupe	48,763

sedan delivery	9,918
coupe pickup	1,135

1942

Special Deluxe BH

2d town sedan	39,421
4d sedan	31,441
coupe	22,187
convertible	1,182
business coupe	1,716
station wagon	1,057

Fleetline BH

aerosedan	61,855
sportsmaster sed	14,530

Master Deluxe BG

2d town sedan	41,872
coupe	17,442
4d sport sedan	14,093
business coupe	8,089
sedan delivery	2,996
coupe pickup	206

Post War Chevrolet Body Style Production

Year Series Body Style/Name	Model No.	Model Year Production
1946		
Stylemaster DJ		
2d town sedan	1502	61,104
4d sports sedan	1503	75,349
business coupe	1504	14,267
sports coupe	1524	19,243
Fleetmaster DK		
2d town sedan	2102	56,538
4d sports sedan	2103	73,746
station wagon	2109	804
sports coupe	2124	27,036
convertible	2134	4,508
Fleetline		
sportsmaster sed	2113	7,501
aerosedan	2144	57,932
1947		
Stylemaster EJ		
2d town sedan	1502	88,534
4d sports sedan	1503	42,571
business coupe	1504	27,403
sedan delivery	1508	20,303
sports coupe	1524	34,513
Fleetmaster EK		
2d town sedan	2102	80,128
4d sport sedan	2103	91,440
station wagon	2109	4,912
sports coupe	2124	59,661
convertible	2134	28,443
Fleetline EK		
sportsmaster sed	2113	54,531
aerosedan	2144	159,407
1948		
Stylemaster FJ		
2d town sedan	1502	70,228
sports sedan	1503	48,456
business coupe	1504	18,396
sedan delivery	1508	19,490
sports coupe	1524	34,513
Fleetmaster FK		
2d town sedan	2102	66,208
sports sedan	2103	93,142

1948 (cont'd)

station wagon	2109	10,171
sports coupe	2124	58,786
convertible	2134	20,471

1949

Styleline Special GJ

2d town sedan	1502	69,398
4d sports sedan	1503	46,334
business coupe	1504	20,337
sedan delivery	1508	9,310

Fleetline Special GJ

2d sedan	1552	58,514
4d sedan	1553	36,317

Styleline Deluxe GK

2d town sedan	2102	147,347
4d sports sedan	2103	191,357
sta. wgn., wd body	2119	6,006
sports coupe	2124	78,785

Fleetline Deluxe GK

2d sedan	2152	180,251
4d sedan	2153	130,323

1950

Styleline Special HJ

2d town sedan	1502	89,897
4d sports sedan	1503	55,644
business coupe	1504	20,984
sedan delivery	1508	23,045
sports coupe	1524	28,328

Fleetline Special HJ

2d sedan	1552	43,682
4d sedan	1553	23,277

Styleline Deluxe HK

2d town sedan	2102	248,567
4d sports sedan	2103	316,412
station wagon	2119	166,995
sports coupe	2124	81,536
convertible	2134	32,810

Fleetline Deluxe HK

2d sedan	2152	189,509
4d sedan	2153	124,287
2d hardtop, Bel Air	2154	76,662

1951

Styleline Special JJ

2d sedan	1502	75,566
4d sedan	1503	63,718
business coupe	1504	17,020
sedan delivery	1508	20,817
sports coupe	1524	18,981

Fleetline Special JJ

2d sedan	1552	6,441
4d sedan	1553	3,364

Styleline Deluxe JK

2d sedan	2102	262,933
4d sedan	2103	380,270
station wagon	2119	23,586
sports coupe	2124	64,976
convertible	2134	20,172

Fleetline Deluxe JK

2d sedan	2152	131,910
4d sedan	2153	57,693
2d hardtop, Bel Air	2154	103,356

1952

Styleline Special KJ

2d sedan	1502	54,781
4d sedan	1503	35,460
business coupe	1504	10,359
sedan	1508	9,175
sports coupe	1524	8,906

Styleline Deluxe KK

2d sedan	2102	215,417
4d sedan	2103	319,736
station wagon	2119	12,756
sports coupe	2124	36,954
convertible	2134	11,975

Fleetline Deluxe JK

2d sedan	2152	37,164
2d hdtp, Bel Air	2154	74,634

1953

150 Special

2d sedan	1502	79,416
4d sedan	1503	54,207
business coupe	1504	13,555
sedan delivery	1508	15,525
handyman wagon	1509	22,408
club coupe	1524	6,993

1953 (cont'd)

210 Deluxe

2d sedan	2102	247,455
4d sedan	2103	332,497
handyman wagon	2109	18,258
townsman wagon	2119	7,988
club coupe	2124	23,961
convertible	2134	5,617
sports coupe	2154	14,045

Bel Air

2d sedan	2402	144,401
4d sedan	2403	247,284
convertible	2434	24,047
hdtp spts cpe	2454	99,028

4d sedan	2103	317,724
townsman wagon	2109	82,303
Delray club coupe	2124	115,584
handyman wagon	2129	28,918
hardtop coupe	2154	11,675

Bel Air

2d sedan	2402	168,313
4d sedan	2403	345,372
Beauville wagon	2409	24,313
Nomad (2d spts sta. wgn.)	2429	8,386
convertible	2434	41,292
hardtop sports cpe	2454	185,562

1954

150 Special

2d sedan	1502	64,855
4d sedan	1503	32,430
sedan delivery	1508	8,255
handyman wagon	1509	21,404
utility sedan	1512	10,770

210 Deluxe

2d sedan	2102	195,498
4d sedan	2103	235,146
handyman wagon	2109	27,175
Delray club cpe	2124	66,403

Bel Air

2d sedan	2402	143,573
4d sedan	2403	248,750
townsman wagon	2419	8,156
convertible	2434	19,383
hdtp sports cpe	2454	66,378

1956

150 Series

2d sedan	1502	82,384
4d sedan	1503	51,544
utility coupe	1512	9,879
handyman wagon	1529	13,487

210 Series

2d sedan	2102	205,545
4d sedan	2103	283,125
townsman wagon	2109	113,656
4d sports hardtop	2113	20,021
Beauville wagon	2119	17,988
Delray club coupe	2124	56,382
handyman wagon	2129	22,038
hardtop sports cpe	2154	18,616

Bel Air

2d sedan	2402	104,849
4d sedan	2403	269,798
4d sports hardtop	2413	103,602
Beauville wagon	2419	13,279
Nomad (2d spts sta. wgn.)	2429	7,886
convertible	2434	41,268

1955

150 Special

2d sedan	1502	66,416
4d sedan	1503	29,898
sedan delivery	1508	8,811
utility sedan	1512	11,196
handyman wagon	1527	17,936

210 Series

2d sedan	2102	249,105

1957

150 Series

2d sedan	1502	70,774
4d sedan	1503	52,266
sedan delivery	1508	7,273
utility sedan	1512	8,300
handyman wagon	1529	14,740

1957 (cont'd)

210 Series

2d sedan	2102	162,090
4d sedan	2103	260,401
townsman wagon	2109	127,803
4d sports hardtop	2113	16,178
Beauville wagon	2119	21,083
Delray club coupe	2124	25,644
handyman wagon	2129	17,528
hardtop sports cpe	2154	22,631

Bel Air

2d sedan	2402	62,751
4d sedan	2403	254,331
townsman wagon	2409	27,375
4d sports hardtop	2413	137,672
Nomad (2d spts wgn)	2429	6,103
convertible	2434	47,562
hardtop sports cpe	2454	166,426

1958

"Regular" Chevrolet

4d sedan	491,441
2d sedan	256,182
4d wagon	170,473
sports coupe	142,592
sports sedan	83,330
convertible	55,989
2d wagon	16,590

1959

"Regular" Chevrolet

4d sedan	525,461
2d sedan	281,924
4d wagon	188,623
sports sedan	182,520
sports coupe	164,901
convertible	72,765
2d wagon	20,760

1960

"Regular" Chevrolet

4d sedan	497,048
2d sedan	228,322
sports coupe	204,467
4d wagon	198,066
sports sedan	169,016
convertible	79,903
2d wagon	14,663

1961

"Regular" Chevrolet

4d sedan	452,251
sports coupe	177,969
sports sedan	174,141
4d wagon	168,935
2d sedan	153,988
convertible	64,624

1962

"Regular" Chevrolet

4d sedan	533,349
sports coupe	323,427
4d wagon	187,566
sports sedan	176,077
2d sedan	127,870
convertible	75,719

Chevy II

4d sedan	139,004
4d wagon	59,886
sports coupe	59,586
2d sedan	44,390
convertible	23,741

1963

"Regular" Chevrolet

4d sedan	561,511
sports coupe	399,224
4d wagon	198,542
sports sedan	194,158
2d sedan	135,636
convertible	82,659

Chevy II

4d sedan	146,097
sports coupe	87,415
4d wagon	75,274
2d sedan	42,017
convertible	24,823

1964

"Regular" Chevrolet

4d sedan	536,329
sports coupe	442,292
sports sedan	200,172
4d wagon	192,827
2d sedan	120,951
convertible	81,897

Chevy II

4d sedan	84,846

1964 (cont'd)

2d sedan	40,348
4d wagon	35,670
sports coupe	30,827

Chevelle

sports coupe	134,670
4d sedan	113,816
4d wagon	41,374
el camino	32,548
convertible	23,158
2d sedan	22,588
2d wagon	2,710

1965

"Regular" Chevrolet

sports coupe	558,459

4d sedan	480,801
sports sedan	252,048
4d wagon	184,316
2d sedan	99,188
convertible	72,760

Chevy II

4d sedan	51,973
sports coupe	28,380
4d wagon	21,524
2d sedan	20,821

Chevelle

sports coupe	152,650
4d sedan	108,278
4d wagon	35,938
el camino	34,724
2d sedan	25,595
convertible	19,765
2d wagon	1,668

Corvair Body Style Production

Year Body Style	Model No.	Model Year Production
1960		
Corvair coupe	527	14,628
Corvair sedan	569	47,683
Corvair 700 coupe	727	36,562
Corvair 700 sedan	769	139,208
Monza 900 coupe	927	11,926
1961		
500 coupe	527	16,857
500 sedan	569	18,752
Lakewood 500 St. Wgn.	535	5,591
700 coupe	727	24,786
700 sedan	769	51,948
Lakewood 700 Sta. Wgn.	735	20,451
Monza coupe	927	109,945
Monza sedan	969	33,745
Greenbrier	R1206	18,489
95 Corvan	R1205	15,806
95 Rampside	R1254	10,787
95 Loadside	R1244	2,475

Year Body Style	Model No.	Model Year Production
1962		
500 coupe	527	16,245
700 coupe	727	18,474
700 sedan	769	35,368
700 sta. wgn.	735	3,716
Monza coupe	927	151,738
Monza sedan	969	48,059
Monza sta. wgn.	935	2,362
Monza conv	967	16,569
Greenbrier	R1206	18,007
95 Corvan	R1205	13,491
95 Rampside	R1254	4,102
95 Loadside	R1244	369
1963		
500 coupe	527	16,680
700 coupe	727	12,378
700 sedan	769	20,684
Monza coupe	927	129,544
Monza sedan	969	31,120
Monza conv	967	44,165
Greenbrier	R1206	13,761
95 Corvan	R1205	11,161
95 Rampside	R1254	2,046

1964

500 coupe	527	22,968
700 sedan	769	16,295
Monza coupe	927	88,440
Monza sedan	969	21,926
Monza conv	967	31,045
Spyder coupe	627	6,480
Spyder conv	667	4,761
Greenbrier	R1206	6,201
95 Corvan	R1205	8,147
95 Rampside	R1254	851

1965

500 coupe	10137	36,747
500 sedan	10139	17,560
Monza coupe	10537	88,954
Monza sedan	10539	37,157
Monza conv	10567	26,466
Corsa coupe	10737	20,291
Corsa conv	10767	8,353
Greenbrier	R1206	1,528

1966

500 coupe	10137	24,045
500 sedan	10139	8,779
Monza coupe	10537	37,605
Monza sedan	10539	12,497
Monza conv	10567	10,345
Corsa coupe	10737	7,330
Corsa conv	10767	3,142

1967

500 coupe	10137	9,257
500 sedan	10139	2,959
Monza coupe	10537	9,771
Monza sedan	10539	3,157
Monza conv	10567	2,109

1968

500 coupe	10137	7,206
Monza coupe	10537	6,807
Monza conv	10567	1,386

1969

500 coupe	10137	2,762
Monza coupe	10537	2,717
Monza conv	10567	521

Corsa 180HP turbocharged engine option:
1965 7,206
1966 1,951

1962-1963 Spyder option:
1962 Spyder coupe 6,894
1962 Spyder convertible 2,574
1963 Spyder coupe 11,627
1963 Spyder convertible 7,472

NOTE: These figures are from *Sixty Years of Chevrolet* by George H. Dammann. Corvair figures are from "Corsa Communiques," newsletter of the Corvair Society of America.

Corvette Production

Year	Body Style	Model No.	Model Year Production
1953	convertible	2934	315
1954	convertible	2934	3,640
1955	convertible	2934	674
1956	convertible	2934	3,388
1957	convertible	2934	6,246
1958	convertible	867	9,168
1959	convertible	867	9,670
1960	convertible	867	10,261
1961	convertible	867	10,939
1962	convertible	0867	14,531
1963	convertible	0867	10,919
	coupe		10,594
1964	convertible	0867	13,925
	coupe		8,304
1965	convertible	0867	15,376
	coupe		8,186
1966	convertible	19467	17,762
	coupe	19437	9,958
1967	convertible	19467	14,436
	coupe	19437	8,504
1968	convertible	19467	18,630
	coupe	19437	9,936
1969	convertible	19467	16,608

Year		Model No.	Prod	Year		Model No.	Prod
1970	coupe	19437	22,154	1971	convertible	19467	7,121
	convertible	19467	6,648		coupe	19437	14,680
	coupe	19437	10,668	1972	convertible	19467	6,508
					coupe	19437	20,486

Oldsmobile Calendar Year Production

(1) Olds Motor Works, Lansing, Michigan 1896-1943
(2) Oldsmobile Division of General Motors Corp., Lansing, Michigan 1943 to date.

Oldsmobile New Passenger Car Registrations

Calendar Year Production				New Passenger Car Registrations	
1897/1898 . . 4-6	1923 34,811	1947 . . . 191,454	1923 20,291	1950 . . . 372,519
1899/1900 . . . 11	1924 44,854	1948 . . . 194,755	1924 39,031	1951 . . . 273,472
1901 425	1925 43,386	1949 . . . 282,885	1925 34,334	1952 . . . 218,189
1902 2,500	1926 57,878	1950 . . . 396,757	1926 48,125	1953 . . . 305,593
1903 4,000	1927 54,234	1951 . . . 285,634	1927 48,573	1954 . . . 407,150
1904 5,508	1928 86,593	1952 . . . 228,452	1928 . . . 73,713	1955 . . . 589,515
1905 6,500	1929 . . . 103,973	1953 . . . 319,414	1929 . . . 89,425	1956 . . . 437,896
1906 1,600	1930 50,326	1954 . . . 433,810	1930 . . . 47,697	1957 . . . 371,596
1907 1,200	1931 48,777	1955 . . . 643,459	1931 . . . 46,630	1958 . . . 306,446
1908 1,055	1932 17,502	1956 . . . 432,903	1932 . . . 24,128	1959 . . . 360,525
1909 6,575	1933 36,072	1957 . . . 390,091	1933 . . . 35,295	1960 . . . 355,798
1910 1,850	1934 . . . 82,150	1958 . . . 310,795	1934 . . . 71,676	1961 . . . 328,586
1911 1,250	1935 . . . 183,152	1959 . . . 366,305	1935 . . . 149,375	1962 . . . 440,995
1912 1,075	1936 . . . 187,638	1960 . . . 402,612	1936 . . . 178,488	1963 . . . 474,786
1913 1,175	1937 . . . 212,767	1961 . . . 321,550	1937 . . . 188,306	1964 . . . 513,134
1914 1,400	1938 93,706	1962 . . . 458,647	1938 . . . 92,398	1965 . . . 608,930
1915 7,696	1939 . . . 158,560	1963 . . . 504,555	1939 . . . 146,412	1966 . . . 580,550
1916 10,507	1940 . . . 215,028	1964 . . . 510,931	1940 . . . 201,256	1967 . . . 551,274
1917 22,613	1941 . . . 230,703	1965 . . . 650,801	1941 . . . 230,367	1968 . . . 624,262
1918 19,169	1942 12,230	1966 . . . 594,069	1946 . . . 93,094	1969 . . . 642,889
1919 39,042	1943 0	1967 . . . 558,762	1947 . . . 180,078	1970 . . . 461,732
1920 34,504	1944 0	1968 . . . 678,818	1948 . . . 175,531	1971 . . . 661,380
1921 19,157	1945 3,498	1969 . . . 668,599	1949 . . . 269,351	1972 . . . 690,526
1922 21,499	1946 . . . 114,674	1970 . . . 439,632		

Viking New Passenger Car Registrations

1929 4,058
1930 2,813
1931 353

Oldsmobile Production

Year Name	Model No.	Cyl	Model Year Production					
1897,1898 prototype	1		4-6	**1901** curved dash			1	425
1899, 1900 prototype	1		11	**1902** curved dash			1	2,500
				1903 curved dash	R		1	4,000

1904

curved dash	6C	1		2,500
curved dash	T	1		2,500
inspection car		1		508
			TOTAL	5,508

1905

ALL MODELS (includes trucks)

	1 & 2	6,500

1906

B	1		100
L	2		100
S	4		1,400
		TOTAL	1,600

1907

runabout	AH	4	1,200

1908

M-MR	4		1,000
Z-KR	6		55
		TOTAL	1,055

1909

20	4		5,325
D-DR	4		1,100
Z-ZR	6		150
		TOTAL	6,575

1910

special	22-25	4		1,525
limited	23-24	6		325
			TOTAL	1,850

1911

limited	27	6		250
autocrat	28	4		1,000
			TOTAL	1,250

1912

autocar	32	4		500
limited	33	6		250
defender	40	4		325
			TOTAL	1,075

1913

defender	40	4		675
Olds six	53	6		500
			TOTAL	1,175

1914

baby Olds	42	4		400
Olds six	54	6		1,000
			TOTAL	1,400

1915

baby Olds	42	4		1,319
	43	4		5,921
Olds eight	44	V8		342
touring	55	6		114
			TOTAL	7,696

1916

42-43	4		2,189
44	V8		8,000
45	V8		318
		TOTAL	10,507

1917

37	6		8,045
44	V8		31
45	V8		13,440
45a	V8		1,097
		TOTAL	22,613

1918

37	6		11,033
37a	6		4
45-45a	V8		8,132
		TOTAL	19,169

1919

37a	6		21,968
45-45a-45b	(o/c) V8		11,457
economy truck	4		5,617
		TOTAL	39,042

1920

37a	6		14,073
37b	6		3,871
43a	4		635
45b	V8		7,215
46	V8		497
economy truck	4		8,213
		TOTAL	34,504

1921

37a	6		787
37b	6		161
43a	4		13,867

1921 (cont'd)

45b	V8		9
46	V8		745
47	V8		3,085
economy truck	4		503
	TOTAL		19,157

1922

43a	4		14,839
46	V8		2,733
47	V8		2,723
economy truck	4		1,204
	TOTAL		21,499

1923

M30A Model

5 passenger	6,131
2 passenger	352
Sedan	2,768
Coupe	1,650
Cab	797
Sport Touring	434
Export Special Touring	2

RHD M30 Model

5 passenger	72
2 passenger	2
Export Special Touring	20

43A Model

5 passenger	29,877
Roadster	2,357
Sedan	3,516
Coupe	2,264
Brougham	3,302
Cab	1,001
California Top Sedan	197
Semi Truck	5,067

RHD 43A Model

5 passenger	535
Semi Truck	42
Roadster	28
Sedan	9

T Model

Export	6,819
Cab	5,895

47 Model

4 passenger	2,229
5 passenger	1,273
Roadster	200
Sedan	1,223
Coupe	804
Sport	1,060
GRAND TOTAL	79,926

1924

30-B Series

5 passenger	10,586
2 passenger	1,210
Sedan	7,662
Coupe	3,620
Cab	2,169
Coach	5,219
Deluxe Sedan	3,225
Sport Touring	8,847
Export Special Touring	365
Sport Roadster	590

RHD

5 passenger	514
2 passenger	25
Sedan	19
Cab	1
Deluxe Sedan	16
Sport Touring	124
Export Special Touring	350
GRAND TOTAL	44,542

1925

30-C Series

5 passenger	2,414
2 passenger	163
Sedan	1,041
Coupe	263
Cab	79
Coach	6,261
Deluxe Sedan	2,430
Sport Touring	1,344
Sport Roadster	283
Deluxe Coach	3,103

RHD

5 passenger	260
2 passenger	13
Sedan	22
Coach	53
Deluxe Sedan	5
Sport Touring	51
Sport Roadster	1
GRAND TOTAL	17,786

1926

30D Model

Deluxe Roadster	1,249
Touring	1,124
Deluxe Touring	744
Coupe	1,528
Deluxe Coupe	3,296
Coach	6,388
Deluxe Coach	13,906
Sedan	3,404
Deluxe Sedan	15,301
Landau Sedan	1

Export L.H.

Touring	1,868
Coach	329
Sedan	252

Export R.H.

Deluxe Roadster	1
Touring	748
Coach	498
Sedan	146
GRAND TOTAL	50,783

1927

E Series—Domestic

Deluxe Roadster	2,342
Touring	99
Deluxe Touring	204
Coupe	3,278
Deluxe Coupe	5,359
Sport Coupe	3,996
Coach	12,422
Deluxe Coach	11,308
Sedan	6,945
Deluxe Sedan	11,398
Landau	16,792

Export L.H.

Touring	2,150
Deluxe Touring	5
Coupe	19
Coach	251
Sedan	470
Landau Sedan	89
Roadster	109

Export R.H.

Coach	778
Touring	744
Deluxe Touring	3
Coach	93
Sedan	405
Roadster	23
GRAND TOTAL	79,282

1928

F-28

2-Door Sedan Sp	61
Roadster	1,602
Roadster Dlx	100
Touring	84
Touring Dlx	18
Coupe	7,749
Coupe Special	397
Sport Coupe	4,028
Sport Coupe Dlx	538
2-Door Sedan	19,969
4-Door Sedan	22,624
4-Door Sedan Dlx	1,221
Landau	8,231
Landau Deluxe	1,075

Export L.H.

Roadster	197
Touring	618
Coupe	18
Sport Coupe	51
2-Door Sedan	501
4-Door Sedan	969
Landau	254
Landau Deluxe	1

Export R.H.

Roadster	92
Touring	184
2-Door Sedan	41
4-Door Sedan	256
GRAND TOTAL	70,879

1929

F-29

Touring—Wood—4	18
Touring—Wood fender well	9
Touring—Wire—6	51
Coupe—Wood—4	8,134
Coupe—Wood fender well	2,011
Coupe—Wire—5	1
Coupe—Wire—6	646
2-Door Sed—Wood—4	21,265
2-Door Sed—Wood fender well	4,284
2-Door Sed—Wire—5	1
2-Door Sed—Wire—6	1,544
4-Door Sed—Wood—4	25,443
4-Door Sed—Wood fender well	6,620
4-Door Sed—Wire—6	7,197

Roadster—Wood—4	307
Roadster—Wood fender well	128
Roadster—Wire—6	394
Sport Cpe—Wood—4	4,631
Sport Cpe—Wood fender well	1,281
Sport Cpe—Wire—5	2
Sport Cpe—Wire—6	2,871
Cont. Roadster—Wood—4	640
Cont. Roadster—Wood fender well	207
Cont. Roadster—Wire—6	619
Landau—Wood—4	2,459
Landau—Wood fender well	601
Landau—Wire—6	1,774

F-29—Export L.H.

Touring	376
Coupe	6
Sport Coupe	44
2-Door Sedan	95
4-Door Sedan	379
Roadster	52
Convertible Roadster	7
Landau	166

F-29—Export R.H.

Touring	52
2-Door Sedan	49
4-Door Sedan	94
Roadster	122
Convertible Roadster	18
TOTAL	94,598

1929 Viking

Sedan—Wood—4	2,407
Sedan—Wood fender well	112
Sedan—Wire—6	1,152
C.C. Sedan—Wood—4	551
C.C. Sedan—Wood fender well	50
C.C. Sedan—Wire—6	454
Conv Coupe—Wood—4	304
Conv Coupe—Wood fender well	33
Conv Coupe—Wire—6	196
VIKING TOTAL	5,259
GRAND TOTAL	99,857

1930

F-30

Touring—Wood—4	17
Touring—Wood fender well	5
Touring—Wire—5	5
Touring—Wire—6	76
Coupe—Wood—4	3,726
Coupe—Wood fender well	633
Coupe—Wire—5	343
Coupe—Wire—6	306
2-Door Sedan—Wood—4	9,295
2-Door Sedan—Wood fender well	1,598
2-Door Sedan—Wire—5	1,357
2-Door Sedan—Wire—6	615
4-Door Sedan—Wood—4	11,841
4-Door Sedan—Wood fender well	3,031
4-Door Sedan—Wire—5	1,242
4-Door Sedan—Wire—6	2,973
Patrician Sedan—Wood—4	1,015
Patrician Sedan—Fender well	426
Patrician Sedan—Wire—5	303
Patrician Sedan—Wire—6	2,525
Sport Coupe—Wood—4	2,214
Sport Coupe—Wood fender well	478
Sport Coupe—Wire—5	584
Sport Coupe—Wire—6	1,594
Conv Roadster—Wood—4	822
Conv Roadster—Wood fender well	233
Conv Roadster—Wire—5	364
Conv Roadster—Wire—6	1,560

Export—L.H.

Touring	4
Coupe	1
2-Door Sedan	38
4-Door Sedan	78
Patrician Sedan	31
Convertible Roadster	23

Export—R.H.

Touring	5
Coupe	4
2-Door Sedan	9
4-Door Sedan	17
Convertible Roadster	4
TOTAL	49,395

1930 Viking

Sedan—Wood—4	506
Sedan—Wood fender well	75
Sedan—Wire—5	89
Sedan—Wire—6	1,201
C.C. Sedan—Wood—4	70
C.C. Sedan—Wood fender well	21
C.C. Sedan—Wire—5	29
C.C. Sedan—Wire—6	353
Conv Coupe—Wood—4	83
Conv Coupe—Wood fender well	23
Conv Coupe—Wire—5	17
Conv Coupe—Wire—6	271
VIKING TOTAL	2,738
GRAND TOTAL	52,133

1931

F-31

Coupe—Wire—5	1,364
Coupe—Wire—6	802
Coupe—Dem't Wood—5	1,059
Coupe—Dem't Wood—6	475
2-Door Sedan—Disc—5	1
2-Door Sedan—Wire—5	2,803
2-Door Sedan—Wire—6	2,077
2-Door Sedan—Dem't Wood—5	2,519
2-Door Sedan—Dem't Wood—6	1,756
4-Door Sedan—Disc—5	26
4-Door Sedan—Wire—5	3,090
4-Door Sedan—Wire—6	5,177
4-Door Sedan—Dem't Wood—5	3,620
4-Door Sedan—Dem't Wood—6	5,309
Patrician Sedan—Disc—5	5
Patrician Sedan—Wire—5	443
Patrician Sedan—Wire—6	3,457
Patrician Sedan—Dem't Wood—5	510
Patrician Sedan—Dem't Wood—6	4,383
Sport Coupe—Wire—5	858
Sport Coupe—Wire—6	2,067
Sport Coupe—Dem't Wood—5	687
Sport Coupe—Dem't Wood—6	1,288
Conv Roadster—Wire—5	233
Conv Roadster—Wire—6	1,965
Conv Roadster—Dem't Wood—5	124
Conv Roadster—Dem't Wood—6	1,179
GRAND TOTAL	47,277

1932

F-32

Coupe—Wire—5	323

1932 (cont'd)

Coupe–Wire–6	164
Coupe–Wood–5	437
Coupe–Wood–6	159
2-Door Sedan–Wire–5	784
2-Door Sedan–Wire–6	436
2-Door Sedan–Wood–5	1,045
2-Door Sedan–Wood–6	539
4-Door Sedan–Wire–5	1,055
4-Door Sedan–Wire–6	1,295
4-Door Sedan–Wood–5	1,548
4-Door Sedan–Wood–6	2,002
Patrician Sed–Wire–5	90
Patrician Sed–Wire–6	838
Patrician Sed–Wood–5	146
Patrician Sed–Wood–6	1,040
Sport Coupe–Wire–5	157
Sport Coupe–Wire–6	389
Sport Coupe–Wood–5	209
Sport Coupe–Wood–6	420
Conv Coupe–Wire–5	88
Conv Coupe–Wire–6	333
Conv Coupe–Wood–5	53
Conv Coupe–Wood–6	249
R.H.D. Export Total	21

L-32

Coupe–Wire–5	52
Coupe–Wire–6	66
Coupe–Wood–5	37
Coupe–Wood–6	61
2-Door Sedan–Wire–5	70
2-Door Sedan–Wire–6	74
2-Door Sedan–Wood–5	52
2-Door Sedan–Wood–6	75
4-Door Sedan–Wire–5	246
4-Door Sedan–Wire–6	507
4-Door Sedan–Wood–5	279
4-Door Sedan–Wood–6	698
Patrician Sed–Wire–5	86
Patrician Sed–Wire–6	1,071
Patrician Sed–Wood–5	95
Patrician Sed–Wood–6	1,010
Sport Coupe–Wire–5	40
Sport Coupe–Wire–6	229
Sport Coupe–Wood–5	44
Sport Coupe–Wood–6	163

Conv Roadster–Wire–5	35
Conv Roadster–Wire–6	219
Conv Roadster–Wood–5	12
Conv Roadster–Wood–6	128
GRAND TOTAL	19,169

1933

F-33

Conv Cpe–Steel–5 (33418)	196
Conv Cpe–Steel–6 (33418)	119
Conv Cpe–Wire–5 (33418)	1
Conv Cpe–Wire–6 (33418)	1
Business Coupe–Steel–5 (33407)	1,361
Business Coupe–Steel–6 (33407)	100
Business Coupe–Wire–5 (33407)	79
Business Coupe–Wire–6 (33407)	7
Sport Coupe–Steel–5 (33428)	1,431
Sport Coupe–Steel–6 (33428)	286
Sport Coupe–Wire–5 (33428)	18
Sport Coupe–Wire–6 (33428)	3
5p Coupe–Steel–5 (33401)	3,880
5p Coupe–Steel–6 (33401)	88
5p Coupe–Wire–5 (33401)	110
Touring Cpe–Trunk–Steel–5 (33431)	4,940
Touring Cpe–Trunk–Steel–6 (33431)	484
Touring Cpe–Trunk–Wire–5 (33431)	35
Touring Cpe–Trunk–Wire–6 (33431)	5
4-Door Sed–Steel–5 (33409)	6,360
4-Door Sed–Steel–6 (33409)	474
4-Door Sed–Wire–5 (33409)	353
4-Door Sed–Wire–6 (33409)	7
Touring Sed–Trunk–Steel–5 (33419)	3,960
Touring Sed–Trunk–Steel–6 (33419)	1,683
Touring Sed–Trunk–Wire–5 (33419)	39
Touring Sed–Trunk–Wire–6 (33419)	38

L-33

Conv Coupe–Steel–5 (33418)	146
Conv Coupe–Steel–6 (33418)	115
Conv Coupe–Wire–5 (33418)	4
Conv Coupe–Wire–6 (33418)	2
Business Coupe–Steel–5 (33407)	314
Business Coupe–Steel–6 (33407)	62
Business Coupe–Wire–5 (33407)	17
Business Coupe–Wire–6 (33407)	3

1933 (cont'd)

Sport Coupe—Steel—5 (33428)	559
Sport Coupe—Steel—6 (33428)	251
Sport Coupe—Wire—5 (33428)	9
Sport Coupe—Wire—6 (33428)	8
5-Passenger Cpe—Steel—5 (33401)	183
5-Passenger Cpe—Steel—6 (33401)	17
5-Passenger Cpe—Wire—5 (33401)	2
5-Passenger Cpe—Wire—6 (33401)	1
Touring Cpe—Trunk—Steel—5 (33431)	1,493
Touring Cpe—Trunk—Steel—6 (33431)	372
Touring Cpe—Trunk—Wire—5 (33431)	26
Touring Cpe—Trunk—Wire—6 (33431)	10
4-Door Sedan—Steel—5 (33409)	2,137
4-Door Sedan—Steel—6 (33409)	419
4-Door Sedan—Wire—5 (33409)	61
4-Door Sedan—Wire—6 (33409)	22
Touring Sed—Trunk—Steel—5 (33419)	2,516
Touring Sed—Trunk—Steel—6 (33419)	1,773
Touring Sed—Trunk—Wire—5 (33419)	26
Touring Sed—Trunk—Wire—6 (33419)	42
GRAND TOTAL	36,648

1934

F-34

Business Coupe—Steel—5 (34457)	3,724
Business Coupe—Steel—6 (34457)	206
Sport Coupe—Steel—5 (34478)	2,131
Sport Coupe—Steel-6 (34478)	226
5-Passenger Cpe—Steel—5 (34451)	4,628
5-Passenger Cpe—Steel—6 (34451)	47
Touring Cpe (trunk)—Steel—5 (34472)	11,717
Touring Cpe (trunk)—Steel—6 (34472)	551
4-Door Sedan—Steel—5 (34459)	6,463
4-Door Sedan—Steel—6 (34459)	452
Touring Sed (trunk)—Steel—5 (34469)	19,088
Touring Sed (trunk)—Steel—6 (34469)	1,577

Export—F-34—Right-hand drive

Business Coupe—Steel—5 (34457)	4
Sport Coupe—Steel—5 (34478)	3
Sport Coupe—Steel—6 (34478)	10
5-Passenger Coupe—Steel—5 (34451)	4
Touring Cpe (trunk)—Steel—5 (34472)	17
Touring Cpe (trunk)—Steel—6 (34472)	19
4-Door Sedan—Steel—5 (34459)	29
4-Door Sedan—Steel—6 (34459)	70
Touring Sed (trunk)—Steel—5 (34469)	11
Touring Sed (trunk)—Steel—6 (34469)	105
TOTAL F-34	51,082

L-34

Convertible Coupe—Steel—5 (34418)	536
Convertible Coupe—Steel—6 (34418)	367
Business Coupe—Steel—5 (34407)	770
Business Coupe—Steel—6 (34407)	128
Sport Coupe—Steel—5 (34428)	1,024
Sport Coupe—Steel—6 (34428)	248
5-Passenger Coupe—Steel—6 (34401)	620
5-Passenger Coupe—Steel—5 (34401)	27
Touring Cpe (Trunk)—Steel—5 (34422)	3,811
Touring Cpe (Trunk)—Steel—6 (34422)	472
4-Door Sedan—Steel—5 (34409)	3,589
4-Door Sedan—Steel—6 (34409)	547
Touring Sed (Trunk)—Steel—5 (34419)	8,856
Touring Sed (Trunk)—Steel—6 (34419)	3,339

Export—L-34

Convertible Coupe—Steel—5 (34418)	1
Convertible Coupe—Steel—6 (34418)	11
Business Coupe—Steel—6 (34407)	2
Sport Coupe—Steel—5 (34428)	1
Sport Coupe—Steel—6 (34428)	5
5-Passenger Coupe—Steel—5 (34401)	1
5-Passenger Coupe—Steel—6 (34401)	1
Touring Cpe (Trunk)—Steel—5 (34422)	5
Touring Cpe (Trunk)—Steel—6 (34422)	3
4-Door Sedan—Steel—5 (34409)	4
4-Door Sedan—Steel—6 (34409)	47
Touring Sed (Trunk)—Steel—5 (34419)	1
Touring Sed (Trunk)—Steel—6 (34419)	76
TOTAL L-34	24,492

GRAND TOTAL F-34 & L-34 75,574

1935

F-35

Convertible Cpe—5 Wheel (353867)	1,475
Convertible Cpe—6 Wheel (353867)	80
Club Coupe—5 Wheel (353607)	196
Club Coupe—6 Wheel (353607)	4
Business Coupe—5 Wheel (353607)	8,390
Business Coupe—6 Wheel (353607)	65
Sport Coupe—5 Wheel (353657)	2,837
Sport Coupe—6 Wheel (353657)	46
5-Passenger Cpe—5 Wheel (353601)	12,751
5-Passenger Cpe—6 Wheel (353601)	31
Touring Cpe—5 Wheel (353611)	18,615
Touring Cpe—6 Wheel (353611)	191
4-Door Sedan—5 Wheel (353609)	12,807
4-Door Sedan—6 Wheel (353609)	135
Touring Sedan—5 Wheel (353619)	31,368
Touring Sedan—6 Wheel (353619)	1,089

R.H. Drive—F-35

Convertible Coupe—5 Wheel (353867)	23
Convertible Coupe—6 Wheel (353867)	20

1935 (cont'd)

Business Coupe–5 Wheel (353607)	13
Sport Coupe–5 Wheel (353657)	18
Sport Coupe–6 Wheel (353657)	4
5-Passenger Coupe–5 Wheel (353601)	3
Touring Coupe–5 Wheel (353611)	13
Touring Coupe–6 Wheel (353611)	2
4-Door Sedan–5 Wheel (353609)	50
4-Door Sedan–6 Wheel (353609)	17
Touring Sedan–5 Wheel (353619)	168
Touring Sedan–6 Wheel (353619)	22
TOTAL F-35	90,433

L-35

Convertible Cpe–5 Wheel (353867)	791
Convertible Cpe–6 Wheel (353867)	111
Club Coupe–5 Wheel (353807)	74
Business Coupe–5 Wheel (353807)	1,183
Business Coupe–6 Wheel (353807)	43
Sport Coupe–5 Wheel (353857)	891
Sport Coupe–6 Wheel (353857)	56
5-Passenger Cpe–5 Wheel (353801)	852
5-Passenger Cpe–6 Wheel (353801)	18
Touring Coupe–5 Wheel (353811)	4,749
Touring Coupe–6 Wheel (353811)	113
4-Door Sedan–5 Wheel (353809)	2,870
4-Door Sedan–6 Wheel (353809)	92
Touring Sedan–5 Wheel (353819)	16,500
Touring Sedan–6 Wheel (353819)	1,491

R.H. Drive–L-35

Convertible Cpe–5 Wheel (353867)	7
Convertible Cpe–6 Wheel (353867)	1
Sport Coupe–5 Wheel (353857)	4
Sport Coupe–6 Wheel (353857)	8
Touring Coupe–5 Wheel (353811)	6
4-Door Sedan–5 Wheel (353809)	5
4-Door Sedan–6 Wheel (353809)	9
Touring Sedan–5 Wheel (353819)	52
Touring Sedan–6 Wheel (353819)	15
TOTAL L-35	29,941
GRAND TOTAL	120,374

1936

F-36

Convertible Cpe–5 Wheel (363867)	2,026
Convertible Cpe–6 Wheel (363867)	63
Business Coupe–5 Wheel (363607)	19,284
Business Coupe–6 Wheel (363607)	62
Sport Coupe–5 Wheel (363657)	2,803
Sport Coupe–6 Wheel (363657)	28
5-Passenger Cpe–5 Wheel (363601)	11,124
5-Passenger Coupe–6 Wheel (363601)	19
Touring Coupe–5 Wheel (363611)	45,101

Touring Coupe–6 Wheel (363611)	272
4-Door Sedan–5 Wheel (363609)	4,065
4-Door Sedan–6 Wheel (363609)	17
Touring Sedan–5 Wheel (363619)	65,078
Touring Sedan–6 Wheel (363619)	1,371

R.H. Drive–F-36

Convertible Cpe–5 Wheel (363867)	29
Convertible Cpe–6 Wheel (363867)	18
Sport Coupe–5 Wheel (363657)	5
Sport Coupe–6 Wheel (363657)	2
Touring Coupe–5 Wheel (363611)	17
Touring Coupe–5 Wheel (363611)	1
4-Door Sedan–5 Wheel (363609)	9
4-Door Sedan–6 Wheel (363609)	1
Touring Sedan–5 Wheel (363619)	232
Touring Sedan–6 Wheel (363619)	33
TOTAL F-36	151,660

L-36

Convertible Cpe–5 Wheel (363867)	873
Convertible Cpe–6 Wheel (363867)	41
Business Cpe–5 Wheel (363807)	2,126
Business Cpe–6 Wheel (363807)	55
Sport Coupe–5 Wheel (363857)	909
Sport Coupe–6 Wheel (363857)	41
5-Passenger Cpe–5 Wheel (363801)	224
5-Passenger Cpe–6 Wheel (363801)	8
Touring Coupe–5 Wheel (363811)	6,466
Touring Coupe–6 Wheel (363811)	155
4-Door Sedan–5 Wheel (363809)	379
4-Door Sedan–6 Wheel (363809)	11
Touring Sedan–5 Wheel (363819)	26,379
Touring Sedan–6 Wheel (363819)	1,916

R.H. Drive–L-36

Convertible Cpe–5 Wheel (363867)	15
Convertible Cpe–6 Wheel (363867)	2
Sport Coupe–5 Wheel (363857)	3
Sport Coupe–6 Wheel (363857)	6
Touring Coupe–5 Wheel (363801)	5
4-Door Sedan–5 Wheel (363809)	2
4-Door Sedan–6 Wheel (363809)	3
Touring Sedan–5 Wheel (363819)	59
Touring Sedan–6 Wheel (363819)	19
TOTAL L-36	39,697
GRAND TOTAL	191,357

1937

F-37

Convertible Coupe–5 Wheel (373667)	1,402
Business Coupe–5 Wheel (373627B)	13,853
Club Coupe–5 Wheel (373627)	7,224
5-Passenger Coupe–5 Wheel (373601)	9,597
Touring Coupe–5 Wheel (373611)	37,722

1937 (cont'd)

4-Door Sedan—5 Wheel (373609)	3,819
Touring Sedan—5 Wheel (373619)	59,794

Export L.H. Drive—F-37

Convertible Coupe—5 Wheel (373667)	65
Businesss Coupe—5 Wheel (373627B)	103
5-Passenger Coupe—5 Wheel (373601)	28
Touring Coupe—5 Wheel (373611)	106
4-Door Sedan—5 Wheel (373609)	60
Touring Sedan—5 Wheel (373619)	1,303

Export R.H. Drive F-37

Convertible Coupe—5 Wheel (373667)	152
Business Coupe—5 Wheel (373627B)	2
Club Coupe—5 Wheel (373627)	202
5-Passenger Coupe—5 Wheel (373601)	39
Touring Coupe—5 Wheel (373611)	215
4-Door Sedan—5 Wheel (373609)	141
Touring Sedan—5 Wheel (373619)	1,836
TOTAL F-37	137,663

L-37

Convertible Coupe—5 Wheel (373867)	599
Convertible—6 Wheel (373867)	95
Business Coupe—5 Wheel (373827B)	2,018
Business Coupe—6 Wheel (373827B)	28
Club Coupe—5 Wheel (373827)	2,086
Club Coupe—6 Wheel (373827)	71
5-Passenger Coupe—5 Wheel (373801)	396
5-Passenger Coupe—6 Wheel (373801)	2
Touring Coupe—5 Wheel (373811)	5,712
Touring Coupe—6 Wheel (373811)	97
4-Door Sedan—5 Wheel (373809)	477
4-Door Sedan—6 Wheel (373809)	9
Touring Sedan—5 Wheel (373819)	28,203
Touring Sedan—6 Wheel (373819)	1,811

L.H. Drive Export—L-37

Convertible Coupe—5 Wheel (373867)	14
Convertible Coupe—6 Wheel (373867)	2
Business Coupe—5 Wheel (373827B)	1
Club Coupe—5 Wheel (373827)	15
Touring Coupe—5 Wheel (373801)	8
Touring Coupe—6 Wheel (373801)	1
4-Door Sedan—5 Wheel (373809)	10
Touring Sedan—5 Wheel (373819)	118
Touring Sedan—6 Wheel (373819)	39

R.H. Drive Export—L-37

Convertible Coupe—5 Wheel (373867)	17
Convertible—6 Wheel (373867)	1
Business Coupe—5 Wheel (373827B)	1
Business Coupe—6 Wheel (373827B)	12
Club Coupe—5 Wheel (373827)	125
Club Coupe—6 Wheel (373827)	5

Touring Sedan—5 Wheel (373819)	170
Touring Sedan—6 Wheel (373819)	24
TOTAL L-37	42,167
GRAND TOTAL	179,830

1938

F-38

Convertible Coupe—5 Wheel (383667)	1,001
Business Coupe—5 Wheel (383627B)	6,506
Club Coupe—5 Wheel (383627)	3,353
5-Passenger Coupe—5 Wheel (383601)	3,955
Touring Coupe—5 Wheel (383611)	17,144
4-Door Sedan—5 Wheel (383609)	1,458
Touring Sedan—5 Wheel (383619)	27,257

L.H. Drive Export F-38

Convertible Coupe—5 Wheel (383667)	136
Business Coupe—5 Wheel (383627B)	29
Club Coupe—5 Wheel (383627)	259
5-Passenger Coupe—5 Wheel (383601)	20
Touring Coupe—5 Wheel (383611)	166
4-Door Sedan—5 Wheel (383609)	18
Touring Sedan—5 Wheel (383619)	2,008

R.H. Drive Export F-38

Convertible Coupe—5 Wheel (383667)	47
Business Coupe—5 Wheel (383627B)	3
Club Coupe—5 Wheel (383627)	20
Touring Coupe—5 Wheel (383611)	80
4-Door Sedan—5 Wheel (383609)	1
Touring Sedan—5 Wheel (383619)	1,649
TOTAL F-38	65,110

L-38

Convertible Coupe—5 Wheel (383867)	377
Convertible Coupe—6 Wheel (383867)	68
Business Coupe—5 Wheel (383827B)	1,078
Business Coupe—6 Wheel (383827B)	19
Club Coupe—5 Wheel (383827)	1,085
Club Coupe—6 Wheel (383827)	37
5-Passenger Coupe—5 Wheel (383801)	137
Touring Coupe—5 Wheel (383811)	1,907
Touring Coupe—6 Wheel (383811)	37
4-Door Sedan—5 Wheel (383809)	189
4-Door Sedan—6 Wheel (383809)	10
Touring Sedan—5 Wheel (383819)	13,590
Touring Sedan—6 Wheel (383819)	936

L.H. Drive Export L-38

Convertible Coupe—5 Wheel (383867)	24
Convertible Coupe—6 Wheel (383867)	2
Business Coupe—5 Wheel (383827B)	1
Touring Coupe—5 Wheel (383811)	3
4-Door Sedan—6 Wheel (383809)	1

1938 (cont'd)

Touring Sedan—5 Wheel (383819)	222
Touring Sedan—6 Wheel (383819)	31

R.H. Drive Export L-38

Convertible Coupe—5 Wheel (383867)	4
Club Coupe—5 Wheel (383827)	13
Club Coupe—6 Wheel (383827)	1
Touring Coupe—5 Wheel (383811)	3
Touring Sedan—5 Wheel (383819)	152
Touring Sedan—6 Wheel (383819)	8
TOTAL L-38	19,935
GRAND TOTAL	85,045

1939

F-39—Series "60"

Business Coupe (393527B)	5,539
Club Coupe (393527)	2,059
2-Door Touring Sedan (393511)	16,747
4-Door Touring Sedan (393519)	14,554

L.H. Drive Export F-39

Business Coupe (393527B)	34
Club Coupe (393527)	60
2-Door Touring Sedan (393511)	112
4-Door Touring Sedan (393519)	403

R.H. Drive Export F-39

Business Coupe (393527B)	2
Club Coupe (393527)	154
2-Door Touring Sedan (393511)	51
4-Door Touring Sedan (393519)	1,001

G-39—Series "70"

Convertible Coupe (393667)	1,509
Business Coupe (393627B)	5,188
Club Coupe (393627)	4,653
2-Door Touring Sedan (393611)	19,365
2-Door Touring Sun Sedan	15
4-Door Touring Sedan (393619)	35,972
4-Door Touring Sun Sedan	79

L.H. Drive Export G-39

Convertible Coupe (393667)	163
Business Coupe (393627B)	23
Club Coupe (393627)	70
2-Door Touring Sedan (393611)	60
2-Door Touring Sun Sedan	2
4-Door Touring Sedan (393619)	1,345
4-Door Touring Sun Sedan	2

R.H. Drive Export G-39

Convertible Coupe (393667)	42
Club Coupe (393627)	72
4-Door Touring Sedan (393619)	826

L-39

4-Door Deluxe Sun Sedan	1
Convertible Coupe (393887)	456
Business Coupe (393827B)	736
Club Coupe (393827)	1,134
2-Door Touring Sedan (393811)	1,562
2-Door Touring Sun Sedan	7
4-Door Touring Sedan (393819)	12,242
4-Door Touring Sun Sedan	84
4-Door Deluxe Touring Sed (393819)	770

L.H. Drive Export L-39

Convertible Coupe (393887)	16
Business Coupe (393827B)	2
Club Coupe (393827)	13
2-Door Touring Sedan (393811)	2
4-Door Touring Sedan (393819)	100
GRAND TOTAL	127,227

1940

Model "60"—6-cyl

Station Wagon (Hercules)	633
Convertible Coupe (403567)	1,347
Business Coupe (403527B)	2,752
Club Coupe (403527)	7,664
2-Door Touring Sedan (403511)	27,220
4-Door Touring Sedan (403519)	24,422

Model "70"—6 cyl

Convertible Coupe (403667)	1,070
Business Coupe (403627B)	4,337
Club Coupe (403627)	8,505
2-Door Touring Sedan (403611)	21,486
4-Door Touring Sedan (403619)	41,467

Model "90"—8-cyl

Convertible Phaeton (403929)	50
Convertible Coupe (403967)	290
Club Coupe (403927C)	10,836
4-Door Touring Sedan (403919)	33,075
GRAND TOTAL	185,154

1941

Model "66"

Station Wagon (Hercules)	604
Convertible Coupe (413567)	2,812
Business Coupe (413527B)	6,433
Club Coupe (413527)	23,796
2-Door Sedan (413511)	30,475
4-Door Sedan (413519)	25,899
Town Sedan (413569)	11,921

Model "68"

Station Wagon (Hercules)	95
Convertible Coupe (413527)	776

1941 (cont'd)

Business Coupe (413527B)	188
Club Coupe (413527)	2,684
2-Door Sedan (413511)	499
4-Door Sedan (413519)	3,831
Town Sedan (413569)	2,188

Model "76"
Business Coupe (413627B)	353
Club Sedan—Standard* (413627)	39,938
Club Sedan—Deluxe** (413627D)	6,947
4-Door Sedan—Standard* (413609)	31,074
4-Door Sedan—Deluxe** (413609D)	9,645

Model "78"
Business Coupe (413627B)	51
Club Sedan—Standard* (413627)	8,260
Club Sedan—Deluxe** (413627D)	5,338
4-Door Sedan—Standard* (413609)	8,046
4-Door Sedan—Deluxe** (413609D)	7,534

*Body has no rear seat center arm rest
**Body has a rear seat center arm rest

Model "96"
Convertible Coupe (413967)	325
Club Coupe (413927)	2,176
4-Door Sedan (413919)	4,196

Model "98"
Convertible Coupe (413967)	1,263
Convertible Phaeton (413929)	119
Club Coupe (413927)	6,305
4-Door Sedan (413919)	22,081
GRAND TOTAL	265,852

1942

Special Series (66 & 68)
Station Wagon (Hercules)	795
Convertible Coupe (423567)	848
Business Coupe (423527B)	1,166
Club Coupe (423527)	4,173
Club Sedan (423507)	10,766
2-Door Sedan (423511)	3,688
4-Door Sedan (423519)	8,053
Town Sedan (423569)	3,888

Dynamic Series (76 & 78)
Club Sedan* (423607)	10,536
Deluxe Club Sedan** (423607D)	3,165
4-Door Sedan* (423609)	9,166
Deluxe 4-Door Sedan** (423609D)	3,400

*Body has no rear seat center arm rest
**Body has a rear seat center arm rest

Custom Series (98)
Convertible Coupe (423967)	216
Club Sedan (423907)	1,771
4-Door Sedan (423969)	4,672
GRAND TOTAL	66,303

1946

Special Series 66
Convertible Coupe (463567)	1,409
Club Coupe (463527)	4,537
Club Sedan (463507)	11,721
4-Door Sedan (463519)	11,053
Station Wagon (463581)	140

1,694 Series 66 4-door Sedan Australia (right-hand drive) for export not counted in above total.

Dynamic Series 76
Club Sedan* (463607)	30,929
Deluxe Club Sedan** (463607D)	1,923
4-Door Sedan (463609)	18,425
Deluxe 4-Door Sedan** (463609D)	2,179

Dynamic Series 78
Club Sedan* (463607)	8,723
Deluxe Club Sedan** (463607D)	2,188
4-Door Sedan* (463609)	7,103
Deluxe 4-Door Sedan** (463609D)	2,939

*Body has no rear seat center arm rest
**Body has a rear seat center arm rest

Custom Cruiser Series 98
Convertible Coupe (463967)	874
Club Sedan (463907)	2,459
4-Door Sedan (463969)	11,031
GRAND TOTAL	117,633

1947

Special Series 60
Station Wagon—6-cyl	968
Station Wagon—8-cyl	492
Convertible Coupe—6 (473567)	3,949
Convertible Coupe—8 (473567)	2,579
Club Coupe (473527)	14,297
Club Sedan (473507)	28,488
4-Door Sedan (473519)	22,660

Dynamic Series 70
Club Sedan* (473607)	38,152
Deluxe Club Sedan (473607D)**	6,697
4-Door Sedan* (473609)	30,841
Deluxe 4-Door Sedan** (473609D)	7,984

*Body has no rear seat center arm rest
**Body has a rear seat center arm rest

1947 (cont'd)

Custom Cruiser Series 90

Convertible Coupe (473967)	3,940
Club Sedan (473907)	8,475
4-Door Sedan (473969)	24,733
GRAND TOTAL	194,255

1948

"60" Series

66 Std Station Wagon (483562)	840
66 Dlx Station Wagon (483562D)	553
68 Std Station Wagon (483562)	760
68 Dlx Station Wagon (483562D)	554
66 Convertible Coupe † (483567X)	1,801
68 Convertible Coupe † (483567X)	2,091
Club Coupe (483527)	8,226
Dlx Club Coupe (483527D)	1,100
Club Sedan (483507)	20,932
Dlx Club Sedan (483507D)	2,800
4-Door Sedan (483519)	15,842
Dlx 4-Door Sedan (483519D)	2,300

"70" Series

Club Sedan* (483607)	16,923
Dlx Club Sedan** (483607D)	8,249
4-Door Sedan* (483609)	12,444
Dlx 4-Door Sedan** (483609D)	12,202

"98" Series

Dlx Convertible Coupe † (483867X)	12,914
Club Sedan* (483807)	2,311
Dlx Club Sedan** (483807D)	11,949
4-Door Sedan* (483869)	5,605
Dlx 4-Door Sedan** (483869D)	32,456

*Without rear seat center arm rest
**With rear seat center arm rest
† Equipped with all hydraulic controls
NOTE: Some "98" Series Deluxe Club Sedans and Deluxe 4-door Sedans were equipped with all hydraulic controls. Body code number will show "DX" as suffix.

GRAND TOTAL	172,852

1949

"76" Series

Dlx Station Wagon (493561D)	1,545
Convertible Coupe † (493567X)	5,338
Club Coupe (493527)	9,403
Dlx Club Coupe (493527D)	3,280
Club Sedan (493507)	23,059
Dlx Club Sedan (493507D)	8,960
Town Sedan (493508)	3,741
Dlx Town Sedan (493508)	2,725

4-Door Sedan (493569)	23,631
Dlx 4-Door Sedan (493569D)	13,874

"88" Series

Dlx Station Wagon (493561D)	1,355
Convertible Coupe † (493567DX)	5,434
Club Coupe (493527)	6,562
Dlx Club Coupe (493527D)	4,999
Club Sedan (493507)	16,887
Dlx Club Sedan (493507D)	11,820
Town Sedan (493508)	2,859
Dlx Town Sedan (493508D)	2,974
4-Door Sedan (493569)	23,342
Dlx 4-Door Sedan (493569D)	23,044

"98" Series

Dlx Conv Coupe † (493867X)	12,602
Dlx Holiday Coupe † (493837X)	3,006
Club Sedan* (493807)	3,849
Dlx Club Sedan** (493807D)	16,200
4-Door Sedan* (493869)	8,820
Dlx 4-Door Sedan** (493869D)	49,001

*Without rear seat center arm rest
**With rear seat center arm rest
† Equipped with all hydraulic controls
NOTE: Some "98" Series Deluxe Club Sedans and Deluxe 4-door Sedans were equipped with all hydraulic controls. Body code number will show "DX" as suffix.

GRAND TOTAL	288,310

1950

"76" Series

Std Station Wagon (503562)	121
Dlx Station Wagon (503562D)	247
Std Holiday Coupe (503537)	144
Dlx Holiday Coupe (503537D)	394
Convertible Coupe † (503567X)	973
Club Coupe (503527)	2,238
Dlx Club Coupe (503527D)	1,126
Club Sedan (503507)	3,186
Dlx Club Sedan (503507D)	1,919
2-Door Sedan (503511)	3,865
Dlx 2-Door Sedan (503511D)	2,489
4-Door Sedan (503569)	7,396
Dlx 4-Door Sedan (503569D)	9,159

"88" Series

Std Station Wagon (503762)	1,830
Dlx Station Wagon (503762D)	552
Std Holiday Coupe (503737)	1,366
Dlx Holiday Coupe (503737D)	11,316
Convertible Coupe † (503767X)	9,127
Club Coupe (503727)	10,684
Dlx Club Coupe (503727D)	10,772
Club Sedan (503707)	14,705
Dlx Club Sedan (503707D)	16,388

1950 (cont'd)

2-Door Sedan(503711)	23,889
Dlx 2-Door Sedan (503711D)	26,672
4-Door Sedan (503769)	40,301
Dlx 4-Door Sedan (503769D)	100,810

"98" Series

Std Holiday Coupe (503837)	317
Dlx Holiday Coupe † (503837DX)	7,946
Convertible Coupe † (503867X)	3,925
Club Sedan* (503807)	2,270
Dxl Club Sedan** (503807D)	9,719
Town Sedan* (503808)	255
Dlx Town Sedan** (503808D)	1,523
4-Door Sedan (503869)	7,499
Dlx 4-Door Sedan (503869D)	72,766

*Without rear seat center arm rest
**With rear seat center arm rest
† Equipped with all hydraulic controls

GRAND TOTAL	407,889

1951

"88" Series

2-Door Sedan (513711)	11,792
4-Door Sedan (513769)	22,848

Super "88" Series

Dlx Conv Coupe † (513667DX)	3,404
Hyd Dlx Conv †† (513667DTX)	450
Dlx Holiday Coupe (513637D)	13,279
Hyd Dlx Holiday † (513637DX)	901
Dlx Club Coupe (513627D)	7,328
Dlx 2-Door Sedan (513611D)	34,963
Dlx 4-Door Sedan (513669D)	90,131

"98" Series

Dlx Conv Coupe † (513867X)	4,468
Holiday Coupe (513837)	3,917
Hyd Dlx Holiday (513837DX)	14,012
Dlx Holiday Sedan (513869D)**	78,122

† Equipped with all hydraulic controls
†† Equipped wtih hydraulic top control only
** With rear seat center arm rest

GRAND TOTAL	285,615

1952

Deluxe "88" Scries

2-Door Sedan (523611)	6,402
4-Door Sedan (523669)	12,215

Super "88" Series (Deluxe)

Convertible Coupe* (523667DTX)	5,162
Holiday Coupe (523637D)	15,777
Club Coupe (523627D)	2,050
2-Door Sedan (523611D)	24,963
4-Door Sedan (523669D)	70,606

"98" Series (Deluxe)

Convertible Coupe* (523067DX)	3,544
Holiday Coupe* (523037DX)	14,150
4-Door Sedan (523069D)	58,550

*Equipped wtih all hydraulic controls

GRAND TOTAL	213,419

1953

Deluxe 88

2-Door Sedan (533611)	12,400
4-Door Sedan (533669)	20,400

Super 88 (Deluxe)

Convertible Coupe † (533667DX)	7,507
Hyd Convertible Cpe †† (533667DTX)	803
Holiday Coupe (533637D)	34,500
Hyd Holiday Coupe †(533637DX)	2,381
2-Door Sedan (533611D)	36,824
4-Door Sedan (533669D)	119,317

98 (Deluxe)

Convertible Coupe † (533067DX)	7,521
Fiesta Convertible † (533067SDX)	458
Holiday Coupe † (533037DX)	27,920
4-Door Sedan** (533069D)	64,431

† Equipped with all hydraulic controls
†† Equipped wtih hydraulic top control only
** With rear seat center arm rest

GRAND TOTAL	334,462

1954

88 Series

Holiday Coupe (543637)	25,820
2-Door Sedan (543611)	18,013
4-Door Sedan (543669)	29,028

Super 88 Series (Deluxe)

Convertible Coupe †† (543667DTX)	6,452
Holiday Coupe (543637D)	42,155
2-Door Sedan (543611D)	27,882
4-Door Sedan (543669D)	111,326

98 Series (Dcluxe)

Convertible Coupe † (543067DX)	6,800
Standard Holiday Coupe (543037)	8,865
Deluxe Holiday Coupe † (543037DX)	29,688
4-Door Sedan** (543069D)	45,605
4-Door Sedan**† (543069DX)	2,367

† Equipped with all hydraulic controls
†† Equipped with hydraulic top control only
** With rear seat center arm rest

GRAND TOTAL	354,001

1955

Series 88
Holiday Coupe (553637) — 85,767
2-Door Sedan (553611) — 37,507
4-Door Sedan (553669) — 57,777
Holiday Sedan (553639) — 41,310

Super 88 Series (Deluxe)
Convertible Coupe (553667DTX) — 9,007
Holiday Coupe (553637D) — 62,534
2-Door Sedan (553611D) — 11,950
4-Door Sedan (553669D) — 111,316
Holiday Sedan (553639SD) — 47,385

Series 98 (Deluxe)
Convertible Coupe* (553067DX) — 9,149
Deluxe Holliday Coupe* (553037DX) — 38,363
4-Door Sedan (553069D) — 39,847
Deluxe Holiday Sedan* (553039SDX) — 31,267
* Equipped with electric windows and electric
2-way seat

GRAND TOTAL — 583,179

1956

Series 88
Holiday Coupe (563637) — 74,739
2-Door Sedan (563611) — 31,949
4-Door Sedan (563669) — 57,092
Holiday Sedan (563639) — 52,239

Super 88 Series
Convertible Coupe (563667DTX) — 9,561
Holiday Coupe Deluxe (563637SD) — 43,054
2-Door Sedan (563611D) — 5,465
4-Door Sedan (563669D) — 59,728
Holiday Sedan Deluxe (5636395D) — 61,192

Series 98
Convertible Coupe Deluxe* (563067DX) — 8,581
Deluxe Holiday Coupe* (563037SDX) — 19,433
4-Door Sedan Deluxe (563069D) — 20,105
Deluxe Holiday Sedan* (563039SDX) — 42,320
*Equipped with electric windows and elcetric
2-way seat
GRAND TOTAL — 485,458

1957

Series 88
Fiesta Sedan (pillar) (573662F) — 5,052
Fiesta (pillarless) (573665F) — 5,767
Convertible Coupe (573667TX) — 6,423
Holiday Coupe (573637) — 49,187

2-Door Sedan (573611) — 18,477
4-Door Sedan (573669) — 53,923
Holiday Sedan (573639) — 33,830

Super 88 Series
Fiesta (pillarless) Dlx (573665SDF) — 8,981
Convertible Coupe (573667DTX) — 7,128
Holiday Coupe Deluxe (573637SD) — 31,155
2-Door Sedan (573611D) — 2,983
4-Door Sedan (573669D) — 42,629
Holiday Sedan Deluxe (573639SD) — 39,162

98 Series
Convertible Coupe* (573067DX) — 8,278
Holiday Coupe Deluxe* (573037SDX) — 17,791
4-Door Sedan (573069D) — 21,525
Holiday Sedan Deluxe* (573039SDX) — 32,099
*Equipped with electric windows and electric
2-way seat
GRAND TOTAL — 384,390

1958

Series 88—Dynamic
Fiesta Sedan (583693) — 3,249
Fiesta (583695) — 3,323
Convertible Coupe (583667TX) — 4,456
Holiday Coupe (583637) — 35,036
2-Door Sedan (583611) — 11,833
4-Door Sedan (573669) — 60,429
Holiday Sedan (583639) — 28,241

Super 88 Series
Fiesta Deluxe (583695SD) — 5,175
Convertible Coupe (583667DTX) — 3,799
Holiday Coupe Dlx (583637SD) — 18,653
4-Door Sedan (583669D) — 33,844
Holiday Sedan Dlx (583639SD) — 27,521

Series 98
Convertible Coupe* (583067DX) — 5,605
Holiday Coupe Dlx* (583037SDX) — 11,012
4-Door Sedan (583069D) — 16,595
Holiday Sedan* (583039SDX) — 27,603
*Equipped with electric windows and electric
2-way seat
GRAND TOTAL — 296,374

1959

Series 88
2-Door Sedan (593211) — 16,123
4-Door Sedan (593219) — 70,995
Sceni Coupe (593237) — 38,488
Sport Sedan (593239) — 48,707
Conv Coupe (593267) — 8,491
Fiesta wagon (593235) — 11,298

1959 (cont'd)

Super 88 Series

4-Door Sedan (593519)	37,024
SceniCoupe (593537)	20,259
SportSedan (593539)	38,467
Conv Coupe (593567)	4,895
Fiesta wagon (593535)	7,015

Series 98

4-Door Sedan (593819)	23,106
SceniCoupe* (593837)	13,669
SportSedan* (593839)	36,813
Conv Coupe* (593867)	7,514

* Equipped with electric windows and electric
2-way seat

GRAND TOTAL	382,864

1960

Series 88—Dynamic

		Export
2-Door Sedan (60-3211)	13,545	3
4-Door Sedan (60-3219)	76,377	16
SceniCoupe (60-3237)	29,368	31
SportSedan (60-3239)	43,761	29
Convertible Coupe (60-3267)	12,271	3
Fiesta Station Wagon (60-3235)	8,834	2
Fiesta 3-Seat Wagon (60-3245)	5,708	15

Super 88 Series

4-Door Sedan (60-3519)	35,094	17
SceniCoupe (60-3537)	16,464	21
SportSedan (60-3539)	33,285	19
Convertible Coupe (60-3567)	5,830	-
Fiesta Station Wagon (60-3535)	3,765	3
Fiesta 3-seat Wagon (60-3545)	3,475	12

Series 98

4-Door Sedan (60-3819)	17,188	3
SceniCoupe (60-3837)	7,635	19
SportSedan (60-3839)	27,257	29
Convertible Coupe (60-3867)	7,284	2
GRAND TOTAL	347,141 + 224	
	347,365	

1961

Series F-85

		Export
4-Door Sedan (61-3019)	19,765	9
4-Door Sedan Deluxe (61-3119)	26,311	17
2-Door Coupe (61-3027)	2,336	2
Cutlass Coupe (61-3117)	9,935	9
Station Wagon 2-seat (61-3035)	6,677	3
Station Wagon 3-seat (61-3045)	10,087	9
Sta. Wgn. Deluxe 2-seat (61-3135)	526	1
Sta. Wgn. Deluxe 3-seat (61-3145)	757	2

Series 88—Dynamic

2-Door Sedan (61-3211)	4,920	1
Celebrity Sedan (61-3269)	42,584	13
Holiday Coupe (61-3237)	19,878	28
Holiday Sedan (61-3239)	51,562	26
Convertible Coupe (61-3267)	9,049	2
Fiesta Sta. Wgn. (61-3235)	5,374	1
Fiesta 3-seat Sta. Wgn. (61-3245)	4,013	8

Super 88 Series

Celebrity Sedan (61-3569)	15,328	7
Holiday Coupe (61-3537)	7,009	26
Holiday Sedan (61-3539)	23,272	26
Convertible Coupe (61-3567)	2,624	2
Starfire Conv (61-3667)	7,600	4
Fiesta Sta. Wgn. (61-3535)	2,761	2
Fiesta 3-seat Wagon (61-3545)	2,170	9

Series 98

Town Sedan (61-3819)	9,087	1
Holiday Sedan (61-3829)	13,331	8
Holiday Coupe (61-3837)	4,445	1
SportSedan (61-3839)	12,343	2
Conv Coupe (61-3867)	3,804	-
GRAND TOTAL	317,548 + 219	
	317,767	

1962

F-85

4-Door Sedan (62-3019)	8,074
Club Coupe (62-3027)	7,909
2-Seat Wagon (62-3035)	3,204
3-Seat Wagon (62-3045)	1,887
Sports Convertible (62-3067)	3,660
Cutlass Coupe (62-3117)	32,461
Deluxe 4-door Sedan (62-3119)	18,736
Deluxe 2-Seat Wagon (62-3135)	4,974
Jetfire Coupe (62-3147)	3,765
Cutlass Convertible (62-3167)	9,893

Dynamic 88 Series

2-Seat Fiesta Sta. Wgn. (62-3235)	8,527
Holiday Sedan (62-3239)	53,438
3-Seat Fiesta Sta. Wgn. (62-3245)	6,417
Holiday Coupe (62-3247)	39,676
Convertible Coupe (62-3267)	12,212
Celebrity 4-Door Sed (62-3269)	68,467

Super 88 Series

2-Seat Fiesta Sta. Wgn. (62-3535)	3,837
Holiday Sedan (62-3539)	21,175
Holiday Coupe (62-3547)	9,010
Celebrity 4-Door Sedan (62-3569)	24,125

1962 (cont'd)

Starfire Series

Coupe (62-3647)	34,839
Convertible (62-3667)	7,149

"98" Series

4-Door Town Sedan (62-3819)	12,167
Holiday Sedan (62-3829)	7,653
Sports Sedan (62-3839)	33,095
Holiday Coupe (62-3847)	7,546
Convertible Coupe (62-3867)	3,693
GRAND TOTAL	447,589

1963

F-85 Series

Four-Door Sedan (63-3019)	8,937
Club Coupe (63-3027)	11,276
Station Wagon (63-3035)	3,348
Cutlass Coupe (63-3117)	41,343
Deluxe 4-Door Sedan (63-3119)	29,269
Deluxe Station Wagon (63-3135)	6,647
Jetfire Coupe (63-3147)	5,842
Cutlass Convertible (63-3167)	12,149

Dynamic 88 Series

2-Seat Fiesta Sta. Wgn. (63-3235)	9,615
Holiday Sedan (63-3239)	62,351
3-Seat Fiesta Sta. Wgn. (63-3245)	7,116
Holiday Coupe (63-3247)	39,071
Convertible Coupe (63-3267)	12,551
Celebrity 4-Door Sedan (63-3269)	68,611

Super 88 Series

2-Seat Fiesta Sta. Wgn. (63-3535)	3,878
Holiday Sedan (63-3539)	25,387
Holiday Coupe (63-3547)	8,930
Celebrity 4-Door Sedan (63-3569)	24,575

Starfire Series

Coupe (63-3657)	21,148
Convertible (63-3667)	4,401

"98" Series

Four Door Town Sed (63-3819)	11,053
Luxury Sedan (63-3829)	19,252
Sport Sedan (63-3839)	23,330
Holiday Coupe (63-3847)	4,984
Convertible Coupe (63-3867)	4,267
Custom Sports Coupe (63-3947)	7,422
GRAND TOTAL	476,753

1964

F-85 Series

Club Coupe V6 (64-3027)	8,314
Club Coupe V8 (64-3027)	7,984
Station Wagon V6 (64-3035)	1,470
Station Wagon V8 (64-3035)	2,577
2-Seat Vista-Cruiser SW V8 (64-3055)	1,305
3-Seat Vista-Cruiser SW V8 (64-3065)	2,089
Four-Door Sedan V6 (64-3069)	6,531
Four-Door Sedan V8 (64-3069)	5,575
Deluxe Sports Coupe V6 (64-3127)	6,594
Deluxe Station Wagon V6 (64-3135)	909
Deluxe 4-Door Sedan V6 (64-3169)	7,428
Deluxe 4-Door Sedan V8 (64-3169)	42,237

*F-85 Cutlass Series

Sports Coupe (64-3227)	15,440
Holiday Coupe (64-3237)	36,153
2-Seat Custom Vista-Cruiser SW (64-3255)	3,320
3-Seat Custom Vista-Cruiser SW (64-3265)	7,286
Convertible (64-3267)	12,822
(2,999 of the above had the 4-4-2 option)	

*Jetstar 88 Series

Holiday Sedan (64-3339)	19,325
Holiday Coupe (64-3347)	14,663
Convertible (64-3367)	3,903
Celebrity Four-Door Sedan (64-3369)	24,614

*Jetstar I Series

Sports Coupe (64-3457)	16,084

*Dynamic 88 Series

2-Seat Fiesta Station Wagon (64-3435)	10,747
Holiday Sedan (64-3439)	50,327
3-Seat Fiesta Station Wagon (64-3445)	6,599
Holiday Coupe (64-3447)	32,369
Convertible (64-3467)	10,042
Celebrity Four-Door Sedan (64-3469)	57,590

*Super 88 Series

Holiday Sedan (64-3539)	17,778
Celebrity Four-Door Sed (64-3569)	19,736

*Starfire Series

Coupe (64-3657)	13,753
Convertible (64-3667)	2,410

*"98" Series

Four-Door Town Sedan (64-3819)	11,380
Luxury Sedan (64-3829)	17,346
Holiday Sports Sedan (64-3839)	24,791
Holiday Sports Coupe (64-3847)	6,139
Convertible (64-3867)	4,004
Custom Sports Coupe (64-3947)	4,594
* V8 only	
GRAND TOTAL	536,228

1965

F-85

V6 Club Coupe (65-3327)	5,289
V6 Station Wagon 2-Seat (65-3335)	714
V6 4-Door Sedan (65-3369)	3,089
V8 Club Coupe (65-3427)	7,720
V8 Station Wagon—2-Seat (65-3435)	2,496
V8 Vista-Cruiser SW 2-Seat (65-3455)	2,110
V8 Vista-Cruiser SW 3-Seat (65-3465)	3,335
V8 4-Door Sedan (65-3469)	5,661
V6 Deluxe Sports Coupe (65-3527)	6,141
V6 Deluxe Sta. Wgn.—2-Seat (3535)	659
V6 Deluxe 4-Door Sedan (65-3569)	4,989
V8 Deluxe Sta. Wgn.—2-Seat (3635)	10,365
V8 Deluxe 4-Door Sedan (65-3669)	47,767
V8 Deluxe Vista-Cruiser—2-Seat (3855)	9,335
V8 Deluxe Vista-Cruiser—3-Seat (3865)	17,205

*F-85 Cutlass Series

Sports Coupe (65-3827)	26,441
Holiday Coupe (65-3837)	46,138
Convertible (65-3867)	12,628

(25,003 of the above with the 4-4-2 option of which 3,468 were convertibles)

*Jetstar 88 Series

Holiday Coupe (65-5237)	13,911
Holiday Sedan (65-5239)	15,922
Convertible (65-5267)	2,879
Celebrity Sedan (65-5269)	22,725

*Jetstar I Series

Sports Coupe (65-5457)	6,552

*Dynamic 88 Series

Holiday Coupe (65-5637)	24,746
Holiday Sedan (65-5639)	38,889
Convertible (65-5667)	8,832
Celebrity Sedan (65-5669)	47,030

Delta 88 Series

Holiday Coupe (65-5837)	23,194
Holiday Sedan (65-3839)	37,358
Celebrity Sedan (65-5869)	29,915

Starfire Series

Coupe (65-6657)	13,024
Convertible (65-6667)	2,236

"98" Series

Holiday Sports Coupe (65-8437)	12,166
Holiday Sports Sedan (65-8439)	28,480
Convertible (65-8467)	4,903
Town Sedan (65-8469)	13,266
Luxury Sedan (65-8669)	33,591
GRAND TOTAL	591,701

*V8 only

1966

F-85 Series—6-cylinder

Club Coupe (66-3307)	6,341
Station Wagon (66-3335)	508
4-Door Sedan (66-3369)	2,862
Deluxe Holiday Coupe (66-3517)	2,974
Deluxe Station Wagon (66-3535)	434
Deluxe Holiday Sedan (66-3539)	1,002
Deluxe 4-Door Sedan (66-3569)	3,568

F-85 Series—8-cylinder

*Club Coupe (66-3407)	6,353
Station Wagon (66-3435)	1,652
4-Door Sedan (66-3469)	3,754
*Deluxe Holiday Coupe (66-3617)	16,968
Deluxe Station Wagon (66-3635)	8,058
Deluxe Holiday Sedan (66-3639)	6,911
Deluxe 4-Door Sedan (66-3669)	27,452

Cutlass Series

*Sports Coupe (66-3807)	17,455
*Holiday Coupe (66-3817)	44,633
Supreme (66-3839)	30,871
*Convertible (66-3867)	12,154
Celebrity Sedan (66-3869)	9,017

* 21,997 with the 4-4-2 option

Vista Cruiser Series—wagon

2-Seat Standard (66-3455)	1,660
3-Seat Standard (66-3465)	1,869
2-Seat Custom (66-3855)	8,910
3-Seat Custom (66-3865)	14,167

Jetstar 88 Series

Holiday Coupe (66-5237)	8,575
Holiday Sedan (66-5239)	7,938
Celebrity Sedan (66-5269)	13,734

Dynamic 88 Series

Holiday Coupe (66-5637)	20,768
Holiday Sedan (66-5639)	30,784
Convertible (66-5667)	5,540
Celebrity Sedan (66-5669)	38,742

Delta 88 Series

Holiday Coupe (66-5837)	20,857
Holiday Sedan (66-5839)	33,326
Convertible (66-5867)	4,303
Celebrity Sedan (66-5869)	30,140

Starfire Series

Coupe (66-5457)	13,019

Ninety-Eight Series

Holiday Coupe (66-8437)	11,488
Holiday Sedan (66-8439)	23,048
Convertible (66-8467)	4,568

OLDSMOBILE

1966 (cont'd)

Town Sedan (66-8469)	10,892
Luxury Sedan (66-8669)	38,123

Tornado Series
Standard (66-9487)	6,333
Deluxe (66-9687)	34,630
GRAND TOTAL	586,381

1967

F-85 Series—6-cylinder
Club Coupe (3307)	5,349
Station Wagon (3335)	2,749
Town Sedan (3369)	2,458

F-85 Series—8-cylinder
Club Coupe (3407)	6,700
Station Wagon (3435)	1,625
Town Sedan (3469)	5,126

Cutlass Series—6-cylinder
Holiday Coupe (3517)	2,564
Station Wagon (3535)	365
Holiday Sedan (3539)	644
Convertible (3567)	567
Town Sedan (3569)	2,219

Cutlass Series—8-cylinder
Holiday Coupe (3617)	29,799
Station Wagon (3635)	8,130
Holiday Sedan (3639)	7,344
Convertible (3667)	3,777
Town Sedan (3669)	29,062

Cutlass Supreme Series
*Sports Coupe (3807)	18,256
*Holiday Coupe (3817)	57,858
Holiday Sedan (3839)	22,571
*Convertible (3867)	10,897
Town Sedan (3869)	8,346
* 24,833 with the 4-4-2 option	

Vista Cruiser Series
3-Seat Standard (3465)	2,748
2-Seat Custom (3855)	9,513
3-Seat Custom (3865)	15,293

Delmont 88 "330" Series
Holiday Sedan (5239)	10,600
Town Sedan (5269)	15,076
Holiday Coupe (5287)	10,786

Delmont 88 "425" Series
Holiday Sedan (5639)	22,980
Convertible (5667)	3,525
Town Sedan (5669)	28,690
Holiday Coupe (5687)	16,699

Delta 88 Series
Holiday Sedan (5839)	21,909
Convertible (5867)	2,447
Town Sedan (5869)	22,770
Holiday Coupe (5887)	14,471

Delta 88 Custom Series
Holiday Sedan (5439)	14,306
Holiday Coupe (5487)	12,192

Ninety-Eight Series
Holiday Sedan (8439)	17,533
Holiday Coupe (8457)	10,476
Convertible (8467)	3,769
Town Sedan (8469)	8,900
Luxury Sedan (8669)	35,511

Toronado Series
Standard (9487)	1,770
Deluxe (9687)	20,020
GRAND TOTAL	548,390

1968

F-85 Series—6-cylinder
Town Sedan (3169)	1,847
Club Coupe (3177)	4,052

F-85 Series—8-cylinder
Town Sedan (3269)	3,984
Club Coupe (3277)	5,426

Cutlass Series 6-cylinder
2-Seat Station Wagon (3535)	354
Holiday Sedan (3539)	265
Convertible (3567)	410
Town Sedan (3569)	1,305
Sports Coupe (3577)	1,181
Holiday Coupe (3587)	1,492

Cutlass Series 8-cylinder
2-Seat Station Wagon (3635)	9,291
Holiday Sedan (3639)	7,839
Convertible (3667)	13,667
Town Sedan (3669)	25,994
Sports Coupe (3677)	14,586
Holiday Coupe (3687)	59,577

1968 (cont'd)

Cutlass Supreme V8 Series
Holiday Sedan (4239)   15,067
Town Sedan (4269)   5,524
Holiday Coupe (4287)   33,518

Custom Vista Cruiser V8 Series
2-Seat Wagon (4855)   13,375
3-Seat Wagon (4865)   22,768

4-4-2 High Performance V8 Series
Convertible (4467)   5,142
Sports Coupe (4477)   4,282
                        (64 w/Hurst option)
Holiday Coupe (4487)   24,183
                       (451 w/Hurst option)

Delmont 88 Series
Holiday Sedan (5439)   21,056
Convertible (5467)   2,812
Town Sedan (5469)   24,365
Holiday Coupe (5487)   18,391

Delta 88 Series
Holiday Sedan (6439)   30,048
Town Sedan (6469)   33,689
Holiday Coupe (6487)   18,501

Dynamic 88 Series
Holiday Sedan (5639)   18,112
Convertible (5667)   2,843
Celebrity Sedan (5669)   20,080
Holiday Coupe (5687)   13,759

Delta 88 Custom Series
Holiday Sedan (6639)   10,727
Holiday Coupe (6687)   9,540

Ninety-Eight Series
Holiday Sedan (8439)   21,147
Holiday Coupe (8457)   15,319
Convertible (8467)   3,942
Town Sedan (8469)   10,584
Luxury Sedan (8669)   40,755

Toronado Series
Coupe (9487)   3,957
Custom (9687)   22,497
        GRAND TOTAL   617,253

1969

F-85 Series—6-cylinder
Sports Coupe (3177)   2,899

F-85 Series—8-cylinder
Sports Coupe (3277)   5,541

Cutlass Series—6-cylinder
Station Wagon (3535)   180
Holiday Sedan (3539)   236
*Convertible (3567)   236
Town Sedan (3569)   137
*Sports Coupe (3577)   483
*Holiday Coupe (3587)   566

Cutlass Series—8-cylinder
Station Wagon (3635)   8,559
Holiday Sedan (3639)   7,046
*Convertible (3667)   13,498
Town Sedan (3669)   24,521
*Sports Coupe (3677)   10,682
*Holiday Coupe (3687)   66,495
 * Cutlass 'S'

Cutlass Vista Cruiser V8 Series
2-Seat Station Wagon (4855)   11,879
3-Seat Station Wagon (4865)   21,508

4-4-2 High Performance V8 Series
Convertible (4467)   4,295
Sports Coupe (4477)   2,475
Holiday Coupe (4487)   19,587
                     (906 w/Hurst option)

Cutlass Supreme Series V8
Town Sedan (4269)   4,522
Holiday Sedan (4239)   8,714
Holiday Coupe (4287)   24,193

Delta 88 Series
Holiday Coupe (5437)   41,947
Holiday Sedan (5439)   42,690
Convertible (5467)   5,294
Town Sedan (5469)   49,995

Delta 88 Custom Series
Holiday Coupe (6437)   22,083
Holiday Sedan (6439)   36,502
Town Sedan (6469)   31,012

Delta 88 Royale Series
Holiday Coupe (6647)   22,564

Ninety-Eight Series
Holiday Sedan (8439)   17,294
Holiday Coupe (8457)   27,041
Convertible (8467)   4,288
Town Sedan (8469)   11,169
Luxury Sedan Hardtop (8639)   25,973
Luxury Sedan (8669)   30,643

Toronado Series
Standard (9487)   3,421
Custom (9687)   25,073
        GRAND TOTAL   635,241

OLDSMOBILE

145

1970

F-85 Series

Club Coupe—6-cylinder (3177)	2,836
Club Coupe—8-cylinder (3277)	8,274

Cutlass Series—6-cylinder

Station Wagon (3535)	85
Holiday Sedan (3539)	238
Town Sedan (3569)	1,171
*Sports Coupe (3577)	484
*Holiday Coupe (3587)	729

Cutlass Series—8-cylinder

Station Wagon (3635)	7,686
Holiday Sedan (3639)	9,427
Town Sedan (3669)	35,239
*Sports Coupe (3677)	10,677
*Holiday Coupe (3687)	88,578
* Cutlass 'S'	

Cutlass Supreme V8 Series

Holiday Sedan (4239)	10,762
Holiday Coupe (4257)	68,309
Convertible (4267)	11,354

4-4-2 High Performance V8 Series

Convertible (4467)	2,933
Sports Coupe (4477)	1,688
Holiday Coupe (4487)	14,709

Custom Vista Cruiser Series

2-Seat Station Wagon (4855)	10,758
3-Seat Station Wagon (4865)	23,336

Delta 88 Series

Holiday Coupe (5437)	33,017
Holiday Sedan (5439)	37,695
Convertible (5467)	3,095
Town Sedan (5469)	47,067

Delta 88 Custom Series

Holiday Coupe (6437)	16,149
Holiday Sedan (6439)	28,432
Town Sedan (6469)	24,727

Delta 88 Royale Series

Holiday Coupe (6647)	13,249

Ninety-Eight Series

Holiday Sedan (8439)	14,098
Holiday Coupe (8457)	21,111
Convertible (8467)	3,161
Town Sedan (8469)	9,092
Luxury Sedan Hardtop (8639)	19,377
Luxury Sedan Pillar (8669)	29,005

Toronado Series

Standard (9487)	2,351
Custom (9687)	23,082
GRAND TOTAL	633,981

1971

F-85 Series

Town Sedan (3169) 6-cylinder	769
Town Sedan (3269) V8	3,650

Cutlass Series—6-cylinder

Hardtop Coupe (3187)	1 345
Cruiser Station Wagon (3536) 2-Seat	47
Town Sedan (3569)	618
'S' Sports Coupe (3577)	113
'S' Hardtop Coupe (3587)	297

Cutlass Series—8-cylinder

Hardtop Coupe (3287)	32,278
Cruiser Station Wagon (3636) 2-seat	6,742
Town Sedan (3669)	31,904
'S' Sports Coupe (3677)	4,399
'S' Hardtop Coupe (3687)	63,145

Cutlass Supreme V8 Series

Hardtop Sedan (4239)	10,458
Hardtop Coupe (4257)	60,599
Convertible (4267)	10,255

4-4-2 High Performance V8 Series

Convertible (4467)	1,304
Hardtop Coupe (4487)	6,285

Vista Cruiser V8 Series

2-Seat Station Wagon (4856)	9,317
3-Seat Station Wagon (4866)	20,566

Delta 88 Series

Hardtop Sedan (5439)	31,420
Hardtop Coupe (5457)	27,031
Town Sedan (5469)	38,298

Delta 88 Custom Series

Hardtop Sedan (6439)	24,251
Hardtop Coupe (6457)	14,067
Town Sedan (6469)	22,209

Delta 88 Royale Series

Hardtop Coupe (6647)	8,397
Convertible (6667)	2,883

Custom Cruiser Series

2-Seat Station Wagon (6835)	4,049
3-Seat Station Wagon (6845)	9,932

1971

Ninety-Eight Series

Coupe (8437)	8,335
Sedan (8439)	15,025
Luxury Coupe (8637)	14,876
Luxury Sedan (8639)	45,055

Toronado Series

Hardtop Coupe (9857)	8,796
Hardtop Coupe Custom (9657)	20,184
GRAND TOTAL	558,899

1972

F-85 Series

Four-Door Sedan (3269)	3,792
Hardtop Coupe (3287)	37,790

Cutlass Series

2-Seat Station Wagon (3636)	7,979
Four-Door Sedan (3669)	38,893
'S' Club Coupe (3677)	4,141
'S' Hardtop Coupe (3687)	78,461

Cutlass Supreme Series

Hardtop Sedan (4239)	14,955
Hardtop Coupe (4257)	105,087
	(499 w/Hurst option)
Convertible (4267)	11,571
	(130 w/Hurst option)

Vista Cruiser Series

2-Seat Station Wagon (4856)	10,573
3-Seat Station Wagon (4866)	21,340

Delta 88 Series

Hardtop Sedan (5439)	35,538
Hardtop Coupe (5457)	32,036
Town Sedan (5469)	46,092

Delta 88 Royale Series

Hardtop Sedan (6439)	42,606
Hardtop Coupe (5467)	34,345
Convertible (6467)	3,900
Town Sedan (6469)	34,150

Custom Cruiser Series

2-Seat Station Wagon (6835)	6,907
3-Seat Station Wagon (6845)	18,087

Ninety-Eight Series

Hardtop Coupe (8437)	9,624
Hardtop Spt Sed (8439)	17,572
Luxury Coupe (8637)	24,452
Luxury Sedan (8639)	69,920

Toronado Series

Hardtop Coupe (9657)	31,076
Hardtop Coupe—Brougham (9857)	17,824
GRAND TOTAL	758,711

1973

Omega Series

Hatchback Coupe (B17)	21,433
Two-Door Coupe (B27)	26,126
Town Sedan (B69)	12,804

Cutlass Series

Colonnade Hardtop Coupe (F37)	22,002
Colonnade Hardtop Sedan (G29)	35,578
'S' Colonnade Hardtop Coupe (G37)	77,558
	(1,097 w/Hurst option)

Cutlass Supreme Series

Colonnade Hardtop Sedan (J29)	26,099
Colonnade Hardtop Coupe (J57)	219,857

Vista Cruiser Series

2-Seat (J35)	10,894
3-Seat (J45)	13,531

Delta 88 Series

Hardtop Sedan (L39)	27,986
Hardtop Coupe (L57)	27,096
Town Sedan (L69)	42,476

Delta 88 Royale Series

Hardtop Sedan (N39)	49,145
Hardtop Coupe (N57)	43,315
Convertible (N67)	7,088
Town Sedan (N69)	42,672

Custom Cruiser Series

2-Seat without woodgrain trim (Q35)	5,275
3-Seat without woodgrain trim (Q45)	7,341
2-Seat with woodgrain trim (R35)	7,142
3-Seat with woodgrain trim (R45)	19,163

Ninety-Eight Series

Hardtop Coupe (T37)	7,850
Hardtop Sedan (T39)	13,989
Luxury Coupe (V37)	26,925
Luxury Sedan (V39)	55,695
Regency Sedan (X39)	34,009

Toronado Series

Hardtop Coupe (Y57)	28,193
Brougham (Z00)	27,728
GRAND TOTAL	938,970

Not included in total are 355 ambulance chassis (W60) and 305 motor home chassis (U51).

1974

Omega Series

Hatchback Coupe (B17)	12,449
2-Door Coupe (B27)	27,075
Town Sedan (B69)	10,756

Cutlass Colonnade Series

Hardtop Coupe (F37)	16,063
Hardtop Sedan (G29)	25,718
S Hardtop Coupe (G37)	50,860
	(380 w/Hurst option)

Cutlass Supreme Colonnade Series

Hardtop Sedan (J29)	12,525
Hardtop Coupe (J57)	172,360
Salon Sedan (K29)	6,766
Salon Coupe (K57)	31,207

Cutlass Supreme Cruiser Series

2-Seat Wagon (H35)	3,437
3-Seat Wagon (H45)	3,101

Vista-Cruiser Series

2-Seat Wagon (J35)	4,191
3-Seat Wagon (J45)	7,013

Delta 88 Series

Hardtop Sedan (L39)	11,941
Hardtop Coupe (L57)	11,615
Town Sedan (L69)	17,939

Delta 88 Royale Series

Hardtop Sedan (N39)	26,363
Hardtop Coupe (N57)	27,515
Convertible (N67)	3,716
Town Sedan (N69)	22,504

Custom Cruiser Series

2-Seat Wagon (Q35)	1,481
3-Seat Wagon (Q45)	2,528
2-Seat Wagon-woodgrain paneling (R35)	2,960
3-Seat Wagon-woodgrain paneling (R45)	8,947

Ninety-Eight Series

Hardtop Sedan (T39)	4,395
Luxury Coupe (V37)	9,236
Luxury Sedan (V39)	21,896
Regency Coupe (X37)	10,719
Regency Sedan (X39)	24,310

Toronado Series

Custom Coupe (Y47)	3,177
Custom Coupe-Landau Roof (Y57)	4,917

Brougham Coupe (Z47)	11,928
Brougham Coupe-Landau Roof (Z57)	7,560
GRAND TOTAL	619,168

Total does not include 18 Toronados (packaged for mobile homes) or 210 "98" chassis for Cotner-Bevington.

1975

Starfire Series

Sport Coupe (D07)	28,131
S Coupe (T07)	2,950

Omega Series

Hatchback Coupe (B17)	6,287
Coupe (B27)	14,306
F85 Coupe (S27)	1,673
Sedan (B69)	13,971
Salon Hatchback Coupe (C17)	1,636
Salon Coupe (C27)	2,176
Salon Sedan (C69)	1,758

Cutlass Series

Colonnade Hardtop Coupe (F37)	12,797
	(212 with 4-4-2 option)
Colonnade Hardtop Sedan (G29)	30,144
S Colonnade Hardtop Coupe (G37)	42,921
	(6,115 with 4-4-2 option)
(2,535 w/Hurst includes both F37 & G37)	

Cutlass Supreme Series

Cruiser 2-Seat Wagon (H35)	4,490
Cruiser 3-Seat Wagon (H45)	3,739
Colonnade Hardtop Sedan (J29)	15,517
Colonnade Hardtop Coupe (J57)	150,874
Salon Colonnade Hardtop Sedan (K29)	5,810
Salon Colonnade Hardtop Coupe (K57)	39,050
Vista Cruiser 2-Seat Wagon (J35)	4,963
Vista Cruiser 3-Seat Wagon (J45)	9,226

Delta 88 Series

Hardtop Sedan (L39)	9,283
Hardtop Coupe (L57)	8,522
Town Sedan (L69)	16,112

Delta 88 Royale Series

Hardtop Sedan (N39)	32,481
Hardtop Coupe (N57)	23,465
*Convertible (N67)	7,181
Town Sedan (N69)	21,038

* Last year for Oldsmobile convertible.

Custom Cruiser Series

2-Seat Wagon (Q35)	1,458
3-Seat Wagon (Q45)	2,315

1975 (cont'd)

2-Seat Wagon-woodgrain paneling (R35)	2,837
3-Seat Wagon-woodgrain paneling (R45)	9,458

Ninety-Eight Series

Luxury Coupe (V37)	8,798
Luxury Sedan (V39)	18,091
Regency Coupe (X37)	16,697
Regency Sedan (X39)	35,264

Toronado Series

Custom (Y57)	4,419
Brougham (Z57)	18,882
GRAND TOTAL	628,720

Total does not include 32 Toronados (packaged for mobile homes) or 150 "98" chassis for Cotner-Bevington.

Oakland Calendar Year Production

1910	4,049	1921	11,852		
1911	3,386	1922	19,636		
1912	5,838	1923	35,847		
1913	7,030	1924	35,792		
1914	6,105	1925	44,642		
1915	11,952	1926	56,909		
1916	25,675	1927	53,009		
1917	33,171	1928	40,883		
1918	27,757	1929	22,866		
1919	52,124	1930	24,443		
1920	34,839	1931	8,672		

Oakland New Passenger Car Registrations

1923	23,513
1924	31,836
1925	34,926
1926	49,660
1927	42,756
1928	37,100
1929	31,831
1930	21,648
1931	12,985

Oakland Model Year Production

1918 & 1919

Make:	Oakland 6
Model:	34-B
Started Prod:	Sept., 1917
Ended Prod:	June 1,1920
Number Prod:	86,439

1920

Make:	Oakland 6
Model:	34-C
Started Prod:	Jan., 1920
Ended Prod:	Jan. 6, 1921
Number Prod:	35,356

1921

Make:	Oakland 6
Model:	34-C
Started Prod:	Jan., 1921
Ended Prod:	July 27,1921
Number Prod:	5,444

1922

Make:	Oakland 6
Model:	34-D
Started Prod:	Aug., 1921
Ended Prod:	Dec. 31, 1921
Number Prod:	7,849

1922 & 1923

Make:	Oakland 6
Model:	6-44
Started Prod:	Jan., 1922
Ended Prod:	June 15,1923
Number Prod:	41,152

1924

Make:	Oakland 6
Model:	6-54A
Started Prod:	Aug., 1923
Ended Prod:	July 29,1924
Number Prod:	37,080

1925

Make:	Oakland 6
Model:	6-54B
Started Prod:	July 17,1924
Ended Prod:	May 29,1925
Number Prod:	27,423

1926

Make:	Oakland 6
Model:	6-54C
Name:	0/6
Started Prod:	July 2,1925
Ended Prod:	June 17,1926
Number Prod:	58,827

1927

Make:	Oakland 6
Model:	6-54D
Name:	G0/6

1927 (cont'd)

Started Prod: June 7,1926
Ended Prod: May 24,1927
Number Prod: 44,658

1928

Make: Oakland 6
Model: 6-212
Name: All American
             Six (1st Edi-
             tion)
Started Prod: June 22,1927
Ended Prod: June 25, 1928
Number Prod: 60,121

1929

Make: Oakland 6
Model: 6-212
Name: All American
             Six (2nd Edi-
             tion)
Started Prod: Sept. 24,1928
Ended Prod: October 9, 1929
Number Prod: 50,693

1930

Make: Oakland V8
Model: 101
Name: V8

Started Prod: Nov. 23,1929
Ended Prod: Sept. 25,1930
Number Prod: 21,943

1931

Make: Oakland V8
Model: 301
Name: V8
Started Prod: Dec. 15,19.0
Ended Prod: Oct. 8,1931
Number Prod: 13,408

Pontiac Calendar Year Production

Year	Production	Year	Production
1925	47	1948	253,472
1926	76,695	1949	336,466
1927	135,159	1950	469,813
1928	203,701	1951	345,617
1929	188,188	1952	278,140
1930	61,782	1953	415,335
1931	77,635	1954	370,887
1932	42,633	1955	581,860
1933	85,666	1956	332,268
1934	80,191	1957	343,298
1935	175,268	1958	219,823
1936	178,496	1959	388,856
1937	235,322	1960	450,206
1938	95,128	1961	360,336
1939	170,726	1962	547,350
1940	249,303	1963	625,268
1941	282,087	1964	693,634
1942	15,404	1965	860,652
1943	0	1966	866,385
1944	0	1967	857,171
1945	5,606	1968	943,253
1946	131,538	1969	865,373
1947	222,991	1970	422,213

Pontiac New Passenger Car Registrations

Year	Registrations	Year	Registrations
1926	50,261	1952	266,351
1927	114,293	1953	385,692
1928	183,994	1954	358,167
1929	158,273	1955	530,007
1930	68,389	1956	358,668
1931	73,148	1957	319,719
1932	47,926	1958	229,740
1933	85,348	1959	382,137
1934	72,645	1960	399,646
1935	140,122	1961	372,871
1936	171,669	1962	528,654
1937	212,403	1963	606,791
1938	98,399	1964	687,902
1939	159,836	1965	831,448
1940	235,815	1966	830,856
1941	286,123	1967	834,146
1946	113,109	1968	877,382
1947	206,411	1969	795,605
1948	228,939	1970	544,715
1949	321,033	1971	673,277
1950	440,528	1972	672,499
1951	337,821		

Pontiac Model Year Production

1926 & 1927

Make: Pontiac 6
Model: 6-27
Started Prod: Dec. 28,1925
Ended Prod: Oct. 31,1927
Number Prod: 204,553

1928

Make: Pontiac 6
Model: 6-28
Started Prod: Dec. 7, 1927
Ended Prod: Nov. 3, 1928
Number Prod: 224,784

1929

Make: Pontiac 6
Model: 6-29
Started Prod: Dec. 28,1928
Ended Prod: Oct. 31,1929
Number Prod: 200,503

1930

Make: **Pontiac 6**
Model: 6-30
Started Prod: Dec. 14,1929
Ended Prod: Sept. 26,1930
Number Prod: 62,888

1931

Make: **Pontiac 6**
Model: 401
Started Prod: Nov. 9, 1930
Ended Prod: Oct. 9, 1931
Number Prod: 84,708

1932

Make: **Pontiac V8**
Model: 302
Name: V8
Started Prod: Dec. 22, 1931
Ended Prod: March 22, '32
Number Prod: 6,281

Make: **Pontiac 6**
Model: 402
Started Prod: Dec. 8, 1931
Ended Prod: Aug. 23, 1932
Number Prod: 39,059
TOTAL 45,340

1933

Make: **Pontiac 8**
Model: 601
Name: Straight 8
Started Prod: Dec. 7, 1932
Ended Prod: Oct. 6, 1933
Number Prod: 90,198

1934

Make: **Pontiac 8**
Model: 603
Name: Straight 8
Started Prod: Dec. 21, 1933
Ended Prod: Sept. 11, 1934
Number Prod: 78,859

1935

Make: **Pontiac 6**
Model: 701-A

Name: Deluxe 6
Started Prod: Nov. 28, 1934
Ended Prod: July 31, 1935
Number Prod: 36,032

Make: **Pontiac 6**
Model: 701-B
Name: Master 6
Started Prod: Jan. 2, 1935
Ended Prod: July 31, 1935
Number Prod: 49,302

Make: **Pontiac 8**
Model: 605
Name: Deluxe 8
Started Prod: Nov. 30, 1934
Ended Prod: July 31, 1935
Number Prod: 44,134
TOTAL 129,468

1936

Make: **Pontiac 6**
Model: 36-26A
Name: Deluxe 6
Started Prod: Sept. 16, 1935
Ended Prod: Aug. 4, 1936
Number Prod: 44,040

Make: **Pontiac 6**
Model: 36-26B
Name: Master 6
Started Prod: Sept. 13, 1935
Ended Prod: Aug. 4, 1936
Number Prod: 93,475

Make: **Pontiac 8**
Model: 36-28
Name: Deluxe 8
Started Prod: Sept. 11, 1935
Ended Prod: July 31, 1936
Number Prod: 38,755
TOTAL 176,270

1937

Make: **Pontiac 6**
Model: 37-26
Started Prod: Sept. 28, 1936
Ended Prod: Aug. 17, 1937
Number Prod: 179,244

Make: **Pontiac 8**
Model: 37-28
Started Prod: Oct. 8, 1936
Ended Prod: Aug. 20, 1937
Number Prod: 56,945
TOTAL 236,189

1938

Make: **Pontiac 6**
Model: 38-26
Started Prod: Sept. 8, 1937
Ended Prod: July 15, 1938
Number Prod: 77,713

Make: **Pontiac 8**
Model: 38-28
Started Prod: Sept. 15, 1937
Ended Prod: July 15, 1938
Number Prod: 19,426
TOTAL 97,139

1939

Make: **Pontiac 6**
Model: 39-25
Name: Quality 6
Started Prod: Sept. 19, 1938
Ended Prod: June 20, 1939
Number Prod: 55,736

Make: **Pontiac 6**
Model: 39-26
Name: Deluxe 6
Started Prod: Sept. 8, 1938
Ended Prod: June 20, 1939
Number Prod: 53,830

Make: **Pontiac 8**
Model: 39-28
Name: Deluxe 8
Started Prod: Sept. 14, 1938
Ended Prod: June 20, 1939
Number Prod: 34,774
TOTAL 144,340

1940

Make: **Pontiac 6**
Model: 40-25
Name: Speical 6
Started Prod: Oct. 9, 1939
Ended Prod: July 3, 1940
Number Prod: 106,892

Make: **Pontiac 6**
Model: 40-26
Name: Deluxe 6
Started Prod: Aug. 21, 1939
Ended Prod: July 3, 1940
Number Prod: 58,452

Make: **Pontiac 8**
Model: 40-28
Name: Deluxe 8

1940 (cont'd)

Started Prod: Aug. 21, 1939
Ended Prod: July 3, 1940
Number Prod: 20,433

Make: **Pontiac 8**
Model: 40-29
Name: Torpedo 8
Started Prod: Sept. 15, 1939
Ended Prod: July 3, 1940
Number Prod: 31,224
TOTAL   217,001

1941

Make: **Pontiac 6**
Model: 41-24, "C"
Body
Name: Custom 6
Started Prod: Aug. 6, 1940
Ended Prod: July 30, 1941
Number Prod: 8,257

Make: **Pontiac 6**
Model: 41-25, "A"
Body
Name: Deluxe 6
Started Prod: Sept. 9, 1940
Ended Prod: July 30, 1941
Number Prod: 117,976

Make: **Pontiac 6**
Model: 41-26, "B"
Body
Name: Streamliner 6
Started Prod: Aug. 1, 1940
Ended Prod: July 30, 1941
Number Prod: 82,527

Make: **Pontiac 8**
Model: 41-27, "A"
Body
Name: Deluxe 8
Started Prod: Sept. 10, 1940
Ended Prod: July 30, 1941
Number Prod: 37,823

Make: **Pontiac 8**
Model: 41-28, "B"
Body
Name: Streamliner 8
Started Prod: Aug. 1, 1940
Ended Prod: July 30, 1941
Number Prod: 66,287

Make: **Pontiac 8**
Model: 41-29, "C"
Body
Name: Custom 8
Started Prod: Aug. 6, 1940
Ended Prod: July 30, 1941
Number Prod: 17,191
TOTAL   330,061

1942

Make: **Pontiac 6**
Model: 42-25, "A"
Body
Name: Torpedo 6
Started Prod: Aug. 25, 1941
Ended Prod: Feb. 2, 1942
Number Prod: 29,886

Make: **Pontiac 6**
Model: 42-26, "B"
Body
Name: Streamliner 6
Started Prod: Aug. 25, 1941
Ended Prod: Feb. 10, 1942
Number Prod: 12,742*
*Includes 2,458 Chieftains.

Make: **Pontiac 8**
Model: 42-27, "A"
Body
Name: Torpedo 8
Started Prod: Aug. 25, 1941
Ended Prod: Feb. 2, 1942
Number Prod: 14,421

Make: **Pontiac 8**
Model: 42-28, "B"
Body
Name: Streamliner 8
Started Prod: Aug. 25, 1941
Ended Prod: Feb. 2, 1942
Number Prod: 26,506**
**Includes 11,041 Chieftains.
TOTAL   83,555

Pontiac Post War Model Year Production

1946

Make: **Pontiac 6**
Model: 46-25, "A"
Body

Name: Torpedo 6
Started Prod: June 10, 1946
Ended Prod: Dec. 30, 1946
Number Prod: 26,636

Make: **Pontiac 8**
Model: 46-27, "A"
Body
Name: Torpedo 8
Started Prod: June 10, 1946
Ended Prod: Dec. 30, 1946
Number Prod: 18,273

Make: **Pontiac 6**
Model: 46-26, "B"
Body
Name: Streamliner 6
Started Prod: Sept. 13, 1945
Ended Prod: Dec. 30, 1946
Number Prod: 43,430

Make: **Pontiac 8**
Model: 46-28, "B"
Body
Name: Streamliner 8
Started Prod: Sept. 13, 1945
Ended Prod: Dec. 30, 1946
Number Prod: 49,301
TOTAL   137,640

1947

Make: **Pontiac 6**
Model: 47-25
Name: Torpedo 6
Started Prod: Dec. 30, 1946
Ended Prod: Jan. 9, 1948
Number Prod: 67,125

Make: **Pontiac 8**
Model: 47-27
Name: Torpedo 8
Started Prod: Dec. 19, 1946
Ended Prod: Jan. 9, 1948
Number Prod: 34,815

Make: **Pontiac 6**
Model: 47-26
Name: Streamliner 6
Started Prod: Dec. 30, 1946
Ended Prod: Jan. 9, 1948
Number Prod: 42,336

Make: **Pontiac 8**
Model: 47-28
Name: Streamliner 8

1947 (cont'd)

Started Prod: Dec. 26, 1946
Ended Prod: Jan. 9, 1948
Number Prod: 86,324
TOTAL   230,600

1948

Make: Pontiac 6
Model: 48-25, "A" Body
Name: Torpedo 6
Started Prod: Dec. 29, 1947
Ended Prod: Dec. 22, 1948
with SMT: 13,937
with HMT: 25,325
TOTAL   39,262

Make: Pontiac 6
Model: 48-26, "B" Body
Name: Streamliner 6
Started Prod: Jan. 9, 1948
Ended Prod: Dec. 22, 1948
with SMT: 13,884
with HMT: 23,858
TOTAL   37,742

Make: Pontiac 8
Model: 48-27, "A" Body
Name: Torpedo 8
Started Prod: Jan. 6, 1948
Ended Prod: Dec. 22, 1948
with SMT: 11,006
with HMT: 24,294
TOTAL   35,300

Make: Pontiac 8
Model: 48-28, "B" Body
Name: Streamliner 8
Started Prod: Dec. 22, 1947
Ended Prod: Dec. 22, 1948
with SMT: 24,646
with HMT: 98,469
TOTAL   123,115
TOTALYEAR 235,419

1949

Make: Pontiac 6
Model: 49-25, "A" Body
Name: Chieftain & Streamliner

Started Prod: Jan. 12, 1949
Ended Prod: Nov. 10, 1949
with SMT: 40,139
with HMT: 29,515
TOTAL   69,654

Make: Pontiac 8
Model: 49-27, "A" Body
Name: Chieftain & Streamliner
Started Prod: Jan. 12, 1949
Ended Prod: Nov. 10, 1949
with SMT: 60,716
with HMT: 174,449
TOTAL   235,165
TOTALYEAR 304,819

1950

Make: Pontiac 6
Model: 50-25
Name: Chieftain & Streamliner
Started Prod: Nov. 10, 1949
Ended Prod: Nov. 17, 1950
with SMT: 90,612
with HMT: 24,930
TOTAL   115,542

Make: Pontiac 8
Model: 50-27
Name: Chieftain & Streamliner
Started Prod: Nov. 10, 1949
Ended Prod: Nov. 17, 1950
with SMT: 67,699
with HMT: 263,188
TOTAL   330,887
TOTALYEAR 446,429

1951

Make: Pontiac 6
Model: 51-25
Name: Chieftain & Streamliner
Started Prod: Nov. 27, 1950
Ended Prod: Nov. 19, 1951
with SMT: 43,553
with HMT: 10,195
TOTAL   53,748

Make: Pontiac 8
Model: 51-27
Name: Chieftain & Streamliner

Started Prod: Nov. 27, 1950
Ended Prod: Nov. 19, 1951
with SMT: 64,424
with HMT: 251,987
TOTAL   316,411
TOTALYEAR 370,159

1952

Make: Pontiac 6
Model: 52-25
Name: Chieftain
Started Prod: Nov. 2, 1951
Ended Prod: Nov. 7, 1952
with SMT: 15,582
with HMT: 4,227
TOTAL   19,809

Make: Pontiac 8
Model: 52-27
Name: Chieftain
Started Prod: Nov. 2, 1951
Ended Prod: Nov. 7, 1952
with SMT: 32,962
with HMT: 218,602
TOTAL   251,564
TOTALYEAR 271,373

1953

Make: Pontiac 6
Model: 53-25
Name: Chieftain
Started Prod: Nov. 17, 1952
Ended Prod: Nov. 20, 1953
with SMT: 33,705
with HMT: 4,507
Powerglide: 702
TOTAL   38,914

Make: Pontiac 8
Model: 53-27
Name: Chieftain
Started Prod: Nov. 17, 1952
Ended Prod: Nov. 20, 1953
with SMT: 68,565
with HMT: 293,343
Powerglide: 17,797
TOTAL   379,705
TOTALYEAR 418,619

1954

Make: Pontiac 6
Model: 54-25
Name: Chieftain

1954 (cont'd)

Started Prod:	Dec. 1, 1953
Ended Prod:	Sept. 1, 1954
with SMT:	19,666
with HMT:	3,004
TOTAL	22,670

Make:	Pontiac 8
Model:	54-27
Name:	Chieftain
Started Prod:	Dec. 1, 1953
Ended Prod:	Sept. 3, 1954
with SMT:	29,906
with HMT:	120,080
TOTAL	149,986

Make:	Pontiac 8
Model:	54-28
Name:	Starchief
Started Prod:	Dec. 1, 1953
Ended Prod:	Sept. 3, 1954
with SMT:	571
with HMT:	114,517
TOTAL	115,088
TOTAL YEAR	287,744

1955

Chieftain, Series 860

2d sedan	58,654
4d sedan	65,155
2d wagon	8,620
9p wagon	6,091
	138,520

Chieftain, Series 870

2d sedan	28,950
4d sedan	91,187
2d hardtop	72,608
4d wagon	19,439
	212,184

Starchief

4d sedan	44,800
convertible	19,762
	64,562

Starchief Custom

4d sedan	35,153
2d hardtop	99,629
2d wagon	3,760
	138,542

1956

Chieftain, Series 860

2d sedan	41,908
4d sedan	41,987
2d hardtop	46,335
4d hardtop	35,201
2d wagon	6,099
9p wagon	12,702
	184,232

Chieftain, Series 870

4d sedan	22,082
2d hardtop	24,744
4d hardtop	25,372
4d wagon	21,674
	93,872

Starchief

4d sedan	18,346
convertible	13,510
	31,856

Starchief Custom

2d hardtop	43,392
4d hardtop	48,035
*2d wagon	4,042

* 10 With Manual Transmission

	95,469

1957

Chieftain

2d sedan	21,343
4d sedan	35,671
2d hardtop	51,017
4d hardtop	40,074
2d wagon	2,934
9p wagon	11,536
	162,575

Superchief

4d sedan	15,153
2d hardtop	15,494
4d hardtop	19,758
4d wagon	14,095
	64,500

Starchief

4d sedan	3,774
convertible	12,789
	16,563

Starchief Custom

4d sedan	8,874
2d hardtop	32,862
4d hardtop	44,283
2d wagon	1,292
4d wagon	1,894
	89,205

Bonneville

2d convertible	630

1958

Chieftain

2d sedan	17,394
4d sedan	44,999
2d hardtop	26,003
4d hardtop	17,946
convertible	7,359
4d wagon	9,701
9p wagon	5,417
	128,819

Superchief

4d sedan	12,006
2d hardtop	7,236
4d hardtop	7,886
	27,128

Starchief

4d sedan	10,547
2d hardtop	13,888
4d hardtop	21,455
4d wagon	2,905
	48,795

Bonneville

2d hardtop	9,144
convertible	3,096
	12,240

1959

Catalina

2d sedan	26,102
4d sedan	72,377
2d hardtop	38,309
4d hardtop	45,012
convertible	14,515
4d wagon	21,162
9p wagon	14,084
	231,561

1959 (cont'd)

Starchief
2d sedan	10,254
4d sedan	27,872
4d hardtop	30,689
	68,815

Bonneville
2d hardtop	27,769
4d hardtop	38,696
convertible	11,426
4d wagon	4,673
	82,564

1960

Catalina
2d sedan	25,504
4d sedan	72,650
2d hardtop	27,496
4d hardtop	32,710
convertible	17,172
4d wagon	21,253
9p wagon	14,149
	210,934

Ventura
2d hardtop	27,577
4d hardtop	28,700
	56,277

Starchief
2d sedan	5,797
4d sedan	23,038
4d hardtop	14,856
	43,691

Bonneville
2d hardtop	24,015
4d hardtop	39,037
convertible	17,062
4d wagon	5,163
	85,277

1961

Catalina
2d sedan	9,846
4d sedan	38,638
2d hardtop	14,524
4d hardtop	17,589
convertible	12,379
4d wagon	12,595
9p wagon	7,783
	113,354

Ventura
2d hardtop	13,297
4d hardtop	13,912
	27,209

Starchief
4d sedan	16,024
4d hardtop	13,557
	29,581

Bonneville
2d hardtop	16,906
4d hardtop	30,830
convertible	18,264
4d wagon	3,323
	69,323

*Tempest Standard
coupe	7,432
4d sedan	22,557
4d wagon	7,404
	37,393

*Tempest Deluxe
4d sedan	40,082
4d wagon	15,853
coupe	7,455
	63,390

*Tempest Standard & Deluxe; Tempest total:100,783 (26,740 with SMT); includes 2,004 with optional V8 Buick aluminum engine, of which 3 had SMT.

1962

Catalina
2d sedan	14,263
4d sedan	68,124
2d hardtop	46,024
4d hardtop	29,251
convertible	16,877
4d wagon	19,399
9p wagon	10,716
	204,654

Starchief
4d sedan	27,760
4d hardtop	13,882
	41,642

Bonneville
2d hardtop	31,629
4d hardtop	44,015
convertible	21,582
4d wagon	4,527
	101,753

Grand Prix
*2d hardtop	30,195

*3,639 with manual transmission.

**Tempest Standard
coupe	15,473
4d sedan	16,057
4d wagon	6,504
	38,034

**Tempest Deluxe
coupe	12,319
4d sedan	21,373
convertible	5,076
4d wagon	11,170
	49,938

**Tempest LeMans
coupe	39,662
convertible	15,559
	55,221

**Tempest Standard, Deluxe & Lemans includes 1,658 with optional V8 Buick aluminum engines, of which 86 had SMT.

1963

Catalina
2d sedan	14,091
4d sedan	79,961
2d hardtop	60,795
4d hardtop	31,256
convertible	18,249
4d wagon	18,446
9p wagon	11,751
	234,549

Starchief
4d sedan	28,309
4d hardtop	12,448
	40,757

Bonneville
2d hardtop	30,995
4d hardtop	49,929
convertible	23 459
4d wagon	5,156
	109,539

Grand Prix
*2d hardtop	72,959

*5,157 with manual transmission

Tempest Standard
coupe	(4 cyl)	11,338
	(8 cyl)	1,969
4d sedan	(4 cyl)	7,121
	(8 cyl)	5,687
4d wagon	(4 cyl)	2,501
	(8 cyl)	1,702
		30,318

Tempest Deluxe
coupe	(4 cyl)	8,328
	(8 cyl)	4,829
4d sedan	(4 cyl)	11,991
	(8 cyl)	3,422
convertible	(4 cyl)	3,634
	(8 cyl)	1,378
4d wagon	(4 cyl)	4,396
	(8 cyl)	1,536
		39,514

LeMans
coupe	(4 cyl)	23,227
	(8 cyl)	22,474
convertible	(4 cyl)	8,744
	(8 cyl)	7,213
		61,658

1964

*Catalina

2d sedan	12,480
4d sedan	84,457
2d hardtop	74,793
4d hardtop	33,849
convertible	18,693
4d wagon	20,356
9p wagon	13,140

* Includes 7,998 with 2+2 option.

	257,768

Starchief

4d sedan	26,453
4d hardtop	11,200
	37,653

Bonneville

2d hardtop	34,769
4d hardtop	57,630
convertible	22,016
4d wagon	5,844
	120,259

Grand Prix

**2d hardtop	63,810

** 3,124 with manual transmission.

Tempest Standard

coupe (6 cyl)	17,169
(8 cyl)	4,596
4d sedan (6 cyl)	15,516
(8 cyl)	3,911
4d wagon (6 cyl)	4,597
(8 cyl)	2,237
	48,026

Tempest Custom

coupe (6 cyl)	12,598
(8 cyl)	13,235
4d sedan (6 cyl)	15,851
(8 cyl)	14,097
convertible (6 cyl)	4,465
(8 cyl)	3,522
4d wagon (6 cyl)	4,254
(8 cyl)	6,442
	74,464

LeMans

coupe (6 cyl)	11,136
(8 cyl)	20,181
2d hardtop (6 cyl)	7,409
(8 cyl)	23,901
convertible (6 cyl)	5,786
(8 cyl)	11,773
	80,186

GTO

coupe	7,384
2d hardtop	18,422
convertible	6,644
	32,450

1965

Standard Tempest

2d coupe	18,198
4d sedan	15,705
4d wagon	5,622
	39,525

Tempest Custom

2d coupe	18,367
4d sedan	25,242
2d hardtop	21,906
convertible	8,346
4d wagon	10,792
	84,653

LeMans

2d coupe	18,881
2d hardtop	60,548
4d sedan	14,227
2d convertible	13,897
	107,553

*GTO

2d coupe	8,319
2d hardtop	55,722
2d convertible	11,311

*56,378 with manual transmission.

	75,352

**Catalina

2d sedan	9,526
4d sedan	78,853
2d hardtop	92,009
4d hardtop	34,814
2d convertible	18,347
4d wagon	22,399
9p wagon	15,110

** 11,521 with 2+2 option.

	271,058

Starchief

4d sedan	22,183
4d hardtop	9,132
	31,315

Bonneville

2d hardtop	44,030
4d hardtop	62,480
2d convertible	21,050
4d wagon	6,460
	134,020

*Grand Prix

2d hardtop	57,881

* 1,973 with manual transmission.

1966

Standard Tempest

2d coupe	22,266
4d sedan	17,392
4d wagon	4,095
	43,753

Tempest Custom

2d coupe	17,182
4d sedan	23,988
2d hardtop	31,322
4d hardtop	10,996
2d convertible	5,557
4d wagon	7,614
	96,659

LeMans

2d coupe	16,654
2d hardtop	78,109
4d hardtop	13,897
2d convertible	13,080
	121,740

**GTO

2d coupe	10,363
2d hardtop	73,785
2d convertible	12,798

** 61,279 with manaul transmission.

	96,946

***Catalina

2d sedan	7,925
4d sedan	80,483
2d hardtop	79,013
4d hardtop	38,005
2d convertible	14,837
4d wagon	21,082
9p wagon	12,965

***6,383 with 2+2 option.

	254,310

1966 (cont'd)

Starchief Executive
4d sedan	24,489
2d hardtop	10,140
4d hardtop	10,583
	45,212

Bonneville
2d hardtop	42,004
4d hardtop	68,646
2d convertible	16,299
9p wagon	8,452
	135,401

Grand Prix
2d hardtop	36,757

* 917 with manual transmission.

1967

Firebird
2d hardtop	67,032
2d convertible	15,528
	82,560

Standard Tempest
2d coupe	17,978
4d sedan	13,136
4d wagon	3,495
	34,609

Tempest Custom
2d coupe	12,469
4d sedan	17,445
2d hardtop	30,512
4d hardtop	5,493
2d convertible	4,082
4d wagon	5,324
	75,325

LeMans
2d coupe	10,693
2d hardtop	75,965
4d hardtop	8,424
2d convertible	9,820
	104,902

Tempest Safari
4d wagon	4,511

*GTO
2d coupe	7,029
2d hardtop	65,176

2d convertible	9,517

* 39,128 with manual transmission.
	81,722

**Catalina
2d sedan	5,633
4d sedan	80,551
2d hardtop	77,932
4d hardtop	37,256
2d convertible	10,033
4d wagon	18,305
9p wagon	11,040

** 1,768 with 2+2 option.
	240,750

Executive
4d sedan	19,861
2d hardtop	6,931
4d hardtop	8,699
4d wagon	5,903
9p wagon (121" w.b.)	5,593
	46,987

Bonneville
2d hardtop	31,016
4d hardtop	56,307
2d convertible	8,902
9p wagon	6,771
	102,996

***Grand Prix
2d hardtop	37,125
2d convertible	5,856

*** 760 with manual transmission.
	42,981

1968

Firebird
2d hardtop	90,152
2d convertible	16,960
	107,112

Tempest
2d coupe	19,991
4d sedan	11,590
	31,581

Custom
2d coupe	10,634
4d sedan	17,304
2d hardtop	40,574
4d hardtop	6,147
2d convertible	3,518
2d wagon	8,253
	86,430

LeMans
2d coupe	8,439
2d hardtop	110,036
4d hardtop	9,002
2d convertible	8,820
Safair sta. wgn.	4,414
	140,711

*GTO
2d hardtop	77,704
2d convertible	9,980

* 36,299 with manual transmission.
	87,684

Catalina
2d sedan	5,247
4d sedan	94,441
2d hardtop	92,217
4d hardtop	41,727
2d convertible	7,339
2d wagon	21,848
3d wagon	13,363
	276,182

Executive
4d sedan	18,869
2d hardtop	5,880
4d hardtop	7,848
2d wagon	6,195
3d wagon	5,843
	44,635

Bonneville
4d sedan	3,499
2d hardtop	29,598
4d hardtop	57,055
2d convertible	7,358
3d wagon	6,926
	104,436

*Grand Prix
2d hardtop	31,711

* 306 with manual transmission.

1969

**Firebird
2d hardtop	76,059
2d convertible	11,649

** 697 with Trans Am option.
	87,708

Tempest
2d coupe	17,181
4d sedan	9,741
	26,922

1969 (cont'd)

Custom
2d coupe	7,912
4d sedan	16,532
2d hardtop	46,886
4d hardtop	3,918
2d convertible	2,379
2d wagon	6,963
	84,590

LeMans
2d coupe	5,033
2d hardtop	82,817
4d hardtop	6,475
2d convertible	5,676
Safari	4,115
	104,116

***GTO**
2d hardtop	64,851
2d convertible	7,436

*** 31,433 with manaul transmission

	72,287

Catalina
4d sedan	84,590
2d hardtop	84,006
4d hardtop	38,819
2d convertible	5,436
2d wagon	20,352
3d wagon	13,393
	246,596

Executive
4d sedan	14,831
2d hardtop	4,492
4d hardtop	6,522
2d wagon	6,411
3d wagon	6,805
	39,061

Bonneville
4d sedan	4,859
2d hardtop	27,773
4d hardtop	50,817
2d convertible	5,438
3d wagon	7,428
	96,315

***Grand Prix**
2d hardtop	112,486

* 1,014 with manual transmission.

1970

****Firebird**
2d hardtop	48,739

** Firebird, standard—18,874
Esprit, option—18,961
Formula, option—7,708
Trans Am, option—3,196

Tempest
2d coupe	11,977
4d sedan	9,187
2d hardtop	20,883
	42,047

LeMans
2d coupe	5,656
4d sedan	15,255
2d hardtop	52,304
4d hardtop	3,872
2d wagon	7,165
	84,252

LeMans Sport
2d coupe	1,673
2d hardtop	58,356
4d hardtop	3,657
2d convertible	4,670
Safari	3,823
	72,179

***GTO**
2d hardtop	36,366
2d convertible	3,783

* 16,033 with manual transmission.

	40,149

Catalina
4d sedan	84,795
2d hardtop	70,350
4d hardtop	35,155
2d convertible	3,686
2d wagon	16,944
3d wagon	12,450
	223,380

Executive
4d sedan	13,061
2d hardtop	3,499
4d hardtop	5,376
2d wagon	4,861
3d wagon	5,629
	32,426

Bonneville
4d sedan	3,802
2d hardtop	23,418
4d hardtop	44,241
2d convertible	3,537
3d wagon	7,033
	82,031

****Grand Prix**
2d hardtop	65,750

** 500 with manual transmission.

American Austin
(1930-34)

Calendar Year

1930	8,558
1931	1,279
1932	3,846
1933	4,726
1934	?
Approximate total:	20,000

American Bantam
(1935-41)

Calendar Year

1935	?
1936	?
1937, 8, 9	6,700
1940 Never really got started	

Ajax New Passenger Car Registrations

1925	4,157
1926	17,965

Hudson-Essex-Terraplane Calendar Year Production

1909.........??	Hudson	
1910........4,556	Hudson	
1911........6,486	Hudson	
1912........5,708	Hudson	
1913........6,401	Hudson	
1914.......10,261	Hudson	
1915.......12,864	Hudson	
1916.......25,772	Hudson	
1917.......20,976	Hudson	
1918.......12,526	Hudson	
1919.......18,175	Hudson; 21,879 Essex	
1920.......45,937	Hudson-Essex	
1921.......27,143	Hudson-Essex	
1922.......28,242	Hudson; 36,222 Essex	
1923.......88,914	Hudson-Essex	
1924......133,950	Hudson-Essex	
1925......269,474	Hudson-Essex	
1926......227,508	Hudson-Essex	
1927......276,414	Hudson-Essex	
1928.......52,316	Hudson; 229,887 Essex	
1929......300,962	Hudson-Essex	
1930......113,898	Hudson-Essex	
1931.......17,487	Hudson; 40,338 Essex	
1932.......57,550	Hudson-Essex	
1933........40,982	Hudson-Terraplane	
1934........85,835	Hudson-Terraplane	
1935......101,080	Hudson-Terraplane	
1936......123,266	Hudson-Terraplane	
1937......111,342	Hudson-Terraplane	
1938........51,078	Hudson & Hudson-Terraplane	
1939........82,161	Hudson	
1940........79,979	Hudson	
1941........79,529	Hudson	
1942........5,396	Hudson	
1945........5,005	Hudson	
1946........93,870	Hudson	
1947......100,393	Hudson	
1948......142,454	Hudson	
1949......142,462	Hudson	
1950......143,586	Hudson	
1951........92,859	Hudson	
1952........79,117	Hudson	
1953........67,089	Hudson	
1954........32,293	Hudson	
1955........52,688	Hudson	
1956........22,588	Hudson	
1957........4,080	Hudson	

Hudson & Essex New Passenger Car Registrations

1923........64,250	1931........61,734	1939........62,855	1951........96,847
1924......100,472	1932........37,419	1940........79,979	1952........78,509
1925......205,332	1933........38,777	1941........73,261	1953........66,797
1926......200,552	1934........59,817	1946........72,484	1954........34,806
1927......225,468	1935........75,425	1947........83,344	1955........20,522
1928......225,834	1936........99,296	1948......109,497	1956........11,822
1929......254,029	1937........90,043	1949......137,907	1957........4,596
1930........93,804	1938........40,889	1950......134,219	

Hudson Model Year Production

Production 1946
'51' Super, six	61,787
'52' Commodore, six	17,685
'53' Super, eight	3,961
'54' Commodore, eight	8,193
'58' Commercial super, six	3,374
TOTAL	95,000

Production 1947
'71' Super, six	49,276
'72' Commodore, six	25,138
'73' Super, eight	5,076
'74' Commodore, eight	12,593
'78' Super, six	2,917
TOTAL	95,000

Production 1948
'81' Super, six	49,388
'82' Commodore, six	27,159
'83' Super, eight	5,338
'84' Commodore, eight	35,315
TOTAL	117,200

Production 1949
'91' Super, six	91,333
'92' Commodore, six	32,715
'93' Super, eight	6,365
'94' Commodore, eight	28,687
TOTAL	159,100

Production 1950
'500' Pacemaker, six	39,455
'50A' Pacemaker, six	22,297
'501' Super, six	17,246
'502' Commodore, six	24,605
'503' Super, eight	1,074
'504' Commodore, eight	16,731
TOTAL	121,408

Production 1951
'4A' Pacemaker, six	34,495
'5A' Super, six	22,532
'6A' Commodore, six	16,979
'7A' Hornet, six	43,666
'8A' Commodore, eight	14,243
TOTAL	131,915

Production 1952

'4B' Pacemaker, six	7,486
'5B' Wasp, six	21,876
'6B' Commodore, six	1,592
'7B' Hornet, six	35,921
'8B' Commodore, eight	3,125
TOTAL	70,000

Production 1953

'1-2C' Jets	21,143
'4-5' Wasp	17,792
'7C' Hornet	27,208
TOTAL	66,143

Production 1954

'1-2-3D' Jets, six	14,224
'4-5D' Wasp, six	11,603
'6-7D' Hornet, six	24,833
TOTAL	50,660

Production 1955

Hudson Rambler

Deluxe Delivery Van	21
Deluxe Business Coupe	34

Super Suburban	1,335
Super Two-door sedan	2,970
Custom Country Club	1,601
TOTAL	5,981

Hudson Rambler

Four-door sedan	7,210
Cross Country	12,023
TOTAL	19,233

Wasp

Four-door sedan	5,551
Hollywood hardtop	1,640
TOTAL	7,191

Hornet

Four-door sedan (6)	5,357
Four-door sedan (V8)	4,449
Hollywood hardtop (6)	1,554
Hollywood hardtop (V8)	1,770
TOTAL	13,130
TOTAL ALL MODELS	45,535

Production 1956

Wasp

Four-door sedan	2,519

Hornet Special

Four-door sedan	1,528
Hollywood hardtop	229
TOTAL	1,757

Hornet

Four-door sedan (6)	3,022
Four-door sedan (V8)	1,962
Hollywood hardtop (6)	358
Hollywood hardtop (V8)	1,053
TOTAL	6,395
TOTAL ALL MODELS	10,671

Production 1957

Hornet

Custom four-door sedan	*
Super four-door sedan	
Custom Hollywood hardtop	
Super Hollywood hardtop	
TOTAL ALL MODELS	3,876

* Individual model breakdowns not available from American motors

Note: These figures are from *Hudson: The Postwar Years* by Richard M. Langworth.

Nash & Nash-Lafayette Calendar Year Production

Year	Production	Make	Year	Production	Make
1918	10,283	Nash	1937	85,949	Nash-Lafayette
1919	27,081	Nash	1938	32,017	Nash-Lafayette
1920	35,084	Nash	1939	65,662	Nash-Lafayette
1921	20,850	Nash	1940	63,617	Nash-Lafayette
1922	41,652	Nash	1941	80,408	Nash
1923	56,677	Nash	1942	5,428	Nash
1924	53,626	Nash	1945	6,148	Nash
1925	85,428	Nash	1946	98,769	Nash
1926	135,520	Nash	1947	113,315	Nash
1927	122,606	Nash	1948	118,621	Nash
1928	138,137	Nash	1949	142,592	Nash
1929	116,622	Nash	1950	191,865	Nash
1930	54,605	Nash	1951	161,140	Nash
1931	38,616	Nash	1952	152,141	Nash
1932	17,696	Nash	1953	135,394	Nash
1933	14,973	Nash	1954	62,911	Nash
1934	28,664	Nash-Lafayette	1955	141,471	Nash
1935	44,637	Nash-Lafayette	1956	81,601	Nash
1936	53,038	Nash-Lafayette	1957	826	Nash

Nash New Passenger Car Registrations

```
1923............................41,838
1924............................47,571
1925............................73,384
1926............................98,804
1927...........................109,979
1928...........................115,172
1929...........................105,146
1930............................51,086
1931............................39,366
1932............................20,233
1933............................11,353
1934............................23,616
1935............................35,184
1936............................43,070
1937............................70,571
1938............................31,814
1939............................54,050
1940............................52,853
1941............................77,824
1946............................85,169
1947...........................102,808
1948...........................104,156
1949...........................135,328
1950...........................175,722
1951...........................140,035
1952...........................142,442
1953...........................137,350
1954............................41,116
1955............................37,197
1956............................25,271
1957.............................9,474
```

Rambler New Passenger Car Registrations

```
1954............................35,613
1955............................72,227
1956............................70,867
1957............................91,469
1958...........................186,227
1959...........................363,372
1960...........................422,273
1961...........................370,685
1962...........................423,104
1963...........................428,346
1964...........................379,412
1965...........................324,669
1966...........................265,712
1967...........................237,785
1968...........................259,346
1969...........................239,937
1970...........................254,327
1971...........................243,138
1972...........................278,317
```

Auburn Registrations
1923-1937

1923.........2,443	1930........11,270
1924.........2,474	1931........29,536
1925.........4,044	1932........11,646
1926.........7,138	1933.........5,038
1927.........9,835	1934.........5,536
1928........11,157	1935, 6, 7 7,160
1929........17,853	

Cord Registrations

Model L-29	1935, 6, 7
1929..........799	Model 810 1,174
1930.........1,879	Model 812 1,146
1931.........1,416	2,320
1932..........335	
4,429	

Chalmers New Passenger Car Registrations

1923.........6,758
1924.........2,003

Chandler New Passenger Car Registrations

1923........11,212
1924........10,207
1925........10,416
1926........11,192
1927........18,445
1928........15,530
1929.........7,499

Cleveland New Passenger Car Registrations

1923.........8,811
1924.........8,028
1925........12,435
1926.........9,073

Crosley New Passenger Car Registrations

1939.........1,161
1940..........432
1941.........1,146
1946.........2,868
1947........15,934
1948........25,400
1949........10,175
1950.........6,896
1951.........5,304
1952.........2,679

Crosley Model Year Production

1939.......................2,017
1940........................422
1941.......................2,289
1942.......................1,029

Year Body Style	Model Year Production
1946	
sedan	4,987
convertible	12
TOTAL	4,999
1947	
sedan	14,090
wagon	1,249
convertible	4,005
TOTAL	19,344
1948	
sedan	2,760
wagon	23,489
convertible	2,485
TOTAL	28,734

1949	
*sports car	752
sedan	2,231
wagon	3,803
convertible	645
TOTAL	7,431
1950	
*sports car	742
sedan	1,367
wagon	4,205
convertible	478
TOTAL	6,792
1951	
*sports car	646
sedan	1,077
wagon	4,500
convertible	391
TOTAL	6,614
1952	
*sports car	358
sedan	216
wagon	1,355
convertible	146
TOTAL	2,075

*Includes Hotshots & Supersports.

Durant & Star New Passenger Car Registrations

1923. 105,288
1924. 72,020
1925. 74,543
1926. 79,309
1927. 55,039
1928. 71,368
1929. 47,716
1930. 21,440
1931. 7,229
1932. 1,135

Flint New Passenger Car Registrations

1924. 14,778
1925. 14,395
1926. 8,439
1927. 1,742

Graham-Paige New Passenger Car Registrations

1923. 4,047
1924. 5,913
1925. 3,703
1926. 15,870
1927. 18,256
1928. 58,523
1929. 60,487
1930. 30,140
1931. 19,209
1932. 12,858
1933. 10,128
1934. 12,887
1935. 15,965
1936. 16,439
1937. 13,984
1938. 4,139
1939. 3,660
1940. 1,856
1941. 544

Henry J & All State New Passenger Car Registrations

1950. 14,339
1951. 51,372
1952. 30,284
1953. 11,385

Franklin Calendar Year Production

1902. 13
1903. 224
1904. 400
1905. 1,500
1906. 2,100
1907. 2,400
1908. 1,895
1909. 2,142
1910. 2,357
1911. 1,654
1912. 1,508
1913. 1,782
1914. 1,984
1915. 3,217
1916. 3,817
1917. 8,985
1918. 6,689

1919. 9,334
1920. 10,552
1921. 8,536
1922. 8,052
1923. 10,130
1924. 6,075
1925. 8,595
1926. 7,606
1927. 8,103
1928. 7,770
1929. 14,432
1930. 6,043
1931. 2,851
1932. 1,905
1933. 1,011
1934. 360

Franklin New Passenger Car Registrations

1923. 7,520
1924. 5,882
1925. 7,157
1926. 7,224
1927. 7,526
1928. 7,434
1929. 10,704
1930. 7,482
1931. 3,881
1932. 1,829
1933. 1,329
1934. 360

Hupmobile New Passenger Car Registrations

1923........27,061	1928.......55,550	1933.........6,726	1938.........1,020
1924........26,562	1929.......44,337	1934.........6,566	1939.........907
1925........29,101	1930.......24,307	1935.........7,450	1940.........211
1926........37,778	1931........17,427	1936.........1,556	1941.........103
1927........33,809	1932.......10,794	1937.........403	

Hupmobile Calendar Year Production

1909
Model 20 — 1,618

1910
Model 20 — 5,340

1911
Model 20 — 6,079

1912
Model 20 — 1,849
32 — 5,791
TOTAL — 7,640

1913
Model 20 — 894
32 — 11,649
TOTAL — 12,543

1914
Model 32 — 7,607
K — 2,711
TOTAL — 10,318

1915
Model 32 — 692
K — 4,268
N — 5,443
TOTAL — 10,403

1916
Model N — 12,055

1917
Model N — 10,016
R — 1,277
TOTAL — 11,293

1918
Model R — 9,544

1919
Model R — 17,442

1920
Model R — 19,225

1921
Model R — 13,626

1922
Model R — 34,168

1923
Model R — 38,279

1924
Model R — 30,084
E — 920
TOTAL — 31,004

1925
Model R — 15,118
A — 8,267
E — 13,902
TOTAL — 37,287

1926
Model A — 36,212
B — 9,214
TOTAL — 45,426

1927
Model A — 34,804
E — 6,270
M — 87
TOTAL — 41,161

1928
Model A — 48,911
E — 2,153
M — 14,798
TOTAL — 65,862

1929
Model A — 21,604
M — 7,238

S — 16,272
C — 4,865
H — 595
U — 5
TOTAL — 50,579

1930
Model A — 3,563
M — 2
S — 8,686
L — 4,415
C — 3,256
H — 1,868
U — 393
TOTAL — 22,183

1931
Model A — 11,279
S — 1
B — 681
L — 2,814
F — 197
C — 1,528
H — 735
U — 170
I — 46
TOTAL — 17,451

1932
Model S — 1,364
B — 3,581
K — 13
L — 790
F — 3,382
C — 281
H — 270
U — 122
I — 664
TOTAL — 10,467

1933
Model B — 729
K — 4,940
L — 17
F — 1,113
I — 517
TOTAL — 7,316

1934
Model K — 1,009
W — 4,707
F — 260
I — 226
J — 2,264
T — 954
TOTAL — 9,420

1935
Model W — 278
D — 6,274
G — 1,497
J — 224
T — 547
O — 324
N — 202
TOTAL — 9,346

1936
Model G — 53
N — 21
TOTAL — 74

1937
Model G — 199
N — 39
E, H — 637
TOTAL — 875

1938
Model E — 1,689
H — 197
R — 4
TOTAL — 1,890

1939
Model E, H — 1,200
R (Skylark - w/Cord body) — 31
TOTAL — 1,231

1940
Model R — 319

Jewett New Passenger Car Registrations	Jordan New Passenger Car Registrations	Kaiser-Frazer Calendar Year Production	Kaiser-Frazer New Passenger Car Registrations
1923........25,900	1923.........6,691	1947......144,490	1946.........5,374
1924........27,662	1924.........6,159	1948......181,316	1947......106,729
1925........28,621	1925.........6,531	1949.......57,995	1948......166,361
1926........14,560	1926.........8,468	1950......146,911	1949.......73,822
	1927.........6,357	1951.......99,343	1950.......97,716
	1928.........4,255	1952.......75,292	1951.......52,286
	1929.........2,231	1953.......21,686	1952.......41,022
	1930.........2,851	1954........5,818	1953.......22,825
		1955........1,021	1954.........8,889
			1955..........959

Kaiser-Frazer Model Year Production

Year Model No., Make and Model Series and Body Style	Model Year Production
1947	
K100 Kaiser Special	
1005, 4d sedan	65,062
K101 Kaiser Custom	
1015, 4d sedan	5,412
KAISER TOTAL	70,474
F47 Frazer	
47-5, "Graham Paige" 4d sedan	8,940
47-5, Kaiser-Frazer built 4d sed	27,180
F47c Frazer Manhattan	
47c5, 4d sedan	32,655
FRAZER TOTAL	68,775
1947 TOTAL	139,249
1948	
K481 Kaiser Special	
4815, 4d sedan	90,588
K482 Kaiser Custom	
4825, 4d sedan	1,263
KAISER TOTAL	91,851
F485 Frazer	
4855, 4d sedan	29,480
F486 Frazer Manhattan	
4865, 4d sedan	18,591
FRAZER TOTAL	48,071
1948 TOTAL	139,922

1949-1950

K491 K501 Kaiser Special	
4911, 4d sedan	(27,755)*
4915, Traveler, 4d	(19,954)
4916, 4d taxicab	(n.a.)
EST. TOTAL FOR K491	51,425
K492, K502 Kaiser Deluxe	
4921, 4d sedan	(37,660)
4922, convertible	(42)
4923, Virginian	(935)
4925, Vagabond, 4d	(4,476)
EST. TOTAL FOR K492 AND K502	43,750
KAISER TOTAL	95,175
F495, F505 Frazer	
4951, 4d sedan	(13,663)
EST. TOTAL FOR F495 AND F505	14,700
F496, F506 Frazer Manhattan	
4961, 4d sedan	(9,248)
4962, convertible	(65)
EST. TOTAL FOR F496 AND F506	10,223
FRAZER TOTAL	24,923
1949-1950 TOTAL	120,098

1951

K511 Kaiser Special	
5110, Traveler, 2d	(915)
5111, 4d sedan	(39,078)
5113, Business cpe	(746)
5114, 2d sedan	(8,166)
5115, Traveler, 4d	(1,829)
5116, 4d taxicab	(n.a.)
5117, club coupe	(623)
EST. TOTAL FOR K511	60,000

1951 (cont'd)

K512 Kaiser Deluxe

5120, Traverler, 2d	(367)
5121, 4d sedan	(56,723)
5124, 2d sedan	(8,888)
5125, Traveler, 4d	(984)
5127, club coupe	(4,606)
EST. TOTAL FOR K512	79,452
KAISER TOTAL	139,452

K513 Henry J (Four)

5134, 2d sedan	(37,363)
EST. TOTAL FOR K513	38,500

K514 Henry J Deluxe (Six)

5144, 2d sedan	(41,020)
EST. TOTAL FOR K514	43,442
HENRY J. TOTAL	81,942

F515 Frazer

5151, 4d sedan	(6,874)
5155, Vagabond, 4d	(2,914)
TOTAL FOR F515	9,931

F516 Frazer Manhattan

5161, 4d hardtop	152
5162, convertible	131
FRAZER MANHATTAN TOTAL	283
FRAZER TOTAL	10,214
1951 TOTAL	231,608

1952

K521, K522 Kaiser Virginian

521, Special: all 1951 models	(n.a.)
522, Deluxe: all 1951 models	(n.a.)
TOTAL FOR KAISER VIRGINIAN	5,579

K521 Kaiser Deluxe

5211, 4d sedan	(4,801)
5214, 2d sedan	(1,487)
5215, Traverler, 4d	(n.a.)
5217, club coupe	(n.a.)
EST. TOTAL FOR KAISER DELUXE	7,500

K522 Kaiser Manhattan

5221, 4d sedan	(15,839)
5224, 2d sedan	(1,315)
5227, club coupe	(263)
EST. TOTAL KAISER MANHATTAN	19,052
KAISER TOTAL	32,131

K523 Henry J Vagabond

523, 2d sedan (four)	(n.a.)
524, 2d sedan (six)	(n.a.)
TOTAL HENRY J VAGABOND	7,017

K523 Henry J Corsair

5234, 2d sedan	(5,834)
EST. TOTAL HENRY J CORSAIR	7,600

K524 Henry J Corsair Deluxe

5244, 2d sedan	(7,184)
EST. TOTAL CORSAIR DELUXE	8,951
HENRY J TOTAL	23,568

A230 Allstate (four)

2304, 2d sedan	(465)
EST. TOTAL A230	900

A240 Allstate Deluxe (six)

2404, 2d sedan	(355)
EST. TOTAL A240	666
ALLSTATE TOTAL	1,566
1952 TOTAL	57,265

1953

K530 Kaiser "Hardtop" Dragon

5301, 4d sedan	1,277

K531 Kaiser Deluxe

5311, 4d sedan	(5,069)
5314, 2d sedan	(1,227)
5315, Traveler, 4d	(946)
TOTAL FOR KAISER DELUXE	7,883

K532 Kaiser Manhattan

5321, 4d sedan	(18,603)
5324, 2d sedan	(2,342)
EST. TOTAL KAISER MANHATTAN	17,957

Not counting 3,500 converted into 1954 Kaiser Special.

K538 Kaiser Carolina

5381, 4d sedan	(1,136)
5384, 2d sedan	(308)
TOTAL KAISER CAROLINA	1,812
KAISER TOTAL	28,929

K533 Henry J Corsair

5334, 2d sedan	(8,276)
EST. TOTAL HENRY J CORSAIR	8,500

K534 Henry J Corsair Deluxe

5344, 2d sedan	(7,657)
EST. TOTAL K534	8,172
EST. HENRY J TOTAL	16,672

A330 Allstate (four)

3304, 2d sedan	(235)
EST. TOTAL A330	425

1953 (cont'd)

A340 Allstate Deluxe (six)

3404, 2d sedan	(n.a.)
EST. TOTAL A340	372
ALLSTATE TOTAL	797
EST. 1953 TOTAL	46,398

1954

K542 Kaiser Manhattan

5421, 4d sedan	(4,107)
5424, 2d sedan	(218)
EST. TOTAL KAISER MANHATTAN	4,325

K545 Kaiser Special (converted 1953)

5451, 4d sedan	(n.a.)
5454, 2d sedan	(n.a.)
EST. TOTAL K545 CONVERTED 1953	3,500

K545 Kaiser Special

5451, 4d sedan	(749)
5454, 2d sedan	(n.a.)
TOTAL KAISER SPECIAL	929
KAISER TOTAL	8,539

K543 Henry J Corsair

5434, 2d sedan	(611)
EST. TOTAL K543	800

K544 Henry J Corsair Deluxe

5444, 2d sedan	(260)
EST. TOTAL K544	323
HENRY J TOTAL	1,123

161 Darrin

161, 2d roadster	435
1954 TOTAL	10,097

1955

516 Kaiser Manhattan

51363, 4d sedan (export)	1,021
51367, 4d sedan (converted '54)	226
51467, 2d sedan (converted '54)	44
TOTAL KAISER MANHATTAN	1,291
KAISER TOTAL	1,291
1955 TOTAL	1,291
TOTAL PRODUCTION ALL MODEL YEARS	745,928

* Numbers in parentheses denote minimum built; numbers not in parentheses are exact.

Kissel Calendar Year Production

1906-1919: Not available from company records.

1920		
Model 45	(closed)	542
	(open)	856

1921		
Model 45	(closed)	284
	(open)	222

1922	
Model 45	775
Model 55	34

1923	
Model 45	348
Model 55	1,676

1924	
Model 45	37
Model 55	706
Model 75	5

1925	
Model 55	1,389
Model 75	671
Funeral cars	4

1926	
Model 55	1,188
Model 75	713
Funeral cars	19

1927	
Model 55	156
Model 70	129
Model 80	461
Model 90	275
Funeral cars	76

1928	
Model 73	175
Model 80	9

Model 95	439
Model 126	202
Model 20	19
Funeral cars	210

1929	
Model 73	63
Model 80	21
Model 95	286
Model 126	86
Model 20	10
Model 67-B (taxi)	275
Funeral cars	190

1930	
All models	93

NOTE: Production of passenger cars ceased in November, 1930.

Marmon New Passenger Car Registrations

1923	2,830
1924	2,613
1925	4,618
1926	3,512
1927	10,095
1928	14,770
1929	22,323
1930	12,369
1931	5,687
1932	1,365
1933	86

Maxwell New Passenger Car Registrations

1923	42,788
1924	44,006
1925	36,236

Metropolitan (1954-1961)

(Made in England for sale by American Motors)

	U.S.	Shipped to: Canada
1953	571	172
1954	11,198	1,964
1955	3,849	2,247
1956	7,645	1,423
1957	13,425	1,892
1958	11,951	1,177
1959	20,435	1,774
1960	13,103	771
1961	853	116
1962	412	8
	83,442	11,544

Packard New Passenger Car Registrations

1923	13,382	1939	62,005
1924	14,220	1940	73,794
1925	23,948	1941	69,653
1926	29,588	1946	36,435
1927	31,355	1947	47,875
1928	42,961	1948	77,843
1929	44,634	1949	97,771
1930	28,318	1950	73,155
1931	16,256	1951	66,999
1932	11,058	1952	66,346
1933	9,081	1953	71,079
1934	6,552	1954	38,396
1935	37,653	1955	52,103
1936	68,772	1956	28,396
1937	95,455	1957	5,189
1938	49,163	1958	2,599

Packard Prodcution by Model and Model Year

Year	Model/Name	Cars Produced			
1899	A/buggy type	1	1911-12	18 & 30/Four	1,600
1900	B/buggy type	3	1911-13	1248 & 1348/Six	2,697
1901	C/runabout	5	1912-14	138/Six	1,618
1902	F/runabout	1	1913-14	238/Six	1,501
1903	K/touring	34	1914-15	338/Six	1,801
1904	L/touring	250	1913-15	448/Six	1,940
1905	N/touring	481	1914-15	548/Six	360
1905-6	S/Four	728	1915-16	125/Twin Six	3,606
1906-7	30/Four	1,128		135/Twin Six	4,140
1907-8	30/Four	1,303	1916-17	225/Twin Six	4,950
1908-9	30/Four	1,909		235/Twin Six	4,049
1909-10	18 & 30/Four	2,259	1917-19	325/Twin Six	4,181
1910-11	18 & 30/Four	2,225		335/Twin Six	5,406
			1920-24	335/Twin Six	8,770

Series 1

Single Six	Model 116	8,800	(1920-1922)
Six	Model 126	18,192	(1920-1924)
Six	Model 133	4,004	(1920-1924)
Eight	Model 136	7,871	(6/14/23−2/2/25)
Eight	Model 143	4,894	(6/14/23−2/2/25)
	TOTAL	43,761	

Series 2

Six	Model 226-233	9,611	(12/27/23−2/2/25)
Eight	Model 236-243	5,680	(8/2/25−8/2/26)
	TOTAL	15,291	

Series 3

Six	Model 326-333	40,358	(2/2/25−8/2/26)
Eight	Model 336-343	4,096	(8/2/26−7/1/27)
	TOTAL	44,454	

Series 4

Single Six	Model 426,433	25,335	(8/2/26−7/1/27)
Single Eight	Model 443	10,568	(7/1/27−8/1/28)
	TOTAL	35,903	

Series 5

Single Six	Model 526, 533	41,750	(7/1/27−8/1/28)

Series 6

Standard Eight	Model 626-633	43,130	(8/1/28−8/20/29)
Speedster Eight	Model 626	70	(8/1/28-8/20/29)
Custom & Deluxe Eight	Model 640-645	11,862	(8/1/28−8/20/29)
	TOTAL	55,062	

Series 7

Standard Eight	Model 726-733	28,262	(8/20/29−8/14/30)
Speedster Eight	Model 734	150	(9/29/29−8/14/30)
Custom & Deluxe Eight	Model 740-745	8,102	(8/20/29−8/14/30)
	TOTAL	36,514	

Series 8

Standard Eight	Model 826-833	12,105	(8/14/30−6/23/31)
Custom & Deluxe Eight	Model 840-845	3,345	(8/14/30−6/23/31)
	TOTAL	15,450	

Series 9

Light Eight	Model 900	6,750	
Standard Eight	Model 901-902	7,659	
Eight Deluxe	Model 903-904	1,655	(6/17/31−1/7/33)
Twin Six	Model 905-906	549	
	TOTAL	16,613	

Series 10

Eight	Model 1001-2	2,980	
Super Eight	Model 1300	1,300	(1/5/33−8/21/33)
Twelve	Model 1005-6	520	
	TOTAL	4,800	

Series 11

Eight	Model 1100-1-2	5,120	
Super Eight	Model 1103-4-5	1,920	(8/21/33−8/30/34)
Twelve	Model 1106-7-8	960	
	TOTAL	8,000	

Series 12

One Twenty	Model 120A	24,995	
Eight	Model 1200-1-2	4,781	
Super Eight	Model 1203-4-5	1,392	(1/5/35−9/23/35)
Twelve	Model 1207-8	721	
	TOTAL	31,889	

Series 14

One Twenty	Model 120B	55,042	
Eight	Model 1400-1-2	3,973	
Super Eight	Model 1403-4-5	1,330	(9/23/35−9/3/36)
Twelve	Model 1407-8	682	
	TOTAL	61,027	

Series 15

Six (One Ten)	Model 115-C	65,400	
One Twnety	Model 120-C, CD	50,100	
Super Eight	Model 1500-1-2	5,793	(9/3/36−9/20/37)
Twelve	Model 1506-7-8	1,300	
	TOTAL	122,593	

Series 16

Six	Model 1600	30,050	
Eight	Model 1601-1D-2	22,624	
Super Eight	Model 1603-4-5	2,478	(9/20/37—9/20/38)
Twelve	Model 1607-8	566	
	TOTAL	55,718	

Series 17

Six	Model 1700	24,350	
One Twenty	Model 1701-2	17,647	
Super Eight	Model 1703-5	3,962	(9/20/38—8/8/39)
Twelve	Model 1707-8	446	
	TOTAL	46,405	

Series 18

One Ten	Model 1800	62,300	
One Twenty	Model 1801	28,158	
Super Eight One Sixty	Model 1803-4-5	5,662	(8/8/39—9/16/40)
Custom Super Eight One Eighty	Model 1806-7-8	1,900	
	TOTAL	98,020	

Series 19

One Ten	Model 1900	34,700	
One Twenty	Model 1901	17,100	
Clipper	Model 1951	16,600	(9/16/40—8/25/41)
Super Eight One Sixty	Model 1903-4-5	3,525	
Custom Super Eight One Eighty	Model 1906-7-8	930	
	TOTAL	72,855	

Series 20

Clipper Six 110 Special & Custom	Model 2000-10-20-30	11,325	
Clipper Eight 120	Model 2001-11-21	19,199	
Super Eight One Sixty	Model 2003-4-5-23-25	2,580	(1942)
Custom Super Eight One Eighty	Model 2006-7-8	672	
	TOTAL	33,776	

1946

Series 21

Clipper Six		15,892
Standard Eight		1,500
Deluxe Eight		5,714
Super Eight		4,924
Custom Super Eight	touring and club sed	1,472
	long wb sed and lim	1,291
	TOTAL	30,793

1947

Series 21

Clipper Six		14,949
Standard and Deluxe Eight		23,855
Super Eight		4,802
Custom Super Eight	touring and club sed	5,690
	long wb sed and lim	1,790
	TOTAL	51,086
	21st SERIES TOTAL	81,879

1948

Series 22

Six	taxi	1,317
Six Export		1,927
Standard Eight		12,803
Deluxe Eight		47,790
Super Eight	touring and club sed	12,929
	long wb sed/Dlx and lim/Dlx	1,740
	conv Victoria	4,750
Custom Eight	touring and club sed	5,935
	long wb sed and lim	231
	conv Victoria	1,103
	TOTAL	90,525

1949

Series 22

Six	taxi	24
Six Export		683
Standard Eight		12,532
Deluxe Eight		27,438
Super Eight	touring and club sed	5,871
	long wb sed/Dlx and lim/Dlx	865
	conv Victoria	4,250
Custom Eight	touring and club sed	2,989
	long wb sed and lim	49
	conv Victoria	215
	TOTAL	55,916
	22nd SERIES TOTAL	146,441

Series 23

Standard and Deluxe Eight		49,280
Super and Super Dlx Eight		
	touring and club sed	8,565
Super Dlx Eight	long wb sed and lim	4
	conv Victoria	671
Custom Eight	touring sedan	810
	convertible Victoria	60
	TOTAL	59,390

1950

Series 23

Standard and Deluxe Eight		40,359
Super and Super Dlx Eight		
	touring and club sed	4,722
Super Dlx Eight	conv Victoria	614
Custom Eight	touring sedan	870
	conv Victoria	85
	TOTAL	46,650
	23rd SERIES TOTAL	106,040

1951

Series 24

Model 200		24,310
Model 200 Dlx		47,052
Model 250		4,640
Model 300	touring sed	15,309
Model 400		9,001
	TOTAL	100,312

1952

Series 25

Model 200		46,720
Model 200 Dlx		7,000 (approx)
Model 250		5,201
Model 300	ouring sed	6,705
Model 400		3,975
	TOTAL	69,921

1953

Series 26

Clipper	touring sedan	23,126
	club sedan	6,370
Clipper Deluxe	touring sedan	26,037
	club sedan	4,678
Clipper Sportster	2d hardtop	3,671
Cavalier	touring sedan	10,799
Mayfair	2d hardtop	5,150
Convertible	convertible	1,518
Caribbean	convertible	750
Patrician	touring sedan	7,456
	custom formal sedan	25
Executive Sedan	long w.b. sedan	100
	limousine	50
	TOTAL	89,730

1954

Series 54

Clipper Special	touring sedan	970
	sedan club	912
Clipper Deluxe	touring sedan	7,610
	sedan club	1,470
Clipper Super	touring sedan	6,270
	sedan	887
	2d hardtop (incl Panama 2d bus cpe	3,618
Clipper Sportster	2d sports coupe	1,336
Pacific	2d hardtop	1,189
Convertible	convertible	863
Caribbean	convertible	400
Cavalier	touring sedan	2,580
Patrician	touring sedan	2,760
Executive Sedan	long w.b. sedan	65
Corporate Limo	limousine	35
	TOTAL	30,965

1955

Series 55

Clipper Deluxe	touring sedan	8,309
Clipper Super	touring sedan	7,979
Clipper Panama	2d hardtop	7,016
Clipper Custom	touring sedan	8,708
Clipper Constellation	2d hardtop	6,672
Packard Patrician	touring sedan	9,127
Packard Four Hundred	2d hardtop	7,206
Packard Caribbean	convertible	500
	TOTAL	55,517

1956

Series 56

Clipper Deluxe	touring sedan	5,715
Clipper Super	touring sedan	5,173
Clipper Panama	2d hardtop	3,999
Clipper Custom	touring sedan	2,129
Clipper Constellation	2d hardtop	1,466
Clipper Sedan	touring sedan	1,748
Executive Hardtop	2d hardtop	1,031
Executive Patrician	touring sedan	3,775
Executive Four Hundred	2d hardtop	3,224
Packard Caribbean	2d hardtop	263
Packard Caribbean	convertible	276
	TOTAL	28,799

1957

"L" Series

Clipper Town Sedan	4d sedan	3,940
Clipper Country Sedan	station wagon	869
	TOTAL	4,809

1958

"L" Series

Sedan	4d sedan	1,200
Hardtop	2d hardtop	675
Hawk	2d sports hardtop	588
Station Wagon	station wagon	159
	TOTAL	2,622

Peerless New Passenger Car Registrations

1923 4,775
1924 3,936
1925 4,755
1926 10,430
1927 9,872
1928 7,748
1929 8,318
1930 4,021
1931 1,249

Pierce-Arrow New Passenger Car Registrations

1923 1,669
1924 2,078
1925 5,231
1926 5,682
1927 5,836
1928 5,736
1929 8,386
1930 6,795
1931 4,522
1932 2,692
1933 2,152
1934 1,740
1935 875
1936 787
1937 167

Reo New Passenger Car Registrations

1923 13,099
1924 11,249
1925 13,700
1926 10,255
1927 19,394
1928 21,379
1929 17,319
1930 11,450
1931 6,762
1932 3,870
1933 3,623
1934 3,854
1935 3,894
1936 3,146

Rickenbacker New Passenger Car Registrations

1923 5,958
1924 6,583
1925 8,049
1926 4,050

Studebaker & Rockne New Passenger Car Registrations

1923........94,023	1934........41,560	1948.......143,120	1958........47,744
1924........94,700	1935........39,573	1949.......199,460	1959.......133,382
1925.......107,732	1936........67,835	1950.......268,229	1960.......106,244
1926........93,475	1937........70,048	1951.......205,514	1961........72,155
1927........94,839	1938........41,504	1952.......157,902	1962........77,877
1928.......107,234	1939........84,660	1953.......161,257	1963........64,570
1929........82,839	1940.......102,281	1954........95,914	1964........26,073
1930........56,526	1941.......114,331	1955........95,761	1965........12,042
1931........46,535	1946........58,051	1956........76,402	1966.........5,767
1932........41,968	1947.......102,123	1957........62,565	1967..........107
1933........36,242			

Studebaker
Summary of Car Production by Model
1904 to 1942 Inclusive

Year	Model	Date of Production	Units Produced
	Studebaker-Garfords	1904/1911	2,481
	E-M-F "30"	11-1908/6-1913	49,399
	Flanders "20"	1-1910/6-1913	31,514
	AA "35" Four	12-1912/9-1913	10,000
	SA "25" Four	12-1912/9-1913	15,000
	E "Six"	1-1913/6-1914	3,000
	EB "Six" Series 14	10-1913/3-1915	7,625
	SC "Four" Series 14	10-1913/6-1914	17,976
	EC "Six" Series 15	7-1914/6-1915	8,751
	SD "Four" Series 15	6-1914/6-1915	24,849
	ED "Six" Series 16-18	6-1915/1-1918	60,712
	SF "Four" Series 16-18	6-1915/4-1918	80,842
	SH "Four" Series 19	2-1918/10-1919	12,500
	EG "Six" Series 19	2-1918/10-1919	11,757
	EH Light Six, Series 19	2-1918/11-1919	25,801
	EG Big Six, Series 20	11-1919/4-1921	14,970
	EH Special Six, Series 20	10-1919/5-1921	45,096
	EJ Light Six, Series 20-21-22	4-1920/11-1922	83,879
	EG Big Six, Series 21	4-1921/12-1921	6,277
	EH Light Six, Series 21	4-1921/12-1921	23,520
	EK Big Six, Series 22-24	11-1921/7-1924	48,892
1922-24	EL Special Six, Series 22-24	11-1921/7-1924	111,443
1923-24	EM Light Six, Series 23-24	12-1922/7-1924	118,002
1925	EP Big Six	8-1924/8-1926	40,216
1925	EQ Special Six	8-1924/7-1926	53,780
1925	ER Standard Six	8-1924/8-1926	147,099
1926	ES Big Six, 120"	6-1926/11-1926	7,949
1926-27	ES Big Six, 127"	6-1926/10-1927	9,405
1927	EU Standard Six	6-1926/9-1927	65,333
1927	EW Commander	12-1926/10-1927	40,668
1927-28	GE Dictator	9-1927/10-1928	48,339
1927-28	GB Commander	10-1927/6-1928	22,848
1928	FA President 8, 131"	12-1927/10-1928	13,186
1928	FB President 8, 121"	6-1928/10-1928	13,386
1927	50 Erskine Six	12-1926/12-1927	24,893
1928	51 Erskine Six	11-1927/10-1928	22,275
1929	52 Erskine Six	6-1928/5-1930	25,565
1928	GH Commander 6	6-1928/10-1928	8,428
1929	GJ Commander 6	12-1928/4-1930	16,019

1929-30	FD Commander 8	12-1928/6-1930	24,639
1929-30	FH President 8, 125"	12-1928/6-1930	17,527
1929-30	FE President 8, 135"	12-1928/6-1930	8,740
1930	53 Studebaker 6 (Erskine 6)	11-1929/11-1930	22,371
1929-1930	GL Dictator 6	6-1929/5-1930	17,561
1929-30	FC Dictator 8	5-1929/8-1930	16,359
1931	54 Studebaker 6	12-1930/9-1931	23,917
1930-31	61 Dictator 8	8-1930/9-1931	14,141
1930-31	70 Commander 8	6-1930/9-1931	10,823
1930-31	80 President 8, 130"	6-1930/9-1931	6,340
1930-31	90 President 8, 136"	6-1930/9-1931	2,762
1932	55 Studebaker 6	11-1931/11-1932	13,647
1932	62 Dictator 8	11-1931/11-1932	6,021
1932	71 Commander 8	11-1931/11-1932	3,551
1932	91 President 8	11-1931/12-1932	2,399
1932-33	41 Rockne 6	11-1931/6-1933	7,253
1933	56 Studebaker 6 "75"	11-1932/7-1933	6,861
1933	73 Commander 8	11-1932/7-1933	3,841
1933	92 President 8	11-1932/7-1933	635
1933	82 President 8	11-1932/7-1933	1,194
1933	31 Rockne	12-1932/7-1933	12,916
1934	A Dictator	9-1933/10-1934	45,851
1934	B Commander 8	9-1933/10-1934	10,315
1934	C President 8	9-1933/10-1934	3,698
1935	1A Dictator 6	12-1934/9-1935	11,742
1935	2A Dictator 6	11-1934/9-1935	23,550
1935	1B Commander 8	11-1934/9-1935	6,085
1935	1C President 8	11-1934/9-1935	2,305
1936	3A Dictator 6	10-1935/6-1936	26,634
1936	4A Dictator 6	10-1935/6-1936	22,029
1936	2C President 8	10-1935/6-1936	7,297
1937	5A Dictator 6	8-1936/7-1937	50,001
1937	6A Dictator 6	8-1936/7-1937	39,001
1937	3C President 8	8-1936/7-1937	9,001
1937	J5 Coupe Express	1-1937/7-1937	3,125
1938	7A Commander 6	9-1937/7-1938	19,260
1938	8A State Commander	8-1937/7-1938	22,053
1938	4C State President	9-1937/7-1938	5,474
1938	K5 Coupe Express	10-1937/7-1938	1,000
1939	G Champion	1-1939/7-1939	33,905
1939	9A Commander	8-1938/8-1939	43,724
1939	5C President	9-1938/8-1939	8,205
1939	L5 Coupe Express	9-1938/8-1939	1,200
1940	2G Champion	8-1939/6-1940	66,264
1940	10A Commander	9-1939/6-1940	34,477
1940	6C President	9-1939/6-1940	6,444
1941	3G Champion	8-1940/7-1941	84,910
1941	11A Commander	8-1940/7-1941	41,996
1941	7C President	8-1940/7-1941	6,994
1942	4G Champion	8-1941/1-1942	29,678
1942	12A Commander	8-1941/1-1942	17,500
1942	8C President	8-1941/1-1942	3,500
1946	5G Champion	12-1945/3-1946	19,275

The model designation (4C, 2G, FA, etc.) can be found on the firewall, engine side on the right. This body plate will contain the model designation, body style, and below this will be a number such as 483. This merely means that this particular body is the 483rd of this type manufactured.

Year Body Style	Model Year Production

1946
3p coupe	2,140
5p coupe	1,236
2d sedan	4,468
4d sedan	8,541
TOTAL	16,385

1947
3p coupe	9,148
5p coupe	27,786
2d sedan	24,098
4d sedan	74,965
2d convertible	3,300
chassis	2
TOTAL	139,299

1948
3p coupe	4,470
5p coupe	27,492
2d sedan	21,761
4d sedan	95,630
2d convertible	16,716
TOTAL	166,069

1949
3p coupe	2,334
5p coupe	23,367
2d sedan	17,258
4d sedan	67,072
2d convertible	8,404
TOTAL	118,435

1950
3p coupe	4,457
5p coupe	61,431
2d sedan	91,287
4d sedan	152,082
2d convertible	11,627
TOTAL	320,884

1951
3p coupe	3,730
5p coupe	43,400
2d sedan	48,252
4d sedan	142,786
2d convertible	8,027
TOTAL	246,195

1952
5p coupe	20,552
hdtp coupe	24,686
2d sedan	28,621
4d sedan	90,792
2d convertible	3,011
TOTAL	167,662

1953
5p coupe	42,673
hdtp coupe	29,713
2d sedan	15,575
4d sedan	63,615
TOTAL	151,576

1954
5p coupe	15,608
hdtp coupe	7,642
2d sedan	8,564
4d sedan	26,243
2d wagon	10,651
TOTAL	68,708

1955
5p coupe	20,813
hdtp coupe	7,845
Hawk	2,119
2d sedan	17,430
4d sedan	57,391
2d wagon	10,735
TOTAL	116,333

1956
5p coupe	9,240
hdtp coupe	2,682
Hawk	3,779
2d sedan	12,981
4d sedan	34,019
2d wagon	6,892
TOTAL	69,593

1957
5p coupe	12,458
Hawk	4,131
2d sedan	9,421
4d sedan	26,887
2d wagon	5,062
4d wagon	5,142
TOTAL	63,101

1958
5p coupe	6,023
Hawk	756
2d sedan	6,473
4d sedan	18,850
2d hdtp	3,009
2d wagon	7,318
4d wagon	2,330
TOTAL	44,759

1959
5p coupe	6,649
2d sedan	31,336
4d sedan	48,459
2d hdtp	14,235
2d wagon	25,474

| chassis | 3 |
| TOTAL | 126,156 |

1960
5p coupe	3,719
2d sedan	30,453
4d sedan	48,382
2d hdtp	6,867
2d wagon	4,833
4d wagon	17,902
2d convertible	8,306
chassis	3
TOTAL	120,465

1961
5p coupe	3,117
2d sedan	13,275
4d sedan	28,670
taxi	815
2d hdtp	3,211
2d wagon	2,166
4d wagon	6,552
2d convertible	1,898
chassis	9
TOTAL	59,713

1962
Hawk	7,842
2d sedan	17,636
4d sedan	41,894
taxi	1,772
2d hdtp	7,888
4d wagon	9,687
2d convertible	2,599
TOTAL	89,318

1963
Hawk	3,649
2d sedan	15,726
4d sedan	30,795
taxi	1,121
2d hdtp	3,259
4d wagon	10,487
2d convertible	773
Avanti	3,744
TOTAL	69,554

1964
Hawk	1,484
2d sedan	5,485
4d sedan	15,908
taxi	450
2d hdtp	1,734
4d wagon	3,702
2d convertible	411
Avanti	795
TOTAL	29,969

Tucker Production

1947	4d sedan	prototype	1
1948	4d sedan	Model 481-19	37
	4d sedan	Model 481-19 (in various stages of completion)	13
		TOTAL	51

NOTE: 49 cars exist.

Wills Sainte Claire Calendar Year Production

Year	Production
1921	1,532
1922	2,840
1923	1,659
1924	2,162
1925	1,829
1926	2,085

Willys New Passenger Car Registrations

Year	Registrations	Year	Registrations
1923	119,785	1938	13,012
1924	136,822	1939	14,734
1925	157,662	1940	21,418
1926	139,764	1941	22,102
1927	139,406	1946	2,329
1928	231,360	1947	23,400
1929	199,709	1948	21,408
1930	65,766	1949	28,576
1931	51,341	1950	33,926
1932	25,898	1951	26,049
1933	15,667	1952	41,016
1934	6,576	1953	42,433
1935	10,439	1954	17,002
1936	12,423	1955	6,267
1937	51,411		

Willys-Overland Jeepster Model Year Production

All body styles: Phaeton.

Year	Engine	Model Year Production	
1948	4-cylinder	10,326	serial VJ-2/4-63
1949	4-cylinder	2,307	serial VJ-3/4-63
	6-cylinder	653	serial VJ-3/6-63
1950	4-cylinder	4,066	serial VJ-4/4-73
	6-cylinder	1,778	serial VJ-6/6-73

NOTE: NEVER were Jeepsters offered with 4-wheel drive. They are in NO WAY related to a "Jeep" vehicle. The Jeepster was an automobile; an on the road, family car. It was the last touring car, phaeton body style, ever issued in the U.S.A.

Willys-Overland & Willys-Overland-Whippett Calendar Year Production

Year	Production	Make
1909	4,860	Willys-Overland
1910	15,598	Willys-Overland
1911	18,745	Willys-Overland
1912	28,572	Willys-Overland
1913	37,422	Willys-Overland
1914	48,461	Willys-Overland
1915	91,904	Willys-Overland
1916	140,111	Willys-Overland
1917	130,988	Willys-Overland
1918	88,753	Willys-Overland
1919	80,853	Willys-Overland
1920	105,025	Willys-Overland
1921	48,016	Willys-Overland
1922	95,410	Willys-Overland
1923	196,038	Willys-Overland
1924	163,000	Willys-Overland
1925	215,000	W.O.–Whippett
1926	182,000	W.O.–Whippett
1927	188,000	W.O.–Whippett
1928	315,000	W.O.–Whippett
1929	242,000	W.O.–Whippett
1930	69,000	W.O.–Whippett
1931	74,750	W.O.–Whippett
1932	26,710	Willys-Overland
1933	29,918	Willys-Overland
1934	7,916	Willys-Overland
1935	20,428	Willys-Overland
1936	18,824	Willys-Overland
1937	76,803	Willys-Overland
1938	16,173	Willys-Overland
1939	25,383	Willys-Overland
1940	26,698	Willys-Overland
1941	28,935	Willys-Overland

Automotive library additions

Chevy Super Sports 1961–1976. Exciting story of these hot cars with complete specs and data. 176 pages, 234 illustrations, softbound.

American Car Spotter's Guide 1966–1980. Giant pictorial source with over 3,600 illustrations. 432 pages, softbound.

Lincoln and Continental: The Postwar Years. Interesting historical information through 1980. 152 pages, 226 illustrations.

The Thunderbird Story: Personal Luxury. Full story is told with 275 exquisite photos, 23 in full color. 144 large-format pages.

Imported Car Spotter's Guide. Over 2,000 illustrations from 83 manufacturers in 11 countries, through 1979. 359 pages, softbound.

Oldsmobile: The Postwar Years. Well-told story of these cars and the men who made them. 259 excellent illus., 152 pages.

The Ford Agency: A Pictorial History. Over 260 great period photos depict the history of Ford's dealer network. 152 pages.

Shelby's Wildlife: The Cobras and Mustangs. Story of Carroll Shelby and Shelby-American cars. 224 pages, 197 photos.

American Car Spotter's Guide 1940–1965 (Revised). Greatly enlarged edition—almost 3,000 illus. 358 pages, softbound.

American Car Spotter's Guide 1920–1939. Illustrates models of 217 U.S. makes. 290 pages, 2,607 pictures, softbound.

The Cobra Story. Autobiography of Carroll Shelby and Cobra production & racing history through 1965. 288 pages, 61 photos.

Buick: The Postwar Years. Comprehensive history of a styling and engineering leader. 166 pages, 157 photos.

Studebaker: The Postwar Years. Complete story of this interesting company and its cars. 192 pages, 309 photos.

American Truck Spotter's Guide 1920–1970. An identification guide showing 170 makes of U.S. truck models with more than 2,000 illus. Softbound, 336 pages.

Pontiac: The Postwar Years. One of America's most exciting makes is covered in this factual story. 192 pages, 256 photos.

All of the above are published or distributed in the U.S.A. by

Motorbooks International
Publishers & Wholesalers Inc.

P.O. Box 2
729 Prospect Avenue
Osceola, Wisconsin 54020